数字中国·数字经济创新规划教材
全国大学生数字贸易综合技能大赛推荐用书

曾 燕 主编
杨佳慧 任诗婷 副主编

INTRODUCTION TO DIGITAL FINANCE

数字金融导论

北京大学出版社
PEKING UNIVERSITY PRESS

图书在版编目（CIP）数据

数字金融导论 / 曾燕主编. —北京：北京大学出版社，2024.4
数字中国·数字经济创新规划教材
ISBN 978-7-301-34885-7

Ⅰ. ①数… Ⅱ. ①曾… Ⅲ. ①数字技术—应用—金融业—高等学校—教材 Ⅳ. ①F83-39

中国国家版本馆CIP数据核字(2024)第046568号

书　　　名	数字金融导论 SHUZI JINRONG DAOLUN
著作责任者	曾　燕　主编
责任编辑	裴　蕾
标准书号	ISBN 978-7-301-34885-7
出版发行	北京大学出版社
地　　　址	北京市海淀区成府路205号　100871
网　　　址	http://www.pup.cn
电子邮箱	编辑部em@pup.cn　总编室zpup@pup.cn
新浪微博	@北京大学出版社　@北京大学出版社经管图书
电　　　话	邮购部010-62752015　发行部010-62750672　编辑部010-62750667
印　刷　者	北京飞达印刷有限责任公司
经　销　者	新华书店
	720毫米×1020毫米　16开本　18印张　330千字 2024年4月第1版　2024年12月第2次印刷
定　　　价	65.00元

未经许可，不得以任何方式复制或抄袭本书之部分或全部内容。
版权所有，侵权必究
举报电话：010-62752024　电子邮箱：fd@pup.cn
图书如有印装质量问题，请与出版部联系，电话：010-62756370

党的二十大报告强调,"加快发展数字经济,促进数字经济和实体经济深度融合"。金融是实体经济的血脉,也是数字经济建设的重要推动力。以人工智能、大数据、区块链、云计算为代表的新一代数字技术正在加速向社会各个领域渗透,给金融业发展带来了新的挑战与机遇。各类金融机构积极求变,运用数字技术改造产品与服务,探索新型业务模式和构建数字金融生态圈,数字金融应运而生。在此背景下,本书围绕数字金融的发展方向、转型路径、风险管理、监管趋势进行系统总结与深入思考。

1. 本书总体目标

本书主编长期从事金融领域的研究与教学工作。在观察到数字技术给金融业带来深刻影响后,主编自2019年多次开设"数字金融""数字金融与保险"课程,以国家发展路线与行业前沿为指引,帮助学生把握金融创新的重要趋势。在讲授上述课程的过程中,主编形成了完善的讲稿,积累了丰富的教学资料,并出版了与数字金融相关的系列专著,同时也萌生了编写一本系统的、适合教学的数字金融教材的想法。

本书的主要目标包括五个方面:第一,总结数字金融的发展现状与生态系统,指明数字金融为实体经济带来的现实价值及其发展原则。第二,总结传统金融业的发展困境,指明如何通过数字技术与数字金融基础设施建设破解上述困境。第三,从数字金融的细分业态出发,分析各类细分业态的范畴、生态系统、发展现状与现实价值。第四,总结数字金融的新型风险及管理，指明监管主体如何构建适合的监管体系，保护数字金融消费者权益。第五，引导读者探讨数字金融所蕴含的社会伦理和价值观。数字金融不仅与技术和商业相关，更与人类社会的发展密切相关。在数字金融的发展中，我们不仅要追求经济的繁荣，还要秉持道德和社会责任，使金融的未来更加公正、可持续和人性化。本书致力于将数字金融的新模式、新风险与新监管引入教材，带入课堂，为完善金融学科体系、培养高素质金融专业人才贡献一份力量。通过学习和思考，我们可以更好地理解数字金融的力量，使之造福社会，助推经济高质量发展，并促进全球金融系统的稳定和可持续运行。

2. 本书内容安排

全书共九章。第一章介绍了数字金融的概念与生态系统，并从全球与中国的视角梳理了数字金融的发展历程与现状，让读者认识到数字金融的发展给金融业与实体经济带来的巨大影响，阐述了数字金融的发展理念、原则与目标。第二章介绍了数字金融运用的主要数字技术，包括人工智能、大数据、云计算等，帮助读者掌握不同数字技术的特点及在数字金融中的应用。第三章介绍了数字金融的基础设施，主要包括数字金融信息基础设施、数字金融融合基础设施、数字金融创新基础设施和数字金融制度基础设施，阐述了各类基础设施的发展历程、影响因素与主要问题。第四章归纳了数字支付的主要种类，剖析了数字支付生态系统的构成与发展历程，并从优化支付体系、提振消费水平和促进普惠金融发展三方面分析了数字支付的现实价值。第五章聚焦数字信贷，梳理了数字信贷与传统信贷的区别，剖析了数字信贷生态系统的构成，详细介绍了数字信贷综合服务体系的两大核心——数字信贷平台和数字信贷风控系统，还梳理了数字信贷的发展历程、现状与影响因素，总结了数字信贷的现实价值与面临的问题。第六章聚焦数字理财，界定了数字理财的范畴，分析了数字理财生态系统的构成，梳理了数字理财的发展历程、现状与影响因素，从促进居民消费升级、优化金融资源配置和促进普惠金融发展等方面总结了数字理财的现实价值。第七章聚焦数字金融的最新业态——产业数字金融，对比了产业数字金融与产业金融、供应链金融等相关业态的异同，总结了产业数字金融的生态以及发展，从金融业、实体产业和产融结合三方面剖析了产业数字金融的现实价值。第八章聚焦数字金融治理，归纳了数字金融治理的生态系统构成，梳理了数字金融治理的发展历程，并展望了数字金融治理的发展趋势。第九章关注数字金融发展中引发的争议——消费者权益保护问题，剖析了数字金融消费者权益保护的生态系统构成，介绍了数字金融消费者权益保护的国际经验与国内实践，总结了数字金融消费者权益保护的基本原则与发展趋势。

3. 本书特色

本书在选题上具有创新性，能够为金融学现有的教材体系提供良好的补充。在编写过程中，教材编写团队注重从学生角度出发，在框架安排、论述方式、行文逻辑等方面力求全面性、可读性和趣味性。

（1）内容系统全面，科普价值高。本书内容涵盖数字金融的内涵、发展历程、发展现状、主要技术、基础设施、主要业态、治理体系与消费者权益保护，由浅入深，层层递进。从重要现象梳理到核心原理分析，从行业实践到政府监管，本书尝试为学生未来在数字金融的某个领域深耕打开一扇门。

（2）语言通俗、简明，可读性强。无论是概念阐释还是理论分析，本书都力求用最精练的语言向学生传递"干货"。内容编写注重突出知识点，方便学生快速把握重点，也有利于学生根据兴趣有选择地深入阅读与学习。

（3）理论与案例结合，趣味性强。本书注重案例的使用，以帮助学生更好地理解数字金融在现实中的发展及其具体应用。每章开头都编有案例导读，引导学生在开始学习前思考该章节讨论的一系列问题。在理论总结部分，本书尽可能地添加一些案例，既提高教材的趣味性，又能使学生对知识点有更加全面的认识。

（4）立足时代背景，兼具启发性、前沿性与思政性。本书基于数字经济高速发展的时代背景，将思政元素融入专业知识进行介绍和讨论，反映最新的数字金融实践，在每章结尾提出启发性问题，激发学生探究问题的兴趣，通过对前沿问题的剖析，培养学生解决实际问题的能力。本书在各章均设置"素养目标"栏目，鼓励学生在专业学习和研究的过程中，运用新视角、新理论与新方法分析和解决现实问题。同时，本书结合中国特色社会主义实践，遵从主流研究和实践发展，介绍数字金融的基本原理，依托具体实践引导学生深化对相关知识的理解。

（5）逻辑清晰，注重深度总结。本书以数字金融的相关概念和生态系统为逻辑脉络，梳理了数字金融及其主要业态的发展历程与现状，详细分析了数字技术和数字金融基础设施等在数字支付、数字信贷、数字理财、产业数字金融等新型业态中的赋能表现。同时，本书详细介绍了数字金融治理和数字金融消费者权益保护相关内容，帮助学生更好地理解数字金融参与主体的定位。

4. 编写分工

本书由中山大学岭南学院曾燕担任主编，中山大学岭南学院杨佳慧、任诗婷担任副主编。主编与副主编共同负责制定教材写作大纲、编写相关章节内容和全书统稿。本书的编写分工具体如下：第一章，曾燕、杨佳慧；第二章，曾燕、查佳婧；第三章，曾燕、杨存奕；第四章，曾燕、庄然、熊予；第五章，曾燕、杨雅婷；第六章，曾燕、蒋恒燕；第七章，曾燕、任诗婷；第八章，曾燕、周骐；第九章，曾燕、徐沫然。

5. 致谢

本书得到国家自然科学基金创新研究群体项目"金融创新、资源配置与风险管理"（项目编号：71721001）、国家自然科学基金面上项目"基于绿色发展的保险资产配置研究"（项目编号：72371256）、广东省自然科学基金卓越青年团队项目"产业数字金融赋能实体经济的理论及其应用研究"（项目编号：2023B1515040001）、广东省自然科学基金项目"基于政策激励、金融科技与共生关系的银行信贷配置研究"（项目编号：2022A1515011472）、广东省哲学社会科学规划项目"数字普惠金融赋能广东乡村振兴的模式、机理与效果研究"（项目编号：GD22CYJ17）的资助。

此外，诚挚感谢微众银行姚辉亚、中国人民银行广州分行李丹儿等专家对本书提出的宝贵意见。

6. 联系编者

本书虽然经过了编写团队的长时间打磨，但仍难免存在不足和错误。因此，欢迎专家学者、业界同人以及使用本书的教师和同学提出宝贵意见。E-mail: zengy36@mail.sysu.edu.cn。

编　者

2023 年 9 月

目 录
CONTENT

第一章　数字金融概述 // 1

　　第一节　数字金融概念 // 2

　　第二节　数字金融生态系统 // 8

　　第三节　数字金融的发展历程与现状 // 20

　　第四节　数字金融的发展理念、原则和目标 // 28

第二章　数字金融相关的数字技术及应用 // 35

　　第一节　数字金融相关的数字技术 // 36

　　第二节　数字技术在数字金融业态中的典型应用 // 43

　　第三节　数字技术在数字金融中的应用问题与发展趋势 // 61

第三章　数字金融基础设施 // 65

　　第一节　数字金融基础设施概述 // 67

　　第二节　主要的数字金融基础设施 // 69

　　第三节　我国数字金融基础设施的发展历程 // 81

　　第四节　数字金融基础设施的发展趋势 // 88

第四章　数字支付 // 92

　　第一节　数字支付概述 // 93

　　第二节　数字支付的生态系统 // 102

　　第三节　数字支付的发展历程和现状 // 111

　　第四节　数字支付的现实价值 // 121

第五章　数字信贷　// 127

　　第一节　数字信贷概述　// 128
　　第二节　数字信贷生态系统　// 133
　　第三节　数字信贷的发展历程、现状及影响因素　// 145
　　第四节　数字信贷的现实价值及面临的问题　// 155

第六章　数字理财　// 159

　　第一节　数字理财概述　// 160
　　第二节　数字理财生态系统　// 164
　　第三节　我国数字理财的发展历程、现状及影响因素　// 179
　　第四节　数字理财的现实价值与发展趋势　// 186

第七章　产业数字金融　// 191

　　第一节　产业数字金融概述　// 193
　　第二节　产业数字金融生态系统　// 199
　　第三节　产业数字金融发展　// 207
　　第四节　产业数字金融的现实价值　// 217

第八章　数字金融治理　// 223

　　第一节　数字金融治理概述　// 224
　　第二节　数字金融治理生态系统　// 230
　　第三节　数字金融治理的发展历程与趋势　// 241

第九章　数字金融消费者权益保护　// 252

　　第一节　数字金融消费者权益保护概述　// 253
　　第二节　数字金融消费者权益保护体系　// 257
　　第三节　数字金融消费者权益保护的国内外发展　// 268
　　第四节　数字金融消费者权益保护的基本原则和发展趋势　// 277

第一章
数字金融概述

学习目标

通过本章的学习，学生应能够：掌握数字金融的相关概念；了解数字金融的生态系统；了解数字金融发展历程与现状；理解数字金融发展理念、原则和目标。

案例导读

未来的数字金融世界

欢迎来到未来的数字金融世界。李维是一名普通消费者，将带我们了解未来的数字金融世界。

他在家结束办公后关闭了电脑，私人数字助理"大元"告诉他当月工资已到账，并为他分析和推荐了相关理财和保险产品。在他选择合适的理财和保险产品后，理财公司和保险公司立刻为他出具交易单据。

根据多年的工作经验，李维想开办一家与棉纺相关的中小企业，但是还缺少一部分资金。"大元"收集了政府关于中小企业水电费、厂房租金等的财政补贴政策，并为他找到了中小企业线上融资平台和厂房租赁平台。他在平台上查看了一些比较心仪的厂房，想去实地考察一下。

现在他要去实地考察厂房，"大元"为他叫来了一辆自动驾驶汽车，并为他规划了多条路线。在李维选中路线后，保险公司立刻根据现在的车流量和其他车辆的分布情况以及李维的风险偏好，为李维推荐了此次出行的多款定制化保险，并出具了相应的投保知情同意书。综合考虑实际情况后，李维选择了其中一款保险，然后收到了保险费自动扣款提醒。

李维坐上车后，车辆语音提醒他为了保障顺利出行，需要在前往目的地的路途中给车辆充电，为他提供了行驶路线附近几个充电桩的位置并预计了花费的时间，李维选择了其中一个充电桩。到达充电桩位置后，车窗缓缓落下，充电桩直接识别李维的面部信息并开始给车充电。充电完成后，李维收到了数字人民币钱包的充电扣费提醒，车辆随后向目的地驶去。

资料来源：根据麦肯锡报告《保险2030：人工智能将如何改写保险业》改编。

数字技术的发展和应用使得传统金融业的商业模式发生了根本变化，衍生出数字支付、数字信贷等新型金融业态。在此背景下，数字化转型成为金融业的重点，数字金融也开始进入人们的视野。那么，什么是数字金融？数字金融生态系统包含哪些内容？数字金融发展历程与现状如何？数字金融发展理念、原则和目标有哪些？本章将针对这些问题展开讨论。

第一节介绍数字金融的定义、内涵与特点；第二节阐述数字金融生态系统；第三节分析数字金融的发展历程与现状；第四节介绍数字金融的发展理念、原则和目标。

第一节　数字金融概念

近年来，数字金融引起了政界、学界与业界等多方的重点关注，成为金融业的新发展领域。我们在学习数字金融相关内容之前，需要先厘清数字金融的定义、内涵与特点。

一、数字金融的定义

参照曾燕和杨佳慧（2021）的研究，表1-1给出了互联网金融、金融科技与数字金融的概念界定。2015年，中国人民银行等十部委定义了互联网金融的概念，并指出互联网金融的本质仍然是金融，初步孕育了"数字金融"的概念雏形。[①] 在此基础上，部分机构与学者又提出"金融科技"与"数字金融"这两个概念，二者本质相同，但侧重点有所不同。"金融科技"更强调数字技术和传统金融相结合的技术属性，而"数字金融"则更侧重数字技术和传统金融相结合的金融属性。可以这样理解："数字金融"

---

① 中国人民银行等十部委2015年发布的《关于促进互联网金融健康发展的指导意见》。

与"互联网金融"和"金融科技"两个概念基本相似;"数字金融"更加中性且覆盖范围更广泛,也更能体现数字技术与金融相结合的本质。

表 1-1 互联网金融、金融科技与数字金融的概念界定

概念	机构/学者	时间	定义
互联网金融	中国人民银行等十部委	2015年	传统金融机构与互联网企业运用互联网技术和信息通信技术实现资金融通、支付、投资和信息中介服务的新型金融业务模式
金融科技	金融稳定委员会（Financial Stability Board, FSB）	2016年	通过技术手段推动金融创新,从而得到对金融市场、机构及金融服务产生重大影响的商业模式、技术应用、业务流程和创新产品
数字金融	黄益平、黄卓	2018年	传统金融机构与互联网企业运用数字技术实现融资、支付、投资和其他新型金融业务模式

资料来源:参考曾燕和杨佳慧(2021)整理。

此外,随着数字技术的发展,数字金融从业主体类型也发生了变化,除传统金融机构外,互联网企业、金融科技公司以及其他经济主体也开始开展数字金融相关业务。因此,**数字金融是一种传统金融机构、互联网企业、金融科技公司以及其他经济主体以数据资源为关键要素,运用大数据、云计算等数字技术对金融业务模式、服务与产品进行颠覆式创新,进而形成的新型金融业态。**

在此基础上,本小节将进一步介绍数字金融与数字普惠金融的联系和区别。本小节主要从底层技术、金融业态和监管三方面介绍数字金融与数字普惠金融的联系,如表 1-2 所示。基于 2016 年 9 月 G20 杭州峰会审议通过的《G20 数字普惠金融高级原则》中数字普惠金融的定义①,数字金融与数字普惠金融的区别是二者的侧重点不同:数字金融更强调数字技术与正规金融相互融合;而数字普惠金融则更强调运用数字技术提升金融的包容性,即为以往无法获得金融服务或金融服务不足的群体提供正规金融服务。数字金融与数字普惠金融的关系如图 1-1 所示,随着数字技术的不断发展,数字金融的包容性逐步提升,数字金融的范畴也会越来越大,甚至有可能与数字普惠金融重合。

---

① 数字普惠金融是指运用数字技术为无法获得金融服务或缺乏金融服务的群体提供一系列正规金融服务。所提供的金融服务能够满足他们的需求,并且以负责任的、成本可负担的方式提供,同时对服务提供商而言是可持续的。

表 1-2　数字金融与数字普惠金融的联系

联系	具体内容
底层技术相同	通过大数据、云计算、人工智能、区块链、物联网等数字技术为服务对象提供金融服务
金融业态相同	运用数字技术发展数字信贷、数字保险、数字支付等新型金融业态
监管相同	主要受中国人民银行、国家金融监督管理总局等金融监管机构以及行业自律组织、机构内部监管部门、社会中介组织的监管

资料来源：根据公开资料整理。

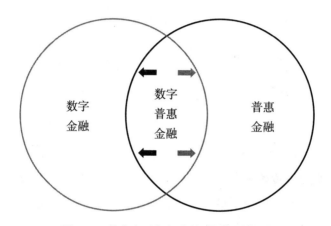

图 1-1　数字金融与数字普惠金融的关系

资料来源：根据公开资料整理。

二、数字金融的内涵

为了深入理解数字金融的概念，我们要进一步阐述数字金融的内涵。数字金融的内涵主要有：数字金融以数据资源为关键要素，运用数字技术对金融的业务模式、产品和服务进行创新；数字金融包含数字信贷、数字理财、数字保险等新型金融业态；传统金融机构、互联网企业与金融科技公司等进入数字金融领域，扩大了数字金融的从业主体范围。基于此，我们分别从金融业务模式、产品与服务创新，新型金融业态，从业主体范围扩大三个角度介绍数字金融的内涵。

（一）金融业务模式、产品与服务创新

数字金融以数据资源为关键要素，运用数字技术对金融的业务模式、产品和服务进行创新。

一方面，数据资源是数字金融的关键要素，能够帮助数字金融供给方更精准地了解客户需求，从而更好地为客户提供金融产品与服务。数字技术发展使得数据成为金融数字化转型过程中的基础性与战略性资源。数字金融供给方通过各类互联网渠道触达客户，不仅收集客户姓名、年龄、地域等基本数据，还会根据客户的行为数据分析其兴趣爱好等并形成衍生数据，具体如图1-2所示。在此基础上，数字金融供给方可以通过分析这些数据，掌握客户特征并挖掘客户潜在金融需求，提供适合的金融产品与服务。

图1-2 数字金融需求方的数据资源维度

资料来源：参考曾燕（2023b）及公开资料绘制。

另一方面，数字金融供给方运用数字技术对金融的业务模式、产品和服务进行创新。首先，大数据、人工智能等数字技术的发展使得数字金融供给方可以高效收集、分析与处理海量金融数据，能够提升开展金融业务的效率。其次，传统金融机构、互联网企业等均被要求持牌经营，在符合监管规则的条件下进行数字金融产品创新。比如，2021年9月，中国银行"基于区块链的产业金融服务"项目等数字金融创新产品经监管沙盒①全面评估后完成测试，标志着数字金融创新监管工作迈入常态化阶段。最后，数字技术的发展不仅能降低金融机构的运营成本，还能有效提升数字金融服务水平。比如，部分大型商业银行搭载了基于云计算技术的SaaS平台②，不仅能将支付结算、现金管理、贸易金融等业务嵌入金融消费者的生产生活场景，还能解决对公客户跨行资金管理难、资金利用率低等问题，有效助力银行实现降本增效目标。

---

① 监管沙盒是指金融监管机构在严防风险外溢的前提下，通过适当放松监管规则减少数字金融创新的规则约束，为其自身与金融机构提供的一个安全的试验区（张红伟 等，2020）。

② SaaS平台是指软件服务化平台。

（二）新型金融业态

数字金融包含数字信贷、数字理财、数字保险等新型金融业态。实践中，互联网企业和金融科技公司进入金融业后，数字信贷、数字理财、数字保险等新型金融业态逐渐兴起，对传统信贷、理财、保险等金融业态产生了深远影响。比如，在贷款方面，传统金融业态中的贷款供给方更侧重根据抵押物等"硬信息"向金融需求方发放贷款；而数字金融中的贷款供给方更侧重根据交易数据等"软信息"向金融需求方发放贷款。同样以理财为例，数字金融的兴起影响了传统理财业务模式，运用数据、算法、模型等使得高频交易成为可能。这不仅扩大了理财交易规模，还能为金融消费者提供更适合的理财产品，进而提高了金融市场的流动性以及市场价格的有效性。此外，数字金融的兴起还影响了传统保险、征信、支付等业态，使得消费者可以享受效率高、质量优的金融服务。

（三）从业主体范围扩大

传统金融机构、互联网企业与金融科技公司等进入数字金融领域，扩大了数字金融的从业主体范围。在传统金融活动中，通常是银行、保险公司、证券公司等金融机构为消费者提供金融产品与服务。而随着数字技术的发展，数字金融从业主体也发生了变化。除传统金融机构通过数字化转型开展数字金融业务外，互联网企业也通过获取牌照的方式开展数字金融活动，进一步扩大了数字金融的从业主体范围。部分科技类企业也成立金融科技公司进入金融业，提供数字技术相关产品与服务。同时，部分银行、保险公司等传统金融机构也纷纷成立金融科技子公司，旨在提升集团自身数字化能力和对外提供数字技术的相关产品与服务。

三、数字金融的特点

数字技术的发展使金融业发生了巨大变革，数字金融也呈现出不同特点。与传统金融相比，数字金融主要有六个显著特点：展业线上化、产品靶向化、业务流程高效化、业务活动广覆盖、服务渠道多元化与风险隐蔽化。

与传统金融相比，数字金融具有展业线上化的特点。 金融机构以往通过设置线下网点、安排人员上门推销等方式实地为消费者提供金融服务和销售金融产品。数字技术在传统金融中的应用改变了金融供给方的展业方式，使金融供给方可以全流程线上化地为消费者提供数字金融产品和服务。比如，银行等金融机构运用数字技术从社交、购物等场景获客，全流程线上化开展信贷、理财等金融服务；保险公司通过网站、App（全称为Application，泛指手机软件及应用程序）等线上渠道，实现了投保、核保、缴费等环节的全流程线上化。

与传统金融相比，数字金融具有产品靶向^①化的特点。数字金融供给方运用数字技术收集、分析和处理海量金融消费者数据，并根据消费者需求设计适合的金融产品，使得数字金融产品具有靶向化特点。同时，在金融产品定价环节，数字金融供给方还运用数字技术来分析消费者实时和多维度的全量数据，可以对不同的金融消费者进行精准定价，并根据其行为变化调整定价决策，这也体现了数字金融产品的靶向化特点。

与传统金融相比，数字金融具有业务流程高效化的特点。随着数字技术的发展，数字保险、数字理财、数字信贷等新型金融业态不仅丰富了金融体系，还进一步优化了金融业务流程，使得数字金融从业主体可以高效地开展业务。数字技术发展助力数字金融供给方高效开展金融业务，提高了金融服务效率。例如，在新冠疫情防控期间，国家提出金融机构要针对受疫情影响的四类人群^②合理延后房贷等个人信贷还款安排。但金融机构因内部利息费用冲减标准不一致导致人工操作耗时较久，影响了四类人群接受金融服务的体验。在此情况下，中国工商银行响应国家政策，引入机器人流程自动化技术，标准化、批量化与连续化地处理每日工作单据，不仅减少了业务执行中的重复操作，还降低了失误率，大幅提高了工作效率。

与传统金融相比，数字金融具有业务活动广覆盖的特点。数字金融推动了数据互联互通与各方协作生产，突破了传统金融的地域限制，有效扩大了数字金融业务活动的覆盖区域。比如，传统金融供给方通过线下铺设物理网点的方式开展金融活动，通常会选择人口密度大且经济发展水平高的地区以保障效益，故活动范围有限。随着互联网等数字技术的嵌入和通信基础设施的广泛覆盖，数字金融供给方能够通过互联网触达偏远地区的潜在金融消费者，从而在更大程度上为金融消费者提供跨地域、无差别的金融服务与产品。

与传统金融相比，数字金融具有服务渠道多元化的特点。传统金融机构通常通过线下物理网点开展金融活动，服务渠道较为单一。而数字金融供给方通过手机 App、官网、微信小程序、远程视频银行等多种渠道为消费者提供无接触式金融服务。同时，数字金融还通过网购、社交媒体、搜索引擎、住宿、美食等场景触达金融消费者，满足金融消费者的个性化需求，进一步拓宽服务渠道。比如，美团平台上有超过 610 万

---

① 靶向这一概念常用于生物医学中，是指针对癌症中高表达或突变基因，利用分子生物学设计针对性治疗药物的过程。
② 四类人群主要指因感染新冠肺炎住院治疗或隔离的人员、出于疫情防控需要而被隔离的观察人员、参加疫情防控的工作人员与受疫情影响暂时失去收入来源的人员。

用户入驻，其中大量小微企业和个体户受体量小、抵押物少等因素的限制而难以获得贷款和享受优质金融服务。中国邮政储蓄银行与美团合作，通过小微企业和个体户的经营流水等数据，完善征信画像，进而解决融资难题。

与传统金融相比，数字金融具有风险隐蔽化的特点。 数字技术的发展不仅使金融风险传播速度更快、渗透更深，也进一步加剧了金融业混业经营现象，使得金融风险更为隐蔽。而金融风险因业务交叉更具传染性，也容易引发系统性风险。同时，一些新兴业务模式仍在触碰或者变相突破监管红线，部分保险机构打着"金融创新"等名号非法开展业务，使得潜在金融风险更加隐蔽与复杂。此外，在一些数字金融活动中，部分不法分子通过冒用身份、盗号盗刷等方式实施违法犯罪行为，相关部门用传统手段难以取证，同时高频交易和海量账目信息等也增大了风险的隐蔽性。近年来，电信网络诈骗形式和技术不断升级，不法分子从大规模"盲骗"转向大数据精准诈骗。诈骗组织通过非法途径获取有贷款意向公民的基本信息后，分析筛选出急需贷款的人群，再伪造知名金融机构的钓鱼网站获取公民详细数据，逐步引导该类人群交保证金以及解冻费等。公安部刑事侦查局电信网络诈骗犯罪侦查处专家表示，诈骗组织通过个人信息数据实施诈骗的成功率已高达5%。[①]

第二节 数字金融生态系统

通过梳理已有观点，我们绘制了数字金融生态系统，具体如图1-3所示。在此基础上，本节将进一步介绍数字金融生态系统的构成部分，主要包括数字金融市场参与主体、数字金融基础设施与数字金融主要业态。

一、数字金融市场参与主体

数字金融市场参与主体主要有数字金融供给方、数字金融监管方与数字金融需求方，包括传统金融机构、互联网企业、金融科技公司、金融监管方与金融消费者。数字金融市场参与主体的具体分类如图1-4所示。

---

① 央广网. 揭秘"数字化电信诈骗"[EB/OL].(2021-04-30)[2023-06-13]. https://baijiahao.baidu.com/s?id=1698450592490076321&wfr=spider&for=pc.

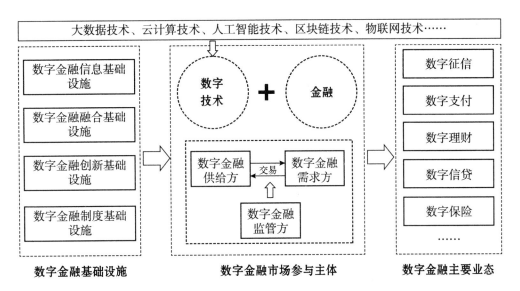

图 1-3 数字金融生态系统

资料来源：根据公开资料绘制。

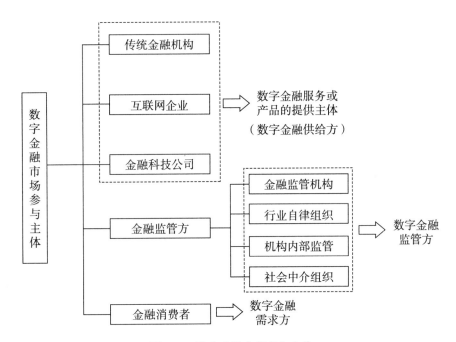

图 1-4 数字金融市场参与主体

资料来源：根据公开资料绘制。

数字金融供给方主要由传统金融机构、互联网企业与金融科技公司构成。传统金融机构主要为消费者提供金融服务与产品。随着数字技术的发展，传统金融机构开始数字化转型，通过数字化和场景化的形式为消费者提供数字金融产品与服务。一方面，传统金融机构将线下网点升级为智能网点，并在线下场景中嵌入消费信贷等金融服务，使得消费者可以自助办理金融业务；另一方面，大多数传统金融机构开始构建在线业务平台，为消费者提供线上金融服务。"阿里系""腾讯系"等互联网企业基于电子商务平台、社交平台等场景为消费者提供信贷、理财等服务。同时，互联网巨头也通过获取牌照的方式开设互联网银行，进一步扩大了数字金融市场参与主体的范围。此外，部分科技类企业也成立金融科技公司进入金融市场，为银行、证券公司等提供数字技术相关服务和产品。比如，金融科技公司在与传统银行在信贷领域开展合作的过程中，主要通过两种模式提供数字技术相关服务与产品：一是运用数字技术向传统银行输送获客、营销、风控等过程中的金融安全解决方案，主要为传统银行提供技术平台、模型与算法等，并没有参与实际获客、放贷等环节，也没有资金方面的合作；二是开展助贷和联合贷款业务，不仅为传统银行提供基于数字技术的风险解决方案，还参与获客、风控等环节，与传统银行在资金方面也有合作。

数字金融监管方主要由金融监管机构、行业自律组织、机构内部监管部门和社会中介组织构成，如图1-5所示。数字金融监管方主要依据相关法律维护金融业稳定运行，并防范化解潜在金融风险，保护金融消费者的合法权益。我国金融监管机构主要包括中央金融委员会、中国人民银行、国家金融监督管理总局与证监会[①]，以及各地方金融监督管理局。其中中央金融委员会主要起到落实党中央与国务院关于金融工作的决策部署与协调监管等作用；中国人民银行负责数字金融的宏观监管，并负责制定数字金融发展战略；国家金融监督管理总局与证监会主要负责数字金融微观监管；各地地方金融监督管理局主要负责执行各级政府关于数字金融的工作政策规划和法律法规以及地方政府交办的其他任务。行业自律组织主要指中国银行业协会等金融协会，它们通过组织协会会员签订自律公约等方式促进我国金融业健康发展。机构内部监管部门主要指数字金融供给方内部负责监督管理数字金融相关业务、人员配置等的部门。社会中介组织主要指市场中的中介组织，包括会计师事务所、律师事务所、资产评估事务所等，负责对数字金融供给方的财务运作、生产经营、资产交易等活动进行监管。

---

① 2023年3月，中共中央、国务院印发了《党和国家机构改革方案》，决定在银保监会的基础上组建国家金融监督管理总局，不再保留银保监会；证监会指中国证券监督管理委员会。

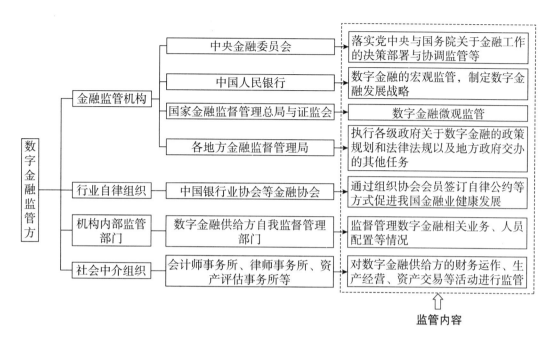

图 1-5　数字金融监管方及其监管内容

资料来源：根据公开资料绘制。

数字金融需求方主要指购买数字金融产品和享受数字金融服务的消费者。数字金融需求方是数字金融市场的重要参与者，促进了数字金融的健康发展。数字金融需求方不仅包括为满足自身信贷、理财等需求向数字金融供给方购买数字金融产品和服务的普通公众，也包括老年客群、大学生客群、个体工商户、新蓝领等特殊群体。

二、数字金融基础设施

数字金融基础设施是指为保证数字金融活动正常运行的相关软硬件设施与制度安排。结合国家发展改革委的观点，[①] 数字金融基础设施包括数字金融信息基础设施、数字金融融合基础设施、数字金融创新基础设施与数字金融的制度体系。

数字金融信息基础设施是指以数据和算力为中心，以运用数字技术和通信技术充分挖掘数据价值为目标设立的新型基础设施，包括金融数据中心和金融算力中心。金融业数字化转型离不开数据和人工智能等数字技术的支持，而人工智能等数字技术的发展又离不开算力的支撑。特别是针对大模型和多模态的数字技术，使用方需要具备

[①] 国家发展改革委. "十四五"新型基础设施建设专家谈之二：发展创新基础设施 支撑创新型国家建设 [EB/OL].(2021-12-01)[2023-06-13]. https://baijiahao.baidu.com/s?id=1717946403245738500&wfr=spider&for=pc.

强大的算力才能加以利用。一方面，人民数据①借助国家大数据灾备中心、海南国际离岸数字港、中国卫星应用安全数据中心的数据资源优势，尽可能连通政务和事业单位公共数据、企业数据与个人授权数据，进而推动现代信用体系的建设；另一方面，政府相关部门和数字金融供给方也支持打造金融算力中心，夯实数字金融信息基础设施建设。为保障数据资源存储、计算与分析过程顺利进行，工业和信息化部在2021年7月制订了三年行动计划以支持新型数据中心的建设，旨在构建汇集多元数据资源、具备安全可靠能力、提供高效算力服务、赋能千百行业应用的新型基础设施。同时，商业银行等数字金融供给方也纷纷成立金融科技子公司，专注于数字技术的基础研发工作。比如，金融壹账通、建信金科、光大科技等均通过利用数字技术和数据资源，提升母行与母行客户的数字化水平以及对外输出数字技术服务。

数字金融融合基础设施是指通过统一管理平台管理数字金融的基础服务器、网络和存储组件等，并根据使用方需求提供整体硬件与信息技术解决方案。随着数字技术的发展，传统金融基础设施进一步升级成为数字金融融合基础设施，为数字金融市场参与主体提供基础保障服务。现阶段，我国数字金融融合基础设施包括中国现代化支付系统（China National Advanced Payment System，CNAPS）、数字人民币系统、卡基或第三方支付转接清算系统、数字征信设施、中国金融认证体系、基于区块链的第三方数字函证平台、中国供应链金融数字信息服务平台、金融科技能力共享平台等。其中CNAPS联结了国家处理中心②、银行等金融机构的内部系统和机构所在地的支付系统，并搭载专用通信网络和数字技术，能够满足多种支付工具的应用和实时资金周转需求。数字人民币系统运用区块链、可信计算等数字技术增强自身的稳定性和安全性，并开展多层次安全体系建设，设计多点多活数据中心③解决方案，以保障城市级容灾能力和业务连续性。④卡基或第三方支付转接清算系统在原本卡基支付的基础上，拓展了二维码支付、网上支付等新型支付方式，并进一步运用自主研发的局域网数据转移、广域网数据同步等技术保障转接清算业务稳定进行。数字征信设施是指规范数字征信系统数据记录、整合、分析与管理的相关基础设备和技术。

---

① 人民数据是指依托《人民日报》、人民网的信息建设和大数据领域所具备的技术优势，为社会各界提供数据存储、应用、交易等服务的国家级大数据平台。
② 国家处理中心（National Processing Center，NPC）是CNAPS的管理、控制与处理中心，主要功能有数据库管理、交易处理、网络接口、系统管理、网络管理与灾难恢复。
③ 多点多活数据中心在服务模式中通过使"跨数据中心保持数据实时一致性"，在单个数据中心发生故障时无须切换仍可正常运行，可以降低运营维修人员的故障响应时间和运营维修系统的工作强度。
④ 中国人民银行数字人民币研发工作组.中国数字人民币的研发进展白皮书[R/OL].（2021-07-16）[2023-06-13]. http://www.gov.cn/xinwen/2021-07/16/content_5625569.htm.

拓展阅读

一文看懂中国现代化支付系统

中国现代化支付系统（CNAPS）是中国人民银行根据国家支付清算需求，运用网络通信技术以及现代计算机技术研发形成的应用系统，能够高效、安全地处理各银行办理的同城、异地等支付业务和货币市场交易资金清算。CNAPS 主要由大额实时支付系统、小额批量支付系统、网上支付跨行清算系统与境内外币支付系统等组成。

大额实时支付系统主要处理金额在规定起点以上的大额贷记支付业务和紧急的小额贷记支付业务。大额实时支付系统逐笔发送支付指令，全额实时清算资金，是国家支付系统的重要组成部分。

小额批量支付系统主要处理纸质凭证截留的借记支付业务和小额贷记支付业务，支付指令批量发送，轧差净额清算资金，旨在为社会提供低成本、大业务量的支付清算服务。小额批量支付系统全天候无间断运行，能支撑多种支付工具的使用，满足社会多样化的支付清算需求，是银行业金融机构跨行支付清算和业务创新的安全高效的平台。

网上支付跨行清算系统是以电子方式逐笔实时处理跨行（同行）网上支付、移动支付等数字支付业务的应用系统。它能够实现各商业银行网银系统的互联互通，并支持非金融支付服务组织的接入，高效处理网上跨行支付清算业务。

境内外币支付系统逐笔发送支付指令，实时全额结算资金，满足了国内对多个币种支付的需求。中国人民银行委托中国银行、中国工商银行、中国建设银行和上海浦东发展银行为境内外币支付系统的四家结算行，分别代理港币、英镑、欧元、日元、加拿大元、澳大利亚元、瑞士法郎、美元八个币种的支付业务结算。

资料来源：潇湘晨报.今天，您转账了吗？央行支付清算系统一文看懂[EB/OL].(2021-12-11)[2023-06-13]. https://baijiahao.baidu.com/s?id=1718827726162763357&wfr=spider&for=pc.

数字金融创新基础设施是指为数字金融供给方的创新活动和发展提供便利条件的公益性基础设施。数字金融创新基础设施具有前瞻性、开放性、高要求性与高目标性的特点，主要由科研机构和高等院校构成。现阶段，我国数字金融创新基础设施主要有中国人民银行数字货币研究所、全球数字金融中心以及各高等院校设立的数字金融研究中心等。数字金融创新基础设施基于"政产学研"多方合作格局，推动各方资源共享、信息互通与优势互补，能够为数字金融创新发展提供强大的智力支持。

拓展阅读

数研所全面布局数字人民币的重要环节

中国人民银行数字货币研究所（简称"数研所"）是中国人民银行直属事业单位，是承担数字人民币研发工作的法定机构。

为加速推进数字人民币的普及使用，数研所全面布局数字人民币技术研究、试验、检测、跨境实现等环节，成立深圳金融科技研究院、长三角数字货币研究院、深圳金融科技有限公司、北京国家数字金融技术检测中心有限公司四家子公司。此外，数研所还投资入股金融网关信息服务有限公司。

深圳金融科技研究院（又称"中国人民银行金融科技研究院"）主要研究人工智能、区块链、云计算等数字技术，旨在建设国际一流的数字货币高端研发评测中心及科技交流合作中心，承接中国人民银行及深圳市政府与数字货币有关的项目。长三角数字货币研究院的主要职责是：营造良好的金融市场环境，协同推进苏州数字货币相关技术发展；开展数字货币等相关技术和业务模式试验；开展金融科技等领域的研究与应用；开展数字货币理论业务和技术研究；等等。数研所成立的北京国家数字金融技术检测中心有限公司，主要为数字人民币产品未来的检测认证服务提供技术储备。

此外，数研所还与中国人民银行清算总中心、跨境银行间支付清算有限责任公司（Cross-Border Interbank Payment System, CIPS）、国际资金清算系统（Society for Worldwide Interbank Financial Telecommunications, SWIFT）香港子公司合资成立了金融网关信息服务有限公司，为探索数字人民币未来跨境使用场景奠定了基础。

资料来源：木子剑. 央行数字货币研究所发布多个岗位，数字人民币有望加速[EB/OL]. (2022-03-21)[2023-10-07]. https://mp.weixin.qq.com/s/eTBbn6S3LVZLMCXoHpHoNQ.

数字金融制度基础设施是指为保障数字金融稳定规范发展的制度环境，包括数字金融相关政策法规、数字金融体系标准、数字金融发展规划等。数字金融相关政策法规主要指各级政府部门出台的数字金融支持政策和法律法规。数字金融标准体系是指中国人民银行等相关部门为保证数字金融在一定范围内安全、可靠、稳定运行而制定的标准和规范，如《金融科技产品认证规则》和《数字函证金融应用安全规范》。而数字金融发展规划是指政府、中国人民银行等为推动和规范数字金融发展制订的相关发展计划，如中国人民银行印发的《金融科技发展规划（2022—2025年）》《金融科技发展规划（2019—2021年）》等。

三、数字金融主要业态

数字经济的发展推动了金融业数字化转型，改变了传统金融业的发展格局。同时，数字技术与传统金融业务相结合，衍生出一些新业态。下面，我们介绍这些新业态中的数字征信、数字支付、数字理财、数字信贷与数字保险。

数字征信是指通过对海量的、多样化的、实时的、有价值的数据进行采集、整理、分析和挖掘，并运用大数据技术重新设计征信评价模型和算法，多维度为信用主体"画像"，帮助信息使用者了解信用主体的违约率等信息。传统征信是由专业机构采集信用主体的财务数据和金融交易信息，并将它们纳入固定评估模型以测度信用主体的信用情况。数字征信则收集海量的多样化数据，并实时将这些数据纳入动态评估模型以测度信用主体的信用状况。

> **拓展阅读**
>
> **数字征信提升金融机构服务小微企业能力**
>
> 2020年，苏州吴江区某公司总经理庄某遇到了难题。公司在研发期投入了大量的现金，且受到新冠疫情影响，出现了现金流问题。同年5月，庄经理向苏州某银行申请了一笔500万元的贷款。
>
> 该银行在收到贷款申请后，快速了解了企业用电量、电费缴纳等情况，并在企业信用评估完成后向企业发放了贷款，缓解了企业的现金流压力。
>
> 据了解，这是数字征信提升金融机构服务小微企业能力的典型案例。苏州地方征信平台与全市多数政府部门、公共事业单位互联互通，标准化、常态化地采集征信数据，高标准建设苏州小微企业数字征信试验区。截至2020年9月底，苏州市共有108家金融机构接入该征信平台，且平台已经累计授权51万户企业，归集数据2.67亿条。
>
> 资料来源："数字征信"惠及更多小微企业[EB/OL].(2020-11-06)[2023-10-07]. http://www.zhuji.gov.cn/art/2020/11/6/art_1644885_59018933.html.

数字支付主要指运用自动识别、信息通信技术，以及区块链、大数据、云计算等数字技术，以数字形式实现货币债权转移的创新支付方式。根据支付工具的不同，数字支付可以被划分为卡基数字支付、账基数字支付和货基数字支付。卡基数字支付是指付款人基于银行卡向收款人转移后者对发卡主体的货币债权，其核心在于将资金储存在银行卡中并依托背后的银行卡系统完成交易，如POS（Point of Sale）机刷卡、NFC（Near Field Communication，近场通信）闪付。账基数字支付是指通过支付账户完成的支付，包括第三方支付（用户在第三方平台注册的账户可绑定多张银行卡）、网银支付、银联在线支付和生物识别支付。货基数字支付是指以货币为基础完成的支付交易，可以脱离银行账户与网络完成货币债权转移，如数字人民币支付。数字支付通常依托移动支付设备完成，随着生物技术的发展与应用，未来数字支付将有可能摆脱移动支付设备的限制，通过识别生物特征完成支付交易。

拓 展 阅 读

数字人民币推出多个试点应用场景

自数字人民币在各试点城市落地，各试点城市在餐饮服务、交通出行等方面推出了数字人民币惠民活动，拓展了多个数字人民币的应用场景。

比如，三大通信运营商基于数字人民币研发出数字人民币SIM卡硬件卡包，可以实现双离线支付。以中国移动的SIM卡数字人民币硬钱包为例，用户使用身份证即可办理移动超级SIM卡，将它安装在具有NFC功能的手机即可使用支付转账、话费缴纳等功能。

同时，数字人民币硬钱包还被应用在新能源汽车充电场景，这也是数字人民币在物联网领域的首次应用。具体而言，数字人民币硬钱包被安装在电动车充电口和充电枪之后，可以自动识别车主的钱包信息并自动计费、扣款，无须车主进行支付操作。

数字人民币还落地"区块链＋数字人民币"代发工资场景。比如春季造林工程分包商可以通过雄安新区"区块链资金支付平台"发起"数字人民币"工资支付申请，并将工人的数字钱包ID、工资金额等信息上链存证，银行即可根据申请从分包商对公钱包中划拨数字人民币到工人的数字钱包。

此外，数字人民币还在公交出行、缴税、数字理财等场景中使用，很大程度地方便了人们的生产生活。

资料来源：根据公开资料整理。

数字理财是指传统金融机构、互联网企业及金融科技公司等运用数字技术，为客户提供互动式和个性化的创新型理财产品及服务的新型数字金融业态。数字理财供给方发行数字理财产品后，使用投资人的资金按照合同约定购买相关金融产品，并按照合同约定向投资人分配收益。与传统理财产品相似，数字理财产品类型也较多，具体如表 1-3 所示。

表 1-3　数字理财产品的类型及特点

划分标准	类型	特点
风险和收益	保证收益型产品	数字金融供给方无论收益如何，承诺到期支付本金及固定收益
	保本浮动收益型产品	数字金融供给方无论收益如何，承诺到期支付本金及浮动收益
	非保本浮动收益型产品	收益浮动，本金可能亏损
期限	超短期产品	委托投资期限为 1 个月以内
	短期产品	委托投资期限为 1—3 个月
	中期产品	委托投资期限为 3 个月—1 年
	长期产品	委托投资期限为 1 年以上
	开放式产品	每天或在约定时间申购与赎回
投资方向	货币市场类产品	一般投资于同业拆借、短期证券市场、债券衍生市场
	资本市场类产品	一般投资于股票市场、债券市场与基金市场
	产业投资类产品	一般投资于信贷资产和股权
设计结构	单一性产品	交易产品仅有一个品种
	结构性产品	交易结构为固定收益证券和衍生合约的组合

资料来源：编者根据公开资料整理。

拓展阅读

智能投顾还有未来吗？

智能投顾是数字理财的一种重要方式。自 2016 年开始，招商银行、浦发银行、工商银行等金融机构纷纷运用数字技术开展智能投顾业务。智能投顾是以人工智能等数字技术为基础，根据投资者的理财目标、风险偏好与经济状况等信息提供相应的资产组合配置建议。

2021年11月，多地证监局纷纷下发《关于规范基金投资建议活动的通知》，指出部分机构混淆了基金投资顾问与基金销售业务附带提供基金投资建议活动。故在2021年年底，多家金融机构宣布将按照监管要求调整智能投顾业务，暂停智能投顾购买功能。智能投顾通过主动决策代替投资者直接投资，具有一定的不确定性。这一不确定性主要指投资者往往不了解智能投顾的运行机制，存在的信息不对称问题使得投资者承担了不可控风险。同时，智能投顾在能否准确反映投资者风险偏好和承受能力等方面还存在疑问。此外，智能投顾的未来还面临技术、伦理、法律等方面的考验。

资料来源：谢玮. 红极一时的"智能投顾"陆续下线，还有未来吗？[N/OL]. 中国经济周刊，2022-06-30[2023-06-14]. https://baijiahao.baidu.com/s?id=1737041706891630798&wfr=spider&for=pc.

数字信贷泛指运用一切数字技术提供信用贷款服务的金融业态。在为数字信贷需求方提供服务的过程中，传统银行、互联网银行等数字信贷供给方会凭借自身优势直接开展数字信贷服务，也会互相合作推出数字信贷新模式和新产品。在实践中，银行通过官网、手机客户端App等渠道积极推广旗下数字信贷产品。如"融e借"是中国工商银行为个人消费提供的一款无抵押、无担保的产品，个人可以凭借稳定的经济收入来源和良好的信用在网上银行、手机客户端等渠道直接办理信贷业务。同样，互联网企业控制的小贷公司和消费金融机构也会借助平台优势，针对目标客户的个性化需求直接开展数字信贷业务，如蚂蚁借呗、马上消费金融。然而，部分消费金融机构、互联网银行等在获客、资金、风控等方面能力不足，通常会与金融科技公司、传统银行等合作开展信贷业务。

> **拓展阅读**
>
> **中国农业银行"e链贷"为"三农"提供数字信贷服务**
>
> 基于"农银e管家"[①]平台，中国农业银行（以下简称"农行"）推出了一款涉农电商供应链融资产品——"e链贷"。"e链贷"运用区块链技术，将涉农电商平台客户的数据流上传到农行区块链平台，并主动整合银行内外系统，构建出一

---

① "农银e管家"是中国农业银行面向城市和农村两个市场，为供应链上下游商户提供电子商务服务及配套金融服务的自建电子商务平台。

个涉农区块链联盟网络。与此同时,"e链贷"运用大数据技术,充分挖掘和分析"农银e管家"平台客户的海量交易数据,为平台上的客户提供包括订单采购、批量授信、灵活定价、自动审批、受托支付、自助还款等服务。平台客户通过"农银e管家"网站或手机应用程序,即可享受无抵押、无担保的供应链金融服务。

以某农械制造商及其下游客户为例,该综合性农械制造企业的下游客户多为中小型农械销售商、合作社、农民等。这些涉农主体长期因担保物不足而难以获得贷款,容易出现资金紧缺等问题,直接影响正常生产经营。"e链贷"运用数字技术处理供应链上的财务、物流等数据,通过精准画像为涉农主体提供相应贷款,有效解决了涉农主体的融资问题。

资料来源:根据公开资料整理。

数字保险指保险业各参与主体以数字技术为核心驱动力,以数据资源为关键要素,一方面对现有的产品与服务进行改造,优化保险全价值链;另一方面挖掘保险需求未被满足的新兴场景,打通行业上下游产业链,共同构建数字保险生态圈的行为(曾燕,2023a,2023b)。数字保险生态圈的参与主体主要有保险公司、保险中介机构与保险科技公司。其中,保险公司主要负责优化保险产品并提供深层次的附加服务;保险中介机构主要负责保险的高效率展业和保后管理;保险科技公司向保险公司和保险中介机构输出数字技术,帮助它们进行数字化升级和落地智能化应用。

拓展阅读

轻松保严选运用数字技术不断探索保险新模式

轻松保严选是轻松集团旗下的数字保险销售平台。自成立以来,轻松保严选在场景研发、数据运用、销售等环节不断创新,推出了"走路减保费""单病种保险"等创新产品。

早在2018年10月,轻松保严选推出了保险业首款基于区块链技术的保险全产业链健康险产品——鸿福e生百万医疗险。该产品运用区块链技术联结获客、承保、理赔等环节,有效解决了以往健康险产品效率低、成本高、信息共享性差等问题。

同时,轻松保严选还运用人工智能技术,向不同地域、不同年龄、不同性别的用户提供更加精准的保险方案，并为用户提供 24 小时线上人工服务，优化了用户体验。

2021 年 12 月，轻松集团向"保险科技同行计划"投入 5 亿元，用于优化 SaaS 系统、扶持流量、技术研发等，旨在从保费规模、用户服务质量、承保理赔效率等方面筛选出优质的合作公司。同时，轻松集团运用数字技术优势，为合作公司提供智能营销一体化解决方案，有效推动了数字保险的发展。

资料来源：中国青年网. 轻松保以科技赋能精准营销 领跑数字保险第一阵营 [EB/OL]. (2022-07-22)[2023-06-13]. https://baijiahao.baidu.com/s?id=1739033360254311875&wfr=spider&for=pc.

第三节　数字金融的发展历程与现状

数字技术在金融业深度应用的同时，激发了现代金融体系的生机活力，推动了金融市场的多元发展。而系统梳理数字金融的发展历程与现状，有助于我们了解数字金融的发展脉络和分析数字金融的未来发展趋势。基于此，本节将从国内外视角，分别介绍数字金融的发展历程与现状。

一、国内外数字金融发展历程

外国数字金融的起步可以追溯到 20 世纪 90 年代由花旗银行发起的"金融服务技术联盟"（Financial Services Technology Consortium）项目的设立，截至 2023 年已有三十年的发展历程。中国数字金融发展可追溯到 2003 年支付宝上线，也已有近二十年的历史。根据国内外数字金融发展历程，我们可以绘制出国内外数字金融发展大事记，如图 1-6 和图 1-7 所示。外国数字金融发展可被划分为萌芽期（1990—1999）、快速成长期（2000—2009）与成熟期（2010 年至今）；中国数字金融发展可被划分为萌芽期（2003—2012）、探索期（2013—2018）与高速发展期（2019 年至今）。

（一）外国数字金融发展历程

外国数字金融发展历程如图 1-6 所示。

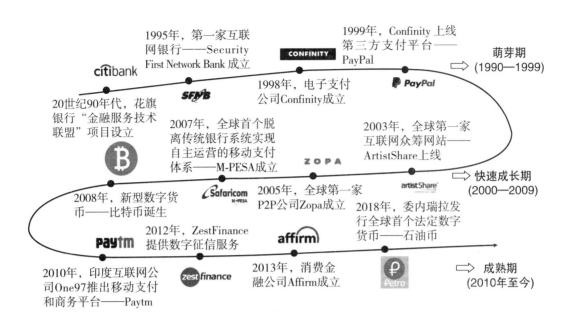

图 1-6 外国数字金融发展大事记

资料来源：根据公开资料绘制。

在萌芽期（1990—1999），外国数字金融诞生的主要标志是花旗银行"金融服务技术联盟"项目的设立。随后，该联盟开始研究和追踪一些可能会对金融业变革产生重大影响的新兴技术。1995 年，第一家互联网银行——Security First Network Bank（安全第一网络银行）成立。1998 年，电子支付公司 Confinity 成立。次年，Confinity 上线第三方支付平台——PayPal，开始探索将大数据、人工智能等数字技术应用至金融领域，推动传统金融模式变革。

在快速成长期（2000—2009），外国数字金融的快速成长主要体现在数字金融供给方推出各类数字金融创新模式和产品。比如，2003 年，全球第一家互联网众筹网站——ArtistShare 上线，艺术家们可以通过该网站让自己的粉丝资助自己的项目。2005 年，全球第一家 P2P 网贷①公司 Zopa 成立，为个人提供网络借贷服务。随后，Prosper、Lending Club、Kiva 等机构纷纷成立，打开了 P2P 网贷行业蓝海市场。同时，在移动支付方面，肯尼亚通信公司 Safaricom 在 2007 年开发的 M-PESA，是全球首个脱离传统银行系统实现自主运营的移动支付体系。此外，2008 年，中本聪设计并推出基于区块链技术的新型数字货币——比特币，推动了各国研发法定数字货币的进程，也拉开了数字货币时代的序幕。

---

① P2P（peer to peer）网贷，指点对点网络借贷。

在成熟期（2010年至今），数字技术在金融行业深度应用，开启了新一轮的数字金融模式和产品的创新。在2008年全球金融危机后，各国数字金融供给方开始借助数字技术进行变革，推动数字金融进入成熟发展新阶段，并表现出不一样的特征（陈胤默 等，2021）。一方面，各类互联网公司进入金融行业，为消费者直接提供金融产品和服务。比如2010年，印度互联网公司One97直接推出移动支付和商务平台——Paytm，为消费者提供支付、理财、保险与贷款等金融服务。另一方面，数字金融供给方运用数字技术处理金融消费者数据，为企业和消费者提供专业化和特色化的产品及服务。从2012年开始，ZestFinance就会在每个季度运用大数据和人工智能技术抽取信贷数据，通过更新信用评估模型为企业提供专业化的数字征信服务。[①] 2013年Paypal的联合创始人埃隆·马斯克（Elon Musk）成立了消费金融公司——Affirm，根据电商和教育中的消费场景为金融消费者提供在线的消费金融产品。2018年2月，委内瑞拉开始预售法定数字货币——石油币，成为全球首个发行法定数字货币的国家，进一步推动各国法定数字货币相关工作的进程。

（二）中国数字金融发展历程

中国数字金融发展历程如图1-7所示。

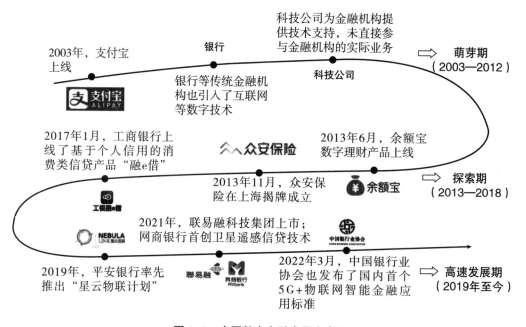

图1-7 中国数字金融发展大事记

资料来源：编者根据公开资料绘制。

---

① 刘新海，顾凌云，丁伟. 再谈ZestFinance的基于大数据的信用评估技术 [EB/OL].(2016-05-05）[2023-06-13]. https://credit.mot.gov.cn/xinyongyanjiu/201605/t20160505_2023603.html.

在萌芽期（2003—2012），中国数字金融的诞生标志是支付宝上线。 支付宝上线的初衷是作为支付工具解决淘宝平台交易双方的信任问题。当时，银行等传统金融机构也引入了数字技术，并将这些技术嵌入金融业务系统，初步实现了业务自动化与电子化。在此期间，科技公司通常只为金融机构提供技术支持，并未直接参与银行等金融机构的实际业务。而基于数字技术搭载的金融业务系统也只增加了传统金融机构的成本，未能产出实际直接价值。

在探索期（2013—2018），中国数字金融的发展标志是余额宝等数字金融产品的上线。 在此期间，数字技术对传统金融的业务模式产生了深远影响，各类金融平台纷纷上线，通过收集金融消费者数据开展保险、理财、信贷等金融业务。在保险领域，2013年11月，众安保险作为我国首家互联网保险企业在上海揭牌成立，完全通过互联网为保险消费者提供承保、理赔等服务。在理财领域，2013年6月，蚂蚁金服上线余额宝，推动了数字理财的发展。同年10月，百度依靠自身流量上线"百度金融"理财产品。次年1月，社交类巨头腾讯也上线了互联网理财平台——"理财通"。在信贷领域，2017年1月，工商银行上线了基于个人信用的消费类信贷产品"融e借"，成为金融机构完善数字金融布局的典范。但是，数字技术的不成熟导致一些数字金融业务模式创新产生了问题。比如，P2P网贷平台风控能力和合规性不足，难以发挥信息中介作用，还像银行一样提供担保等功能，使得大批投资者受损，最后加速了整个行业走向衰亡。

在高速发展期（2019年至今），数字技术在金融业广泛深度应用，进一步深化了中国数字金融业态。 在此阶段，大数据等数字技术进一步向金融业渗透，重塑了许多数字金融业态，包括供应链金融、物联网金融、农村数字金融等。数字金融供给方全面运用数字技术进行业务模式创新，数字金融监管方也进一步采取各类监管措施促进数字金融在我国规范发展。在供应链金融方面，2021年4月，联易融科技集团在香港交易所上市，成为国内首家上市供应链金融科技软件及服务企业。同年8月，《供应链金融服务企业分类与评估指标》团体标准通过立项审批，填补了国内供应链金融领域标准的空白，推动了国内供应链金融健康规范发展。在物联网金融方面，2019年，平安银行率先推出"星云物联计划"，希望通过发射卫星构建物联网金融平台，进而完善供应链金融服务模式。2022年3月，中国银行业协会也发布了国内首个5G+物联网智能金融应用标准，旨在促进银行业物联网金融规范发展。在农村数字金融方面，2021年，网商银行首创卫星遥感信贷技术，通过识别粮食作物为农户发放信贷。截至2021年6月，网商银行已与850多个县域政府达成农村数字金融合作，在应用卫星遥感信贷技术后能够将农户信贷不良率控制在 1.5% 左右。①

二、国内外数字金融发展现状

近几十年，数字金融的蓬勃发展对全球经济增长起着重要作用。因此，我们有必要深入分析数字金融的发展现状，以把握数字金融的未来发展趋势。基于上文介绍的国内外数字金融发展历程，本小节进一步介绍全球代表性国家的数字金融发展现状和中国数字金融发展现状。

（一）全球代表性国家的数字金融发展现状

现阶段，数字金融模式和产品创新层出不穷，给金融业数字化转型带来了机遇。基于数字金融发展历程，下面分别概述部分代表性国家——美国、德国、日本与英国的数字金融发展现状。

美国是全球数字金融的领先者，其数字金融相关业态发展空间巨大。《全球数字经济白皮书（2022年）》的数据显示，美国数字经济规模在2021年达到15.3万亿美元，占GDP的比重超过65%，居全球第一。② 在数字金融领域，美国数字支付、数字信贷等业态发展势头迅猛。在数字支付方面，PayPal、Apple Pay等数字支付手段已经成为美国消费者的主要支付方式。2021年，美国数字钱包交易总额占所有电商支付方式交易总额的29%，占所有销售点支付方式交易总额的10%，同比增长11%左右，有望在近年内超过信用卡成为美国最主流的支付方式。同时，受无现金支付的趋势和部分国家发行法定数字货币的影响，2022年3月，美国白宫发出信号，称美国中央银行数字货币将在符合国家利益的条件下发行。而在此之前，多位美联储官员多次在公开场合表示在没有总统和国会的支持下，美联储不打算推进法定数字货币的相关工作。在数字信贷方面，美国汇丰银行等传统银行纷纷成立数字贷款平台，旨在为消费者提供更便捷的贷款渠道。2021年11月，美国消费信贷规模激增399.91亿美元，创历史最高纪录。由此可见美国数字信贷发展空间巨大。

德国数字经济规模居欧洲第一，新冠疫情影响和数字基础设施建设助推数字金融迅猛发展。中国信息通讯研究院发布的数据显示，德国数字经济规模在2021年达到2.88万亿美元，位居欧洲第一。③ 而德国数字金融近年来也迅猛发展。一方面，新冠疫

---

① 民生网.农村数字金融打出科技牌 网商银行助力乡村振兴 [EB/OL]. (2021-06-25) [2023-06-13]. http://wap.msweekly.com/show.html?id=130618.
② 中国信息通信研究院.全球数字经济白皮书（2022年）[R].[出版者不详], 2022.
③ 同上。

情使德国数字支付得到发展。2021年，德国信息技术、电信和新媒体协会（BITKOM）发表的报告显示，在对1 002名受访者调查后发现，有79%的受访者在2020年9月到11月至少使用过一次数字支付。另一方面，数字基础设施建设推动德国数字金融发展。首先，单一欧元支付区（Single Euro Payments Area，SEPA）上线的SEPA Instant能够为德国金融消费者提供实时数字支付服务。其次，德国构建的市场化征信体系能够为数字金融健康发展提供基础。Schufa是德国最大的征信公司，能够为用户提供精准的信用评级报告，其运作模式如图1-8所示。最后，实名认证机制助力德国数字金融高效化发展。德国多家银行基于生物识别技术搭建实名认证机制，可以帮助金融消费者实现开户流程自动化。

图1-8　德国Schufa的运作模式

资料来源：根据公开信息绘制。

日本进一步扩大数字金融业态，并通过打造数字生态圈为金融消费者提供产品和服务。现阶段，日本传统金融机构和金融科技公司纷纷进一步推进金融业务数字化转型进程，运用数字技术挖掘各类应用场景，为金融消费者提供产品与服务。2021年5月，日本数字银行Minna no Ginko基于纯移动和社交平台打造数字金融体系，为金融消费者提供纯线上一体化金融服务。日本互联网银行Rakuten Bank也依靠母公司Rakuten集团的电商平台拓展客户，并与集团内电商、保险、证券等平台共同打造数字生态圈，为金融消费者提供信托、证券等差别化产品与服务。比如，金融消费者在Rakuten电商平台积累的积分可用于支付Rakuten Bank的汇款手续费，集团积分制度按规则统一适用于Rakuten集团内所有支付场景。此外，2022年7月，日本财务省成立了数字通货部门。该部门主要负责日本法定数字货币的制度设计。数字日元的推行有望充当其他支付方式的桥梁，解决苹果（Apple）、亚马逊（Amazon）等平台商生态圈内数字货币不具互操作性的问题。

英国数字金融供给者聚焦金融消费者差异化需求,为金融消费者提供个性化金融服务。与传统银行等金融机构相比,金融科技公司成立的互联网银行主要布局小微企业信贷业务和为大中型传统银行提供数字技术服务。比如,受新冠疫情影响,原材料价格上涨等因素使得英国小微企业资金周转困难。针对这一情况,英国 OakNorth Bank 参与复苏贷款计划,根据小微企业的实际需求为它们提供个性化服务。2020 年年末,OakNorth Bank 的客户贷款余额达到 24.92 亿英镑,相比上一年增长 20.79%,其营业收入和税前利润分别达到 1.401 亿英镑和 0.776 亿英镑,是为数不多的实现盈利的欧洲互联网银行。

(二)中国数字金融发展现状

在市场规模驱动和国家政策推动的背景下,中国数字金融高速发展。基于上文介绍的数字金融发展历程,我们将进一步梳理中国数字金融的发展现状,主要包括:数字人民币进一步推动数字支付发展;互联网银行以发展普惠金融为重要抓手;数字基础设施建设夯实数字金融发展基础;数字金融监管方逐渐重视事前监管工作。

第一,数字人民币进一步推动数字支付发展。在数字技术的支撑下,电子货币和移动支付等数字支付手段迅速发展。根据全球金融科技巨头 FIS 的统计数据,中国移动支付交易总额在 2021 年占全球交易总额的 49%,移动支付是中国消费者最重要的支付方式。在此背景下,稳定币 Libra① 的研发会对其他国家的实物货币形成挤压。为防止 Libra 挤压甚至替代本国货币,促进普惠金融发展,多国开展与法定数字货币相关的工作。2021 年第三季度,国际清算银行对全球 81 个国家的央行进行了调查,其中正在进行数字货币相关工作的国家占比达到 90%,超过 50% 的央行正在推进法定数字货币的研发或试点工作。② 为了满足公众对数字支付工具的需求和维护国家主权货币的地位等,中国人民银行加快了法定数字货币的研发进程,并在多个城市展开了数字人民币试点工作。不同于传统数字支付手段仅发挥媒介作用,数字人民币是法定数字货币。同时,数字人民币综合集中式和分布式架构并采用双层运营体系,具有无限法偿性、更高安全性与可控匿名性等特征。现阶段,金融机构基于商圈消费、酒店住宿、就医问诊、文化旅游、薪酬发放等生产生活领域,在数字人民币试点城市推出了多个数字人民币应用场景,在很大程度上优化了居民的支付体验。

---

① Libra 指 Facebook(现已更名为 Meta)发行的数字货币。区别于其他加密货币,Libra 锚定美元等较为稳定的资产并以这些资产为抵押物,采用算法调节数字货币在任意时间点的供需关系,以此维持货币的稳定性。
② 人大金融科技研究所. BIS|持续增长的势头——2021 年 CBDC 调查报告 [EB/OL]. (2022-05-08) [2023-06-13]. https://baijiahao.baidu.com/s?id=1732256856622470703&wfr=spider&for=pc.

第二，互联网银行以发展普惠金融为重要抓手。现阶段，中国数字金融供给方较为重视普惠金融发展，把为小微企业等提供便捷的信贷、理财等金融服务作为重要着力点。依托金融科技公司的互联网银行基于典型场景进一步布局数字普惠金融，旨在满足小微企业等长尾人群的信贷、理财需求。比如，微众银行基于微信、QQ等社交平台，运用数字技术为小微企业等提供微粒贷、微业贷等信贷产品。截至2021年12月，微众银行累计服务近3.21亿客户，管理资产规模超过1万亿元。① 其中，微业贷产品向批发零售业、制造业、建筑业等行业内88万多户小微企业授信，60%左右的小微企业单笔利息支出少于1 000元。② 此外，微众银行还为残障人士、老年群体提供无障碍存款、理财等服务，有效扩大了普惠金融的覆盖面。③

第三，数字基础设施建设夯实数字金融发展基础。完善数字基础设施建设是支持数字金融高质量发展的前提，也是支持中国各行业数字化转型的重要支撑点。中国数字经济及数字金融能够高速发展离不开高水平的数字基础设施建设。工业和信息化部的数据显示，截至2022年5月，中国5G基站已建成近160万个，网络质量超过世界发达国家水平，政府相关部门支持全国6万个乡村的4G基站建设，彻底解决了贫困地区通信难的问题。根据国家IPv6（互联网协议第6版）发展监测平台的数据，截至2022年6月，中国IPv6地址拥有量占全球IPv6地址拥有量的16.74%，位居全球第二；绝大多数省份的IPv6发展指数超过60%。统计数据显示，2022年第一季度，中国云计算、大数据服务共实现收入2 052亿元。④ 可见，中国数字基础设施建设为金融等行业的数字化发展提供了较为坚实的基础。此外，为支撑中国经济社会智能升级和赋能金融等行业的数字化转型，工业和信息化部还进一步制订了建设新型数据中心的相关行动计划，夯实了各行业的发展基础。⑤

第四，数字金融监管方逐渐重视事前监管工作。中国金融监管机构高度重视数字金融产品和服务创新的合规性，不仅出台了相关政策规范数字金融发展，还积极开展数字金融事前监管工作。一方面，中国人民银行积极推动监管沙盒在我国落地，在北

---

① 微众银行. 微众银行2021年年度报告[R/OL].（2022-03-24）[2023-06-13]. https://tctp.webankcdn.net/owb-res/owb-res/www/2.0/pdf/annual_report_2021.pdf.
② 同上。
③ 工信部：我国已建成5G基站近160万个[EB/OL]. (2022-05-17) [2023-06-13]. https://baijiahao.baidu.com/s?id=1733064815957840317&wfr=spider&for=pc.
④ 工信部：2022年一季度云计算、大数据服务共实现收入2 052亿元[EB/OL].(2022-04-28)[2023-06-13].https://baijiahao.baidu.com/s?id=1731361638802778296&wfr=spider&for=pc.
⑤ 新型数据中心发展三年行动计划(2021—2023年)解读[EB/OL].(2021-07-16)[2023-06-13].https://www.gov.cn/zhengce/2021-07/16/content_5625389.htm.

京、上海等地开展了监管沙盒试点工作,为数字金融创新提供了一块微缩版"试验田",以尽可能降低数字金融创新应用的风险。同时,金融监管机构运用数字技术建立完善的项目数据库,能够提高监管沙盒测试结果的准确性。大数据等数字技术也能使监管沙盒持续记录金融机构应用程序的运行数据,自动评估应用程序的风险防控能力。另一方面,金融监管机构还运用数字技术构建金融业监管标准化数据系统,通过分析金融业数据来达到事前监管的目的。该系统搭载数字技术后能开展现场检查项目管理、标准化数据提取以及数据的模型创建、发布和管理等工作,助力金融监管机构加强数据质量监管。由此,金融监管机构可以通过分析金融机构报送的数据,识别潜在金融风险,并向违规机构开出罚单。2022年3月25日,原银保监会对国家开发银行、中国农业银行等21家银行开出罚单,处罚理由包括监管标准化数据报送不准确、数据质量存在问题等。

第四节 数字金融的发展理念、原则和目标

在国际形势不断变化的背景下,数字金融发展面临新的机遇和挑战。习近平总书记曾深刻指出,"发展理念是否对头,从根本上决定着发展成效乃至成败",而深入理解和贯彻新发展理念有助于推动我国经济高质量发展。① 基于此,本节从新发展理念角度出发,分别从创新、协调、绿色、开放和共享五个维度阐述数字金融发展理念。在此基础上,本节将分别结合《G20数字普惠金融高级原则》和《金融科技发展规划(2022—2025年)》,进一步介绍数字金融的发展原则和目标。

一、数字金融发展理念

基于新发展理念,数字金融发展理念主要包括:(1)要把握创新发展理念,不断完善数字金融创新机制;(2)要秉持协调发展理念,不断推动数字金融生态系统健康发展;(3)要贯彻绿色发展理念,推动数字技术在金融领域的绿色化应用;(4)要秉承开放发展理念,推动国际与国内金融市场双向互动,促进数字金融发展;(5)要秉持共享发展理念,深耕数字基础设施建设,促进数字普惠金融发展。

第一,数字金融要把握创新发展理念,不断完善数字金融创新机制。创新是引领发展的第一动力,是推动数字金融高质量发展的重要力量。一方面,数字金融供给方

---

① 习近平:把握新发展阶段,贯彻新发展理念,构建新发展格局 [EB/OL].(2021-04-30)[2023-06-13]. https://www.gov.cn/xinwen/2021-04-30/content_5604164.htm.

秉承着创新发展理念，通过提升自主创新能力来增强数字金融服务质量。近年来，传统银行、金融科技公司等数字金融供给方加大了数字技术与金融相关的创新投入，围绕创新和产业生态投入资金，保障数字金融创新稳定发展。同时，政府相关部门不断推动和完善数字金融基础设施建设，为数字金融发展营造良好的创新环境。另一方面，在外部形势不断变化的情况下，国家金融监督管理总局等数字金融监管方不断创新监管机制，培养数字金融供给方的主动合规意识，将数字金融监管重心逐步从事后监管转移到事前和事中监管。

第二，数字金融要秉持协调发展理念，不断推动数字金融生态系统健康发展。 协调是数字金融健康发展的内在要求，是平衡数字金融供给方、需求方与监管方的重要手段。在数字金融发展的过程中，传统金融机构、金融科技公司等数字金融供给方协同发展，为需求方提供不同层次和类别的数字金融产品。同时，为平衡数字金融创新与监管，中国人民银行和银保监会还深入探索监管沙盒等监管工具。此外，在行业协会、社会中介组织等的协同帮助下，金融监管机构进一步完善多层次数字金融监管体系建设，通过建立金融信息共享机制，避免各类监管机构间由于信息不对称造成监管失灵。

第三，数字金融要贯彻绿色发展理念，推动数字技术在金融领域的绿色化应用。 绿色是数字金融高质量发展的必要条件。现阶段，数字金融推动信贷、理财等业务绿色化发展，并将信贷等资源重点投放到绿色项目。比如2021年，百信银行响应"双碳"目标的要求，通过"京绿通Ⅱ"产品向碳达峰、碳中和相关行业的重点企业提供票据再贴现服务。[①] 同时，数字金融还借助大数据、物联网等数字技术布局环境大数据、绿色供应链等场景，推动自身向绿色化方向转型，具体如表1-4所示。

表1-4　数字金融绿色化转型发展的典型应用

数字技术	典型应用	
	场景	具体描述
大数据技术	环境大数据	空气质量数据、土壤环境数据等环境数据之间存在大量有价值的关联，可为金融产品创新提供支持
	绿色保险环境风险地图	整合企业客户周边的生态数据，量化评估并把控环境风险
	环境风险在线排查	动态采集数据，帮助银行高效筛查评估绿色金融客户贷款项目所涉风险
	绿色投融资平台	实现数据的安全、高效交换，消除银企信息不对称，实现绿色融资需求与绿色资本供给的精准对接

---

① 人民资讯. 加码绿色金融，百信银行"京绿通Ⅱ"位列北京市第一[EB/OL].(2021-12-03) [2023-06-13]. https://baijiahao.baidu.com/s?id=1718123175264628848&wfr=spider&for=pc.

（续表）

数字技术	典型应用	
	场景	具体描述
人工智能技术	绿色项目识别认定评价系统	基于国家多套绿色标准构建绿色智能识别模型，运用自然语言处理技术对项目关键内容进行智能判别，提高绿色认定评价效率
区块链技术	绿色供应链金融	基于区块链的绿色交易平台，实现绿色资产数据可靠采集、可信存储和资产溯源
	绿色供应链保理	用区块链技术打造创新保理业务平台，确保数据不可篡改和公开透明
	绿色资产金融服务平台	运用区块链技术进行登记和溯源，减少重复工作
	绿色产业金融科技服务平台	构建开放式平台，通过区块链实现对绿色企业资产证券化底层资产的逐笔穿透审核
物联网技术	绿色能源管理与交易	
	绿色产品贸易监控	解决绿色产品的数据采集、认证、贴标、传输等问题

资料来源：百信银行. 产业数字金融研究报告 2021[R]. [出版者不详], 2022.

第四，数字金融要秉承开放发展理念，通过推动国际与国内金融市场双向互动，促进数字金融发展。开放是数字金融提高发展竞争优势和韧性的必由之路，也是加快我国金融国际化进程的重要路径。近年来，中国人民银行多次出台相关措施扩大金融双向开放，以刺激中国资本市场发展。在数字金融开放过程中，外国的数字金融供给方不仅可以为中国金融消费者提供优质的金融服务和产品，还能够提升我国数字金融供给市场活力，引导中国金融机构在竞争过程中发现自身不足并不断优化。同时，中国金融业还可以充分利用国际金融市场资源，吸取相关优质经验，与国际数字金融相关方在人才培养、金融监管、资金、技术等方面构建长效合作机制。此外，开放不仅能提高中国第三方支付、数字人民币、互联网银行等金融创新产品和服务在国际市场中的影响力，还能在国际规则和标准制定中为中国争取话语权，为国际金融市场贡献中国经验。

第五，数字金融要秉持共享发展理念，深耕数字基础设施建设，促进数字普惠金融发展。共享是中国特色社会主义的本质要求，也是数字金融发展的根本目的。长期以来，传统金融难以满足小微企业和低收入、老人等群体的多元化金融需求，而数字金融的发展为这些群体享受高质量、低成本的金融服务提供了契机。政府相关部门大力推进数字金融基础设施建设，为数字金融产品和服务创新提供了良好的外部条件。基于此，数字金融相关方在产品设计、营销、服务实施等过程中做出了较多探索和创新,提高了数字金融的便捷性、适用性与多样性,能够及时为长尾人群提供个性化金融服务。比如,通过数字技术精准识别农户需求和分析信贷风险,减少了金融机构与农户间的信息不对称,有效解决了农民融资难问题,有助于农业产业链模式整合。

二、数字金融发展原则

2016年9月,G20杭州峰会审议通过了数字普惠金融首份国际性指引文件——《G20数字普惠金融高级原则》,其中提出了八项数字普惠金融的发展原则,包括倡导利用数字技术推动普惠金融发展、平衡好数字普惠金融发展中的创新与风险等。数字金融发展的最终目的是为社会各阶层和群体提供合适的金融服务与产品,符合普惠金融的一般性概念。虽然现阶段数字金融尚不能实现完全普惠,但是未来数字金融的最终形态应当与数字普惠金融相同。参照《G20数字普惠金融高级原则》,我们总结和概括了数字金融发展原则,具体如下:

第一,各国要倡导利用数字技术推动普惠金融发展。协调一致、可监测、可评估的国家战略和行动计划是推动普惠金融体系发展的重点。对以往无法获得金融服务和缺乏金融服务的群体,数字技术可以有效提升获取金融服务的可得性。各国应当根据本国具体国情,制定目标具体、结果可测、责任明确的战略和行动计划,进而推动数字技术助力普惠金融发展。

第二,各国要平衡好数字金融的创新与风险。在发展数字金融的过程中,各国要平衡好鼓励创新与识别、评估、检测和管理新风险之间的关系。一方面,数字金融服务和产品创新有效拓展了金融服务群体与服务空间。各国数字金融监管方应当鼓励和培育数字金融创新,以增强金融市场韧性。另一方面,数字技术引发的风险在数字金融产品和服务的运行、清算等层面均可能出现;同时,数字技术在金融领域的应用还可能引发消费者数据泄露风险。数字金融监管方要及时、有效地识别数字金融创新带来的风险,保护金融体系免受非法活动的侵害。

第三,各国要构建恰当的数字金融法律与监管框架。各国要充分参考G20和国际标准制定机构的相关标准和指引,构建数字金融法律和监管框架。数字金融市场能够可持续发展与扩大离不开恰当的数字金融法律和监管框架。该框架要能够从市场、数字金融供给方和需求方的角度评估相关风险,还要能够提供明确的市场参与规则,并且能够为数字金融市场参与主体建立一个公平、公正与公开的竞争环境。此外,数字金融监管方要具备监管数字金融市场及其参与主体的资源和能力。

第四,各国要扩展数字金融服务生态系统。各国要加快金融和信息通信基础设施建设，用安全、可信和低成本的方法为相关地区，尤其是农村等缺乏金融服务的地区提供数字金融服务。政府等相关部门应当与企业合作，优先发展数字基础设施，并构建数字金融服务生态系统，其中金融数据中心、金融算力中心、ATM、POS 机是数字金融服务生态系统的建设重点。

第五，各国要采取负责任的数字金融措施保护消费者。各国要创立一种综合性的消费者和数据保护方法，重点关注与数字金融服务相关的具体问题。为实现数字金融的目标与价值，各国在构建消费者保护框架时要充分考虑消费者的交易、账户、社交平台数据的处理和使用问题，并制定保障数据安全的规范。

第六，各国要重视消费者数字技术基础知识和金融知识的普及。各国要根据数字金融服务和渠道的特性、优势及风险，鼓励开展提升消费者数字技术基础知识水平和金融素养的项目，并对项目进行评估。消费者缺乏金融素养是难以获得金融服务的重要原因之一，而极少接触数字技术的消费者更难获得数字金融服务。因此，数字金融供给方和监管方应当勤力合作，确保消费者能充分认识数字金融工具并了解如何操作。

第七，各国要促进数字金融服务的客户身份识别。各国要通过开发客户身份识别系统来提高数字金融服务的可得性。该系统应当可访问、可负担、可验证，能适应基于风险的方法开展客户尽职调查的各种需求。客户身份数据可靠性对实现普惠金融的目标至关重要。可靠的客户身份数据能够简化数字金融供给方获客流程，并降低经营成本。同时，可靠的客户身份数据还能够提升数字金融供给方履行反洗钱、反恐怖融资义务的效果。

第八，各国要监测数字金融发展进程。各国要通过全面且可靠的数据测量评估系统来监测数字金融的进展。该系统应当扩大数据来源渠道，并能够使利益相关者分析和监测数字金融服务的供给与需求，以及评估核心项目和改革的影响。同时，数字金融发展还需要一个全面的监测评估系统，以追踪其发展进程、识别其发展障碍并展示其发展成果。该系统要具备量化指标来衡量数字金融的发展，并能够帮助政府等相关部门深入分析数字金融的发展趋势和痛点并提供可靠的解决办法。

三、数字金融发展目标

2022 年 1 月，中国人民银行发布了《金融科技发展规划（2022—2025 年）》，提出在 2022—2025 年，金融科技发展的目标是金融业数字化转型更深化、数据要素潜能释放更充分、金融服务提质增效更显著、金融科技治理体系更健全、关键核心技术应用更深化与数字基础设施更先进。结合上述目标，我们总结和概括了中国数字金融的发

展目标,具体如下:

第一,全面实现金融业数字化转型。金融业能够形成完备的数字化转型理论、方法与评价体系。同时,银行、保险公司等金融机构所有的经营管理能够上云、用数、赋智[①],形成稳定的数字化经营能力。此外,数字金融监管方能够通过数字化转型来大幅提升数字化监管能力,对数字金融服务和产品创新实现穿透式监管。

第二,充分释放数据要素潜能。金融业能够深刻认识数据要素的重要价值,制定完善的数据规划和战略,明确数据要素的工作机制、基本目标与工作路径等,并建立完备的金融数据全生命周期管理体系。同时,金融机构能够不断关注数据能力建设,不断有序推进跨机构、跨地域、跨行业的数据规范共享,并有效保障数据安全和消费者隐私。

第三,金融服务提质增效显著。数字金融最终能够实现全面普惠金融,并能够构建无障碍金融服务体系。同时,数字金融能够与各类生产生活场景深度融合,并将金融资源精准地配置到经济社会发展的关键领域和薄弱环节,全面服务实体经济高质量发展。

第四,构建健全的数字金融治理体系。数字金融发展始终秉持"以人为本"的发展思想,解决数字金融发展过程中的伦理问题,并将服务实体经济和普惠金融作为发展目标。同时,数字金融监管方能够不断完善监管技术,提高监管能力,并建设完备的数字金融监管法律、标准与人才体系。

第五,持续深化关键核心技术应用。金融业能够持续、深入地推进关键软硬件技术在金融领域的应用,不断提升关键核心技术与金融场景的适配性,构建完善且高效的技术供应体系。同时,数字金融要不断推进建设"产学研用"相互支撑、相互促进的开放创新产业生态。

第六,建成先进的数字金融基础设施。金融业能够不断完善绿色、智能、可用性强的数字金融基础设施,并能够保障金融网络通信稳定、高效与安全地支撑金融业的数字化转型与创新化发展。同时,金融业能够建成高效协同、灵活调度与弹性部署的数字金融信息基础设施、数字金融融合基础设施、数字金融创新基础设施与数字金融制度基础设施。

---

① "上云"指金融机构完成经营管理的数字化和网络化,并积累经营管理过程中的数据;"用数"指金融机构通过数据收集、分析、建模等流程,监测自身的经营管理的运行状态,并发现经营管理中的关键规律;"赋智"指金融机构能够采取有针对性的解决办法,实现降本增效。

素养目标

通过梳理与分析数字金融的基本概念、生态系统、发展历程及相关典型案例，培养学生的家国情怀和职业道德，以及其对数字金融发展理念、原则和目标的价值取向认识。

思考与练习

1. 数字金融是什么？有什么特点？数字金融的内涵是什么？
2. 数字金融和数字普惠金融的区别是什么？
3. 简述数字金融的发展历程与现状。
4. 数字金融发展理念、目标和原则有哪些？
5. 梳理与总结数字金融的发展趋势。
6. 运用数字金融的发展理念、目标和原则对我国某个数字金融市场参与主体进行分析和诊断，并提出 3 至 5 条促进数字金融健康可持续发展方面的建设性意见和建议。

参考文献二维码

第二章
数字金融相关的数字技术及应用

学习目标

通过本章的学习,学生应能够:了解数字金融中主要运用的数字技术及其原理;掌握不同数字技术的特点及在数字金融中的应用;了解数字技术在数字金融应用中主要存在的问题和未来发展趋势。

案例导读

中国银行的数字技术应用实践

2022年以来,中国人民银行和原银保监会相继发布了《金融科技发展规划(2022—2025年)》和《关于银行业保险业数字化转型的指导意见》,为金融业数字化转型指明了方向。中国银行顺应时代变化趋势,将全面数字化转型作为在"十四五"时期转变经营发展模式的第一要务。中国银行运用数字技术赋能金融业务发展,具体体现在以下五个方面:

在人工智能技术方面,中国银行运用该技术实现银行业务的智能化。基于企业级人工智能平台"中银大脑",中国银行成功构建了一套基于人工智能技术的服务体系。该体系以机器学习、语音识别、智能机器人以及知识库等五大平台为基础,已广泛应用于业务营销、投资决策、风险控制等领域。该体系的实施实现了人工智能在银行业务中的全流程应用、全渠道触达和全体系可控。

在区块链技术方面,中国银行运用区块链技术保障银行业务的安全运行。中国银行致力于开展分布式技术、隐私技术、跨链技术等方面的研究,自行研发建成区块链基础平台和应用平台。中国银行持续推进新技术应用,基于区块链技术的创新产品已应用于债券发行、金融信贷、跨境支付等业务。

在云计算技术方面，中国银行运用该技术提高了银行业务的稳定性和安全性。中国银行成功地将应用系统从分布式基础架构迁移到云原生架构，有效应对技术架构管理、研发工艺转型、运维治理和安全等方面的挑战。通过变革底层技术，中国银行提升了自身的云治理能力，以更稳健、安全的产品和更高效的服务方式，提供具有持续竞争优势的金融服务。

在大数据技术方面，中国银行利用该技术增强自身风险管控能力。中国银行通过整合银行内部存贷款数据和外部非结构化数据，构建了大数据智能风控服务平台，实时预警信用风险。为提高预警效率，中国银行的大数据管理平台与风控服务平台已实现数据对接，从而避免了数据的重复处理，提高了预警信号的生成速度。

在物联网技术方面，中国银行运用该技术建立了物联网平台。该平台已成为企业级IT架构的重要组成部分，解决了企业内部物联网异构设备的接入问题，能实现海量设备的接入，节省了开发和运维的成本。该平台可迅速响应业务部门需求，进一步推动产品和服务的创新。

资料来源：根据公开资料整理。

人工智能、区块链、云计算、大数据和物联网等数字技术在数字金融中的广泛应用，对金融业产生了深远影响。这些技术改变了传统金融服务的流程和方式，推动了金融市场的创新和发展。那么，这些数字技术的基本原理是什么？它们在不同金融业态中如何发挥作用？目前数字技术在数字金融中的应用状况如何？在应用中还存在哪些问题？本章将针对这些问题展开详细讨论。

本章第一节概述数字金融相关数字技术的基本概念和原理，并介绍具体关键技术。第二节从数字金融业态中的供给方和监管方两个角度，介绍数字技术在数字支付、数字信贷、数字理财、数字保险、数字监管中的应用，并列举相关典型案例。第三节探讨数字技术在数字金融应用中存在的问题和发展趋势。

第一节　数字金融相关的数字技术

我们将数字金融中的数字技术定义为**可以将数字金融中人、物、场的资金流、信息流全面数字化，改变金融经营模式、竞争格局和产业生态的技术**，包括人工智能技术、区块链技术、云计算技术、大数据技术和物联网技术等。本节将分别概述上述五大技术的基本概念和原理，介绍其中的关键技术。

一、人工智能技术

早期的人工智能是指模拟人类智能行为（如学习、计算、推理、思考、规划等）的人工系统。这类系统有能力执行通常需要人类智能来完成的任务（Winston，1984）。随着人工智能概念的不断演进，**现代的人工智能技术指利用计算机模拟、延伸和扩展人类智能，代替人类实现认知、识别、分析、决策等功能的技术。**[①] 我们参考有关机构和学者的研究结果，借鉴清华大学人工智能研究院的划分方式，将人工智能技术划分为7个核心技术[②]和13个外延技术[③]，如图2-1所示。

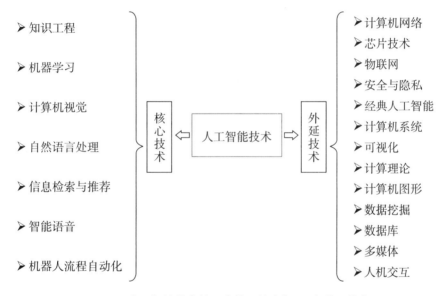

图2-1　人工智能技术的7个核心技术与13个外延技术

资料来源：参考《人工智能发展报告2011—2020》整理。

人工智能技术的核心技术包括知识工程、机器学习、计算机视觉、自然语言处理、信息检索与推荐、智能语音、机器人流程自动化。**知识工程**主要关注如何将人类知识

---

① 中国信息通信研究院安全研究所.人工智能安全白皮书（2018年）[R/OL]. (2018-09-18) [2023-05-01]. http://www.caict.ac.cn/kxyj/qwfb/bps/201809/P020180918473525332978.pdf.
② 核心技术是指具有关键作用和可广泛应用的基本技术。核心技术往往对人工智能的发展和创新具有重要意义，同时也可能对相关技术产生影响和推动作用。
③ 外延技术是指从核心技术衍生出的应用技术，通常在特定场景或行业中具有实际应用价值。外延技术通常依赖于核心技术的发展，但在实际应用中有特定的应用场景和需求。

编码成计算机可以处理的形式，使计算机能够解决复杂的问题或执行复杂的任务。**机器学习**研究计算机如何模仿和实现人的学习行为，以获取新的知识或技能，重新组织现有的知识结构使之不断优化自身性能。机器学习可以分为监督学习、半监督学习、无监督学习和强化学习等（高阳 等，2004）。**计算机视觉**通过模拟人类视觉过程，使计算机具备环境感知能力和视觉功能。计算机视觉涵盖图像分类、物体检测、语义分割、视频分析等核心技术。**自然语言处理**专注于利用人类交流所使用的自然语言与机器进行交互通信，包括自然语言理解[①]和自然语言生成[②]两类技术。**智能语音**旨在实现人和计算机之间的通信，涉及语音识别[③]和语音合成[④]两类技术。智能语音技术已被广泛应用于各种场景，如智能语音助手、自动客服系统等。**机器人流程自动化**是一种基于软件机器人和人工智能的自动化技术。该技术基于预先设计的流程，让机器人模拟并代替人类执行标准化的重复任务。

二、区块链技术

区块链技术是指多个参与方之间基于现代密码学、分布式一致性协议、点对点网络通信技术和智能合约编程语言等形成的数据交换、处理与存储的技术组合（李佩丽 等，2018）。这些技术使数据以不可篡改的链式结构进行存储，并支持可追溯、可信任的点对点传输等应用。

区块链技术可被细分为核心技术、扩展技术和配套技术，如图2-2所示。**核心技术**构成区块链技术的基础。**扩展技术**旨在进一步扩展区块链的服务能力，包括系统管理技术、可扩展技术、交互通信技术和安全隐私技术。**配套技术**专注于提升区块链系统的稳定性和使用体验，包括系统管理技术、操作运维技术和硬件基础设施支持。

区块链技术的核心技术有密码算法、对等式网络、共识机制、智能合约和数据存储。**密码算法**主要运用密码学技术，通过加密手段保护数据安全，为区块链系统提供安全保障。密码算法包括哈希函数、Merkle树[⑤]、数字签名[⑥]等。**对等式网络**又称点对点技术，旨在通过直接交换的方式，实现可移动设备之间的数据资源共享。网络中的每个节点都会承担网络路由、验证交易信息、传播交易信息和发现新节点等工作（袁

---

① 自然语言理解使计算机能够理解人类语言的含义和上下文。
② 自然语言生成使计算机能够生成自然、连贯、在语法和语义上都正确的文本。
③ 语音识别技术是一种将人类语音转化为文本的技术。这项技术涉及音频信号处理、声学模型构建、语言模型构建和解码等内容。
④ 语音合成技术是一种将文本信息转化为语音的技术。这项技术涉及文本处理、韵律生成、语音信号生成等内容。
⑤ Merkle树是一种数据结构，又名哈希树，是一种典型的二叉树。
⑥ 数字签名是一种在电子文档上模拟物理签名的技术，其目的是保证信息的真实性、完整性和不可否认性。

勇 等，2016）。**共识机制**本质上是一个投票系统，当区块链在延长过程中面对多个有效链时，参与者可以查看每条链上的"投票"以达成共识（Abadi et al.，2018），使系统在去中心化的情况下保证数据交互的规范性。**智能合约**是一种将合约数字化的技术，当满足一定条件时，合约可以在没有第三方的情况下由程序自动执行。**数据存储**是一种将数据分散存储到多个地方的技术，又称分布式存储技术。在这种分布式存储系统中，各节点独立、平等地写入并存储数据，形成去中心化的数据块，有效避免了数据丢失并防止数据被篡改，提高了数据的可用性和可靠性。

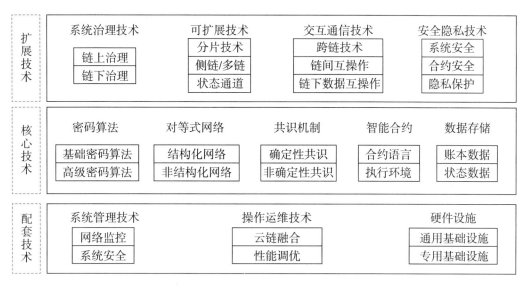

图 2-2　区块链技术图谱

资料来源：参考《区块链白皮书（2020 年）》整理。

三、云计算技术

云计算技术是指通过网络访问共享可配置计算资源池的技术（Grace and Mell，2011），**包括虚拟化技术、分布式资源管理技术和并行编程技术**。**虚拟化技术**将物理服务器的计算能力划分并配置给虚拟机，为用户提供非实体的在线硬件或软件资源。使用者在远离主机的操作端也能进行计算。**分布式资源管理技术**旨在确保各计算节点在多节点并发执行环境中按照统一的协议同步执行操作。**并行编程技术**允许计算机通过软件代码在同一时间执行多个计算任务。

云计算技术提供了**基础设施即服务**（Infrastructure-as-a-Service，IaaS）、**平台即服务**（Platform-as-a-Service，PaaS）**和软件即服务**（Software-as-a-Service，SaaS）**三种服务模式**（Armbrust et al.，2010）。IaaS 是基本服务层，旨在提供计算、存储等基础的网络服务资

源，用户无须购买和管理硬件，只需按实际使用量付费。这种模式使企业能够快速部署基础设施并扩展其规模，降低了初始投资成本和运维负担。PaaS 是位于 IaaS 和 SaaS 之间的服务层，提供了应用程序部署与管理服务。除 IaaS 提供的基础设施外，PaaS 还提供了运行环境、开发工具、数据库服务等。SaaS 应用完全基于网络，用户只需借助浏览器即可使用，无须安装或维护。这种模式使用户能轻松地使用和管理软件，降低了软件的购买和维护成本。通过这三种服务模式，云计算技术为企业和个人用户提供了灵活、高效和经济的计算资源和服务（李乔 等，2011）。表 2-1 总结了三种服务模式的服务内容、服务对象、使用方式、关键技术和系统实例。

表 2-1 三种服务模式比较

服务模式	服务内容	服务对象	使用方式	关键技术	系统实例
IaaS	提供基础设施部署服务	需要硬件资源的用户	上传数据、程序代码、环境配置	数据中心管理技术、虚拟机技术等	Amazon EC2、Eucalyptus 等
PaaS	提供应用程序部署与管理服务	程序开发者	上传数据、程序代码	海量数据处理技术、资源管理与调度技术等	Google App Engine、Microsoft Azure、Hadoop 等
SaaS	提供基于互联网的应用程序服务	企业和需要软件应用的用户	上传数据	Web 服务技术、互联网应用开发技术等	Google Apps、Salesforce CRM 等

资料来源：参考罗军舟等（2011）整理。

随着技术的不断进步，云计算领域衍生出云原生的概念。**云原生技术是指有利于各组织在公有云、私有云和混合云等新型动态环境中构建与运行的可弹性扩展应用技术**（邢文娟 等，2022）。云原生技术是容器技术[①]、微服务[②]、服务网格[③]、不可变基础设施[④]和声明式 API[⑤]等一系列技术的集合（陆钢 等，2020）。通过这些核心技术，用户能够实现计算和网络资源的虚拟化，并通过数据库的方式实现快速部署，从而减少建

[①] 容器技术是一种轻量级、可移植和自包含的软件包装技术。该技术使应用程序可以在几乎任何环境中一致、可靠地运行。Docker 是最知名的容器平台。
[②] 微服务是一种架构模式，它将庞大且复杂的单体应用程序分解为一系列小型、独立运行的服务。这些服务各自负责一项特定的业务功能，并利用简单、高效的通信手段相互协作。
[③] 服务网格是一种基础设施层，用于处理服务到服务的通信。它将网络通信从应用程序代码中抽象出来，允许开发者专注于业务逻辑。Istio 和 Linkerd 是两个知名的服务网格框架。
[④] 不可变基础设施是一种基础设施管理方法。服务器和其他基础设施组件一旦被部署就不能修改，需要更改时会被完全替换。
[⑤] 声明式 API（Application Programming Interface，应用程序接口）让代码易读、易理解和易维护，进而简化了应用程序的管理。

设和维护环节，提升运营效率。

云计算和云原生都是基于云环境的技术。它们的关键区别在于：云计算技术主要被用于提供基础设施资源，如计算能力和存储空间等；云原生技术主要关注在云计算基础设施上开发、部署和运行应用程序。云原生技术利用云计算的弹性和伸缩性，以实现更高效、灵活和可扩展的应用开发与管理。在一定程度上，云原生技术是云计算技术的扩展和补充，使用云原生架构搭建的应用程序具有更强的可靠性、可扩展性和可维护性。

四、大数据技术

在互联网时代，数据已经渗透到人们生活的各个方面。研究机构 Gartner 认为，大数据是运用新型处理模式的海量、高增长率和多样化的信息资产。大数据的特征可用 5 个 "V" 概括，分别是大量（Volume）、多样（Varity）、高速（Velocity）、容错（Veracity）和价值（Value）（程学旗 等，2014）。结合大数据的定义，**大数据技术泛指以大数据为分析对象，采用新型计算架构和智能算法处理相关数据，获得有价值信息的技术**（曾燕 等，2023）。

经过多年的发展，大数据技术已发展成一个覆盖面广泛的技术体系。表 2-2 列出了大数据技术的五大技术类别及其对应的具体技术和核心作用。**基础技术**是支持海量数据存储、处理和分析的一系列关键技术，包括流计算、批量计算、图计算等技术。**数据管理技术**包括元数据管理、数据集成、数据建模等技术，其主要作用是整合和管理数据以提升数据的质量与可靠性。**数据分析应用技术**是大数据技术的重要组成部分，包括商业智能工具、数据可视化、数据挖掘等技术，其主要作用是对数据进行分析和挖掘，释放数据价值。**数据流通技术**包括隐私计算、同态加密和可信执行环境等关键技术，主要用于高效传输和共享数据，优化数据的配置[①]和处理[②]。**数据安全技术**包括差分隐私、数据脱敏和身份认证等技术，其主要目的是保障数据在各阶段的安全和隐私。

---

① 数据的配置是指组织、存储和设置数据的结构与属性，目的是更高效地进行数据处理和数据共享。数据配置涉及数据的格式转换、索引、分片、编码、压缩等过程。
② 数据的处理是指对数据执行的操作或计算，如查询、分析、转换和其他操作，目的是获取有用的信息。数据处理涉及数据的读取、计算、整合、转换和输出等过程。

表 2-2 大数据技术体系

技术类别	具体技术	核心作用
基础技术	流计算、批量计算、图计算、分布式协调系统、集群管理及调度、工作流管理、关系型数据库技术、分析型数据库技术、K-V 数据库、文件存储、对象存储等	压缩数据，存储数据，初步加工数据
数据管理技术	元数据管理、数据集成、数据建模等	提升数据质量与可靠性
数据分析应用技术	商业智能工具、数据可视化、数据挖掘、深度学习、图分析等	释放数据价值
数据流通技术	隐私计算、同态加密、可信执行环境等	优化数据的配置和处理
数据安全技术	差分隐私、数据脱敏、身份认证等	保障数据安全

资料来源：参考《大数据白皮书（2022 年）》及公开资料整理。

五、物联网技术

物联网技术指通过互联网和各种信息传感设备将各类物品联结起来，实现智能化识别、定位、跟踪、监控和管理的技术。物联网是通信网络和互联网的发展与延伸，它借助感知技术和智能设备对物理世界进行感知与识别，通过网络实现各物体间的互联。它使人与物、物与物间的信息能够无缝交互，从而实现人们对物理世界的实时控制、精确管理和科学决策。物联网涉及多个技术领域，包括感知、控制、网络通信、微电子、计算机、软件等，覆盖多个关键技术。**物联网技术体系可分为共性技术、应用关键技术、网络通信技术、感知关键技术和支撑技术**。①

共性技术涵盖物联网的感知、网络通信、应用等各个层面，主要包括物联网架构技术、标识与解析技术、安全和隐私技术、网络管理技术等。**应用关键技术**包括信息智能处理技术和面向服务的体系架构技术。前者致力于存储、计算和展示感知数据，挖掘数据价值；后者旨在实现快速、可重复使用的系统开发和部署。**网络通信技术**是物联网的核心，负责实现物联网的数据信息和控制信息的双向传输、路由②和控制。**感知关键技术**包括传感技术和识别技术等。前者将物理世界中的物理量、化学量、生物量转化成数字信号；后者实现物体标识与位置信息的获取。**支撑技术**是物联网运行的重要基础，涉及嵌入式系统、微机电系统、软件和算法、电源和储能、新材料等技术。

---

① 工业和信息化部电信研究院. 物联网白皮书 (2011 年) [R/OL]. (2011-05-01) [2023-05-01]. http://www.caict.ac.cn/kxyj/qwfb/bps/201804/P020151211378876413933.pdf.
② 路由是决定如何将数据从一个设备发送到另一个设备的过程。

图 2-3 绘制了物联网技术的架构体系。

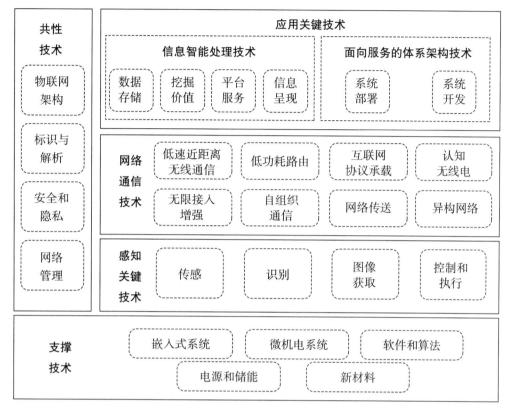

图 2-3 物联网技术的架构体系

资料来源：根据公开资料绘制。

第二节 数字技术在数字金融业态中的典型应用

基于第一章中数字金融市场参与主体和主要业态的定义，本节将从数字金融供给方和监管方的角度探讨数字技术在数字金融中的应用。需要说明的是，人工智能、区块链、云计算、大数据和物联网等数字技术在数字金融中的应用并非孤立存在的，多种数字技术经常结合应用。本节中不同数字技术的应用指不同应用中最关键的数字技术，而非唯一的数字技术。

一、数字技术在供给方的典型应用

数字金融供给方主要包括传统金融机构、互联网企业与金融科技公司。传统金融机构正转变服务模式以适应数字经济时代。它们将数字技术融入金融产品和服务，旨在提高服务质量和效率，满足消费者对个性化和便捷性的需求。互联网企业基于电子商务平台、社交平台等场景为消费者提供信贷、理财等金融服务。金融科技公司为银行、证券公司等提供数字技术相关服务和产品。本节将在五大数字技术概念和关键技术的基础上，探讨这些技术在数字支付、数字信贷、数字理财和数字保险中的应用。

（一）数字技术在数字支付中的典型应用

数字支付是指运用人工智能、区块链、云计算、大数据等数字技术，以数字形式实现货币债权转移的创新支付方式。 数字支付的业务架构如图2-4所示。在数字支付流程中，人工智能技术主要应用于身份验证环节；区块链技术确保支付交易安全并提高支付效率；云计算技术降低数字支付基础设施的成本，极大地促进了数字支付的普及和发展；大数据技术实现支付相关风险的实时监控和预警，有效提高了支付安全性；物联网技术提供无感支付等支付方式，使支付更加便捷和智能。

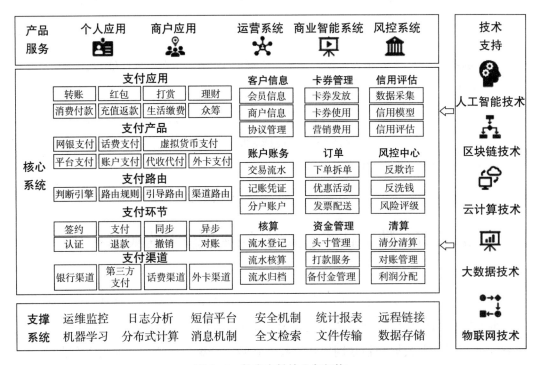

图2-4 数字支付的业务架构

资料来源：根据公开资料绘制。

人工智能技术基于生物特征验证用户身份，提高数字支付的安全性和便捷性。 与传统"账户+密码"的安全防护手段相比，人工智能中的计算机视觉技术可以利用人体生物学特征识别和验证用户身份。这种方式验证速度快、防伪性能强，可以有效防范手机丢失、身份冒用等因素引发的支付欺诈风险。此外，计算机视觉技术可以利用各种场景中的生物识别硬件设备获取人脸、声纹、步态等生物特征，使支付过程不再依赖智能手机等支付媒介，提高了支付的便捷性。

区块链技术具有去中心化的特点，可保障支付安全并提高支付效率。首先，区块链技术可以提供更加安全的支付环境。由于区块链技术的去中心化特点，支付数据将被分布式地存储在多个节点上，这使得黑客攻击变得更加困难。其次，区块链技术可以提供更加透明的支付过程。每一笔支付交易都被记录在区块链上，所有参与者都可以查看和验证这些交易记录，从而提高数字支付的透明度。最后，区块链技术还可以提供更加高效的支付服务。区块链的智能合约技术可以自动化地执行支付过程，减少传统支付中多余的验证环节，实现"支付即结算"的模式，提高支付效率。部分金融机构已积极探索将区块链技术应用于金融机构间的对账业务和跨境汇款服务，并取得了良好的效果。典型的实践案例包括全球首个开放的支付网络 Ripple、全球支付网络 World Wire、中国银行的区块链跨境支付项目①和招商银行直联支付区块链平台等。

云计算技术提升了数字支付系统的性能，保障了支付安全。一方面，云计算技术可以优化支付服务的性能和用户体验。在线支付中，借助云计算提供的弹性计算资源，支付系统可以灵活应对大规模促销活动所产生的高流量压力，确保支付系统的稳定运行。对于跨境汇款业务，云计算技术可以帮助支付服务商在全球范围内部署服务，实现 24 小时不间断的业务运行，通过减少网络延迟提高用户的支付体验。另一方面，云计算技术能够保障支付安全。基于云计算技术的防火墙和入侵检测系统可以有效阻止非法访问，进而保护支付系统的安全。

大数据技术提高了数字支付结算效率，降低了用户的数字支付风险。一方面，金融机构利用大数据技术高效处理海量的交易数据，不仅缩短了交易结算的时间并提高了支付结算效率，还增强了金融市场的流动性。另一方面，金融机构利用大数据技术实时分析用户的交易行为、历史记录和其他相关信息，以构建风险模型预测和识别欺诈行为。这使金融机构能够提前识别风险并采取相应的防范措施，进而更好地保障支付用户的隐私和安全。

物联网技术将用户资金账户与设备联结起来，有效提升了支付的便利性和安全性。一方面，物联网技术可以实现无感支付。用户无须携带支付工具，通过身份识别或者

---

① 中国银行业协会研究部.行业发展研究专业委员会·研究精选【22】商业银行跨境金融数字化转型研究 [EB/OL]. (2023-03-28) [2023-06-01]. https://www.china-cba.net/Index/show/catid/77/id/41846.html.

生物特征识别等方式即可完成支付。另一方面，物联网技术中的近场通信技术可以实现智能支付。通过联结支付设备与智能家居设备，用户可以通过向智能家居设备发出指令实现支付操作。此外，物联网技术无线射频识别技术可以实现自动化支付，在无人便利店、自助停车场等场景中发挥重要作用。

拓展阅读

洞见科技——隐私计算+金融反电诈实践

深圳市洞见智慧科技有限公司（以下简称"洞见科技"）为金融机构提供了高效安全的反电诈解决方案。洞见科技利用设备识别、知识图谱和隐私计算等数字技术，与银行、支付机构等多类型金融机构联手，共同建立了全行业的联防联控联盟以抵制电诈攻击。这一实践有效提高了金融机构电信诈骗拦截率，保障了人民财产安全。图2-5展示了洞见科技提供的反电诈服务的技术架构。

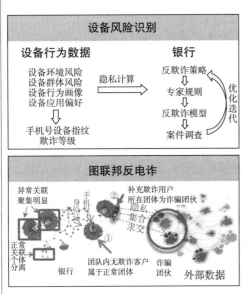
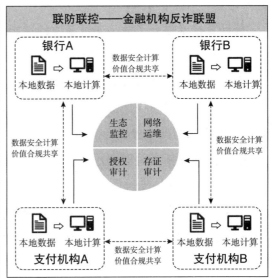

图 2-5 洞见科技反电诈技术架构

一方面，该架构基于隐私计算、图联邦等数字技术，有效识别设备发出的信号，**发现电信诈骗团伙**。金融机构可以运用指纹识别等数字技术全面评估欺诈等级。然后，该架构运用隐私计算等数字技术将欺诈相关信息应用在银行建立的反欺诈策略模型中。同时，在保证数据安全的前提下，图联邦技术能实现银行内部知识图谱与外部数据的融合互联，系统会综合分析电诈标签和内部异常聚集关系等信息，从而精准识别电信诈骗团伙。

另一方面，该架构运用隐私计算技术，实现数据价值的安全流通。该架构运用匿踪查询技术实时共享多个机构的黑名单数据，让电信诈骗不法分子无机可乘。同时，该架构依托联邦学习技术构建全域优化的反电诈模型。该模型利用金融机构和支付机构各自的数据样本及维度优势，能有效识别出电信诈骗所使用的账号。此外，该架构还包含全面的预警措施，以更好地保障人民财产安全。

截至2023年3月，洞见科技的联防联控联盟已经成功落地了联邦反诈模型、反诈黑名单共享等多个应用，帮助银行和支付机构拦截了5 000余起电信诈骗，挽回了超过2亿元的经济损失。

资料来源：艾瑞咨询. 中国金融科技行业洞察报告 [R/OL]. (2023-02-01) [2023-05-01]. https://pdf.dfcfw.com/pdf/H3_AP202302101582989739_1.pdf?1676025913000.pdf.

（二）数字技术在数字信贷中的典型应用

数字信贷是指运用一切数字技术提供信用贷款服务的金融业态。在数字信贷业态中，人工智能、大数据等数字技术实现了信贷业务的线上化，扩大了信贷服务的覆盖范围。云计算技术提高了信贷业务的服务效率，保护了用户信贷数据的安全。物联网技术通过构建全面的信用体系，推动了信贷业务发展。这些技术被应用于智能信贷管理、风险量化评估、营销策略分析等环节，为消费信贷、绿色信贷等多样化场景提供服务，构建了数智化的信贷业务系统。图2-6展示了信贷业务数智化架构。

人工智能技术推动信贷业务实现了全流程数字化，提高了信贷服务效率。一方面，人工智能技术使用户能够在线上提交必要的贷款申请资料，简化了申请流程，极大地优化了用户体验和效率。另一方面，金融机构运用人工智能技术在线审批信贷业务，通过机器学习模型评估用户信贷风险，依据用户信用评分等信息快速做出审批决定，从而提升信贷服务效率。

大数据技术整合内外部信贷数据资源，为金融机构在数字信贷中进行更精准的风险评估和决策提供支持。在信贷业务操作流程中，金融机构要处理包括客户个人信息、商务经营信息、收支消费信息等大量信贷相关数据。大数据技术能够从中挖掘出有价值的信息，协助金融机构建立更精准的贷款风险评估模型，以准确评估借款人的信用风险。这不仅能帮助金融机构做出更精准的贷款决策，还有利于降低金融机构面临的违约风险，提高其贷款业务的盈利水平。

云计算技术提高了数字信贷的服务效率，保护了信贷数据安全。云计算技术通过

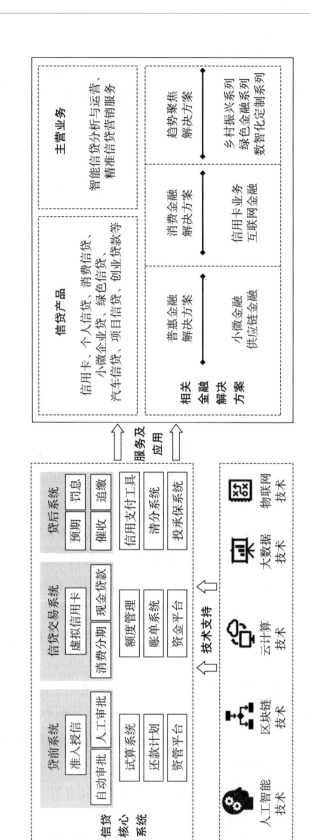

图 2-6 信贷业务数智化架构

资料来源：根据公开资料绘制。

网络防护和数据保护等多层安全措施有效防止数据泄露，保障客户的信贷数据安全。同时，云计算技术的故障转移、负载均衡和自动扩展等服务，有助于提高信贷审批流程的稳定性和效率。此外，通过提供定期的安全系统更新和其他运营管理服务，云服务商能够有效提升金融机构在开展数字信贷业务时的合规性和安全性，确保其系统与最新安全标准同步，降低金融机构潜在的安全风险。

物联网技术帮助金融机构构建全面的信用体系，推动数字信贷业务发展。 通过物联网技术，金融机构不仅能更精准地获取借款方的交易记录、支付行为等信用数据，还能更深入地了解企业的生产经营、设备运行状态等经营数据。这有效降低了金融机构对抵押物、核心企业担保或第三方担保的依赖，提升了对借款方提供的权益证明和资产信息的确认能力。例如，平安银行利用物联网技术全天候地监控企业动产存续状态和变化，有效应对动产融资过程中的信息不对称问题，大大降低了银行的融资风险。利用这些多元化的数据，金融机构能针对信贷客户构建一个更客观更全面的信用体系，有效提升自身风险管控的质量和效率。

拓展阅读

中国农业银行——基于流批一体[①]的实时计算赋能信贷业务

中国农业银行（以下简称"农业银行"）成功实施的流批一体技术，标志着农业银行在云计算领域取得了里程碑式的创新。流批一体技术不仅降低了流批结合模式的开发及运维成本，还拓宽了实时计算的应用范围，为农业银行提升业务质量提供了强大的保障。图2-7展示了农业银行实时计算技术架构。

2021年，农业银行在风控业务领域相关应用中首次尝试了流批一体技术。流批一体技术使用Flink-SQL架构[②]，实现了同一逻辑框架下的实时数据监测和批量数据对齐。该方式在确保数据时效性和准确性的基础上统一了技术栈[③]，大幅降低了开发和运维成本，提高了数据加载和分析的速度，为实时场景需求提供了技术

---

① "流批"是指"流处理"和"批处理"两种不同的数据处理方式。"流批一体"包括两方面：一是计算一体，同一套计算逻辑可以同时应用于流处理与批处理两种模式，且最终结果一致；二是存储一体，流处理与批处理过程中的全量数据存储在同一介质，即不管采用何种处理模式，数据的流转及存储都在同一个介质中完成。
② Flink-SQL架构是支持SQL语言的Flink系统，用于对无界和有界的数据流进行状态计算。Flink是一个面向分布式数据流处理和批量数据处理的开源计算平台，提供支持流处理和批处理两种应用的功能。
③ 技术栈是指在软件开发过程中使用的各种技术和工具的集合，包括编程语言、开发框架、数据库、操作系统、云服务等。

支撑。

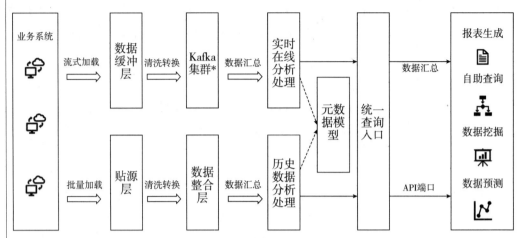

注：Kafka集群是一种高吞吐量的分布式发布订阅消息系统，可以处理消费者在网站中的所有动作流数据。

图 2-7　农业银行实时计算技术架构

在信贷业务领域中，农业银行通过引入 Flink-CDC 组件[①]实时捕获信贷业务数据。基于此，农业银行为授信、用信等业务建立了流批一体计算框架，充分利用总账数据的实时性实现了数据的实时同步。实时计算技术的应用有效提高了农业银行实时分析信贷数据、降低信贷风险的能力。

资料来源：中国农业银行. 中国农业银行金融科技创新年度报告（2021）[R/OL]. (2022-05-20) [2023-05-01]. https://www.abchina.com/cn/special/kjz2022/jrkjz2022/202205/W020220520598759218839.pdf.

（三）数字技术在数字理财中的典型应用

数字理财是指传统金融机构、互联网企业及金融科技公司等运用数字技术为客户提供互动式和个性化的创新型理财产品及服务的新型数字金融业态。数字技术在数字理财中的应用实现了理财产品及服务的创新，如图 2-8 所示。人工智能技术和大数据技术广泛应用于数字理财的精准营销、产品创新等环节，为客户提供个性化产品和服务。区块链技术和云计算技术加密存储了理财用户的相关信息，保障了客户的信息安全。

---

① Flink-CDC 组件是 Flink-SQL 架构中一个可以直接从 MySQL 等数据库读取全量数据和增量变更数据的组件。

第二章
数字金融相关的数字技术及应用

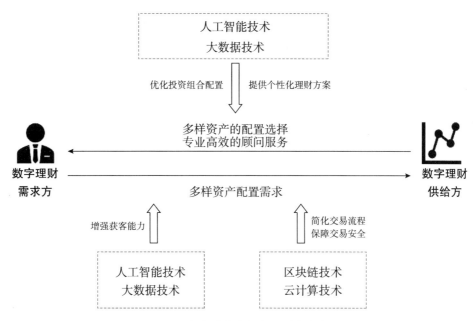

图 2-8　数字技术在数字理财中的应用

资料来源：根据公开资料整理。

人工智能技术和大数据技术增强了金融机构的获客能力，助力金融机构为客户提供个性化的理财方案。金融机构运用人工智能、大数据等数字技术，可高效收集、存储和分析关于客户社交、消费、信用和金融交易等方面的数据。利用这些信息，金融机构不仅可以对产品进行精细分类和匹配，还能构建出客户画像和图谱，进一步深挖客户的潜在需求。同时，金融机构可以基于客户的风险偏好、交易行为、财务状况以及收益目标等个性化数据，精准地识别并预测客户需求，为客户提供低门槛、低费率的个性化理财方案。

区块链技术使理财更透明、更高效和更安全。区块链技术具有去中心化、公开透明、不可篡改等特点，使数字理财中的资金转移更高效、更安全。同时，在投资过程中，基于区块链技术的智能合约可以实现自动交易，很大程度地降低了人为干预和人工错误带来的风险。此外，区块链技术的透明性和不可篡改性使投资者可以实时跟踪和验证投资情况，增强了投资的可信度。

云计算技术为理财机构提供了高效、安全和易于扩展的数据处理能力。云计算技术可以帮助理财机构分析大量的金融数据，建立相应的风险评估模型，为用户提供个性化的理财建议。同时，云计算技术的高级安全措施可以保护与用户财产相关的隐私数据，降低金融欺诈风险。此外，云计算技术的可扩展性使理财平台可以随着用户数量的增长轻松扩展服务,保证服务的稳定性。图 2-9 展示了阿里云计算技术为金融机构提供的一种金融级云原生产品技术架构。DevOps 是一组过程、方法与系统的统称(陈咏秋 等,2016)。它强调开发(Development,简称 Dev)和运维(Operations,简称 Ops)之间的沟通和协作,以实现更快、更可靠的软件交付。云管理平台提供了统一的控制面板,用于管理在多个云环境中运行的资源和服务。该架构具有安全可靠的数据处理能力,能帮助理财机构将其 IT 系统迁移到云端,快速部署理财业务。此外,该系统还提供标准化的异地灾备、专线接入等增值服务,保证了数据安全和理财业务稳定。

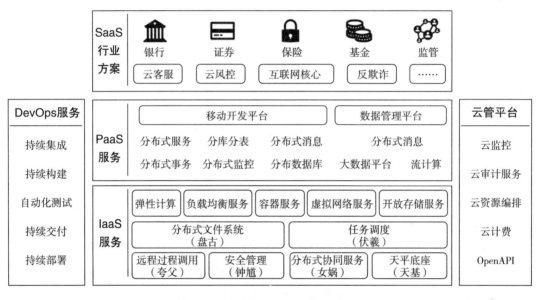

图 2-9 阿里云金融级云原生产品技术架构

资料来源:中国农业银行. 中国农业银行金融科技创新年度报告 (2021) [R/OL]. (2022-05-20) [2023-05-01]. https://www.abchina.com/cn/special/kjz2022/jrkjz2022/202205/W020220520598759218839.pdf.

> **拓展阅读**
>
> **国联证券——打造首家公募基金智能投资理财平台**
>
> 国联证券在行业内首次打造并推出了公募基金智能投资理财业务的综合服务平台,深化投资理财业务的数字化转型。该平台覆盖了资产配置生成、投资策略管理、理财顾问交易等投资理财业务的各个环节,支持管理型投资理财、建议型投资理财、投资理财合作引流等多种业务模式。针对基金投资理财业务的特点,国联证券在该平台上运用一系列技术创新,包括在资产配置体系、客户账户体系、实

时风控体系和敏捷开发体系等方面的创新，为快速发展的理财业务提供有效支持。

一方面，分布式微服务技术架构和在线扩容技术使平台具有高性能与高并发的处理能力。同时，通过采用分布式缓存和分库分表技术，该平台支持数据的水平扩展[①]和持久存储，大大提升了数据处理效率。

另一方面，平台运用分布式技术，持续优化批处理任务的性能。该平台采用基于Master-Worker模式[②]的分布式批处理架构，大幅提升了日终清算、业务跑批、流水归档等环节中的批量业务处理性能。同时，通过结合开源Flink实时计算引擎[③]和分布式流式计算技术，平台实现了业务数据实时采集。该平台结合实时风控系统模块，实现了对公募投顾业务在事前和事中阶段的风险实时监控。

这些综合技术的应用不仅提高了平台的数据处理能力，还支持了基金理财业务规模的快速扩张。截至2022年第三季度，国联证券的基金投资理财签约客户约为23万户，累计客户签约规模近280亿户。

资料来源：国联证券. 国联证券基金投顾：客户累计签约规模接近280亿，持续耕耘国联大方向的投顾IP[EB/OL]. (2023-01-10) [2023-06-01]. https://xueqiu.com/6533957354/239678193.

（四）数字技术在数字保险中的典型应用

数字保险是指保险行业各参与主体以数字技术为核心驱动力，以数据资源为关键要素，一方面对现有的产品与服务进行改造，优化保险全价值链，另一方面挖掘保险需求未被满足的新兴场景，打通行业上下游产业链，共同构建数字保险生态圈的行为（曾燕 等，2023）。数字技术在数字保险领域的应用已经深入保险业务的各个环节。这些技术通过精准定价、加速产品创新以及拓宽产品应用场景等方式，重塑保险行业的运营模式。大数据和人工智能等数字技术使保险公司有能力提供智能保顾、智能核保等一系列智能化的保险服务。云计算在技术层面为保险业务的数字化转型提供强大支撑，帮助保险公司提升数据处理和分析能力。物联网技术使保险公司能够更有效地收集投保人相关信息，提供更个性化的保险服务。

人工智能技术帮助保险公司提升核保效率，提高风险防范能力。保险公司采用人

---

① 水平扩展是指通过增加更多的服务器或者程序实例来分散负载，从而提升存储能力和计算能力。
② Master-Worker模式是常用的并行模式之一。它的核心思想是，系统有两个进程协作工作：Master进程负责接收和分配任务；Worker进程负责处理子任务。Worker进程将子任务处理完成后会把结果返回给Master进程，由Master进程做归纳汇总，得到最终的结果。
③ 开源Flink实时计算引擎是一个面向数据流处理和批量数据处理的分布式开源计算框架。

脸识别、图像识别和声纹识别等人工智能技术在线核实用户身份，大大简化了投保流程。同时，保险公司运用知识图谱技术，建立了适应多种复杂险种的核保规则，显著提升了核保的效率。深度学习技术可以在一定程度上提高图像识别的精准度。对于理赔处理，保险公司可运用深度学习技术在线判断受损情况并精准计算赔付金额，结合声纹识别和人脸识别技术核实理赔的真实性，有效提高了保险公司的风险防控能力。

大数据技术提升保险公司识别和防范欺诈风险的能力。夸大理赔金额、重复理赔、内部人员舞弊和故意制造损失等保险欺诈行为给保险行业带来巨大挑战。为应对这一挑战，保险公司运用大数据技术，将业务数据、客户数据和社交数据进行有机整合，构建保险欺诈案例数据库和风险识别模型，以便及时采取预防措施，从而有效地防范风险。

区块链技术提升保险公司的业务效率和风险识别能力。一方面，区块链中的智能合约技术可以自动化保单发行和赔付流程，提升了保险公司的业务效率。另一方面，区块链技术中的时间戳技术可以形成不可更改记录，增强了保险公司数据存储系统的透明性和安全性，有效地降低了保险公司因用户伪造身份、篡改核保信息等不当行为所带来的风险。此外，区块链技术允许保险公司在保护用户隐私的前提下实现信息共享，通过构建全面的风险档案大幅提升保险公司的风险管理能力。

云计算技术帮助保险公司拓展和创新业务，保障客户数据存储的安全可靠性。一方面，保险公司可以运用云计算技术提供的弹性计算和存储资源，更加灵活、高效地开发新型保险产品，根据客户需求快速调整资源规模并进行产品原型搭建和测试。另一方面，云计算技术提供数据加密、访问控制、自动备份等服务，全面保障保险公司的数据能够被安全、可靠地存储。

物联网技术帮助保险公司进行更精准的风险评估和优化业务流程。一方面，物联网技术帮助保险公司通过传感器等设备实时收集数据，从而更精准地评估客户的风险状况。例如，汽车上的传感器可以收集驾驶行为数据，帮助车险公司更准确地计算保费。另一方面，物联网技术可以优化保险公司的赔付流程，通过互联的设备快速发现并报告潜在的损失。例如，智能家居系统可以在火灾发生时及时通知保险公司，使保险公司能够更快地处理赔付事宜，从而提高保险公司的响应效率。

拓展阅读

金融壹账通——数字技术实现人伤快速定损

金融壹账通运用人工智能、大数据、区块链等数字技术推出了智能人伤定损平台。该平台通过智能化的方式获取信息、判定损失、报价伤情以及对人伤成本进行精细化管控,显著提高了人伤理赔的效率与精确度。通过这一平台,金融壹账通帮助保险公司解决了传统人伤案件理赔中审批复杂、流程长、效率低等问题,为保险公司和投保人提供了更高效、更精确的理赔服务。图2-10展示了金融壹账通人伤定损平台技术架构。

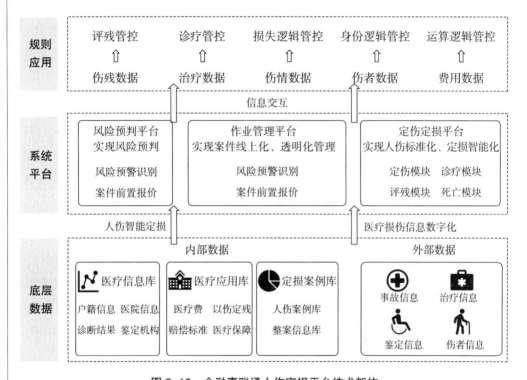

图2-10 金融壹账通人伤定损平台技术架构

资料来源:艾瑞咨询. 中国金融科技行业洞察报告 [R/OL]. (2023-02-01) [2023-05-01]. https://pdf.dfcfw.com/pdf/H3_AP202302101582989739_1.pdf?1676025913000.pdf.

金融壹账通推出的这一智能理赔平台直联医院的医疗数据库,可帮助保险公司在伤情确诊的第一时间运用智能模型进行信息匹配,为伤者提供合理的赔偿方案。医疗数据库包含近90万条标准数据,涵盖17个类别。智能理赔平台基于前期定损报价数据,结合大数据、人工智能等数字技术,对客户提交的索赔要求进行智能识别与审核,实现了超过60%的自动化审核率。平均每起案件可以减少高达2 000元的损失。此外,智能理赔平台还引入了分析微表情的设备,捕捉和识别谈判双方对当前赔偿方案的接受程度和情绪变化。通过及时掌握这些信息,平台能够在必要时灵活调整理赔方案,从而提高理赔效率。

资料来源:李亦斐. 保险业"三高一低"难治 金融壹账通推"3+1"智能方案 [EB/OL]. (2019-06-26) [2023-07-01]. http://insurance.hexun.com/2019-06-26/197647911.html.

二、数字技术在监管方的典型应用

数字技术在数字金融场景下广泛应用的同时,也给金融监管带来了巨大挑战。除了介绍数字技术在上述四种金融业态中的应用,本节将梳理数字技术在金融监管中的应用。

数字金融监管方主要由金融监管机构、行业自律组织、机构内部监管部门和社会中介组织构成。数字技术在数字金融监管方的应用包括金融监管机构等相关部门外部监管和金融机构内部监管两个方面,如图2-11所示。一方面,金融监管机构等相关部门(下文简称"监管机构")运用数字技术调整完善监管政策,维护金融体系的安全稳定。另一方面,金融机构运用数字技术降低自身的合规成本,适应监管要求。本节将从这两个方面介绍数字技术在监管方的应用。

图2-11 监管主体利用数字技术主要解决的问题

资料来源:根据公开资料整理。

(一)数字技术在数字金融外部监管中的应用

数字技术与监管的融合为金融监管机构提供了有效的技术手段,这不仅缓解了监管压力和降低了监管成本,还显著提升了监管机构的监管水平。数字技术与不同监管环节融合产生了不同的应用场景,参考范云朋和尹振涛(2019)对金融监管场景的分类,下面将分别介绍数字技术在修改完善监管政策、风险管理和系统评估、识别违规行为、生成及报送监管报告四个环节中的应用。

在修改完善监管政策环节,数字技术帮助监管机构制定和完善监管政策,提高监管效率。监管机构运用大数据、人工智能等数字技术,可以处理和分析大量金融数据,深入了解金融市场的运行情况,从而提出规范市场和防范风险的监管措施。此外,监管机构运用区块链、大数据等数字技术,能够实时监测市场变化,更迅速地发现和应对潜在风险,有助于及时调整监管政策以确保金融市场的稳定和安全。

在风险管理和系统评估环节,数字技术帮助监管机构实时收集和分析数据,实现全流程动态风险管理和系统智能评估。首先,监管机构运用大数据技术,可以实时收集和处理海量的金融数据(如交易数据、信贷数据等),以实时获取市场信息。其次,监管机构借助人工智能技术可以对这些数据进行深度分析和模式识别,从而提早发现和预警信贷风险、流动性风险、市场风险等。最后,监管机构还可以运用人工智能等数字技术进行系统评估,识别出可能对整个金融系统产生冲击的风险因素。

在识别违规行为环节,数字技术帮助监管机构实时监测异常行为并及时采取应对措施。监管机构借助大数据、人工智能等数字技术可以实时监测并准确识别市场中潜在的违规或非法行为。一旦系统检测到异常行为,智能化的平台就可以立即启动预先设定的响应程序,自动执行相应的监管策略,如发出警告、暂停交易或直接将信息发送给相应的执法部门。此类自动化响应机制不仅提高了监管响应速度,还降低了人工错误判断的风险。

在生成及报送监管报告环节,监管机构运用数字技术实时收集、整理和分析各类金融数据,自动化地生成并报送各类监管报告。这些报告可以通过云平台实时且安全地发送给各相关部门和机构。这种方式不仅大大提高了监管报告生成和报送的效率,同时也确保了监管报告内容的准确性,优化了整个报告生成和提交的流程。

> **拓展阅读**
>
> **中国人民银行——反洗钱监测分析系统**
>
> 中国人民银行的中国反洗钱监测分析中心于2016年开始构建二代反洗钱监测分析系统。该系统综合运用大数据、云计算、人工智能等数字技术,对数据全环

节进行智能化监测。2021年，中国反洗钱监测分析中心共接收4 453家报告机构报送的大额交易报告和可疑交易报告，其中可疑交易报告381.6万份，同比增长47.52%。该系统有效提升了监管机构的反洗钱资金监测水平，提高了可疑交易报告的质量。[①] 图2-12展示了反洗钱监测分析系统的监测架构。

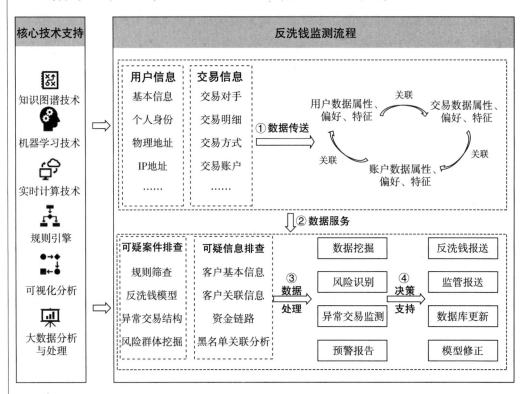

图2-12　反洗钱监测分析系统

资料来源：根据公开资料整理。

　　反洗钱监测分析系统的监测流程可大致分为四个步骤。首先，系统将个人身份、交易地址等用户信息和交易对手、交易明细等交易信息传送至关联系统，用以进行"用户—账户—交易"的三重验证。其次，系统利用大数据、人工智能等数字技术进行数据挖掘和分析，结合反洗钱模型的结果排查可疑案件。再次，系统基于大数据技术和可视化分析工具，实时甄别和报告可疑行为。最后，系统将相关结果报送至监管部门并及时更新数据库信息，不断完善架构体系。

[①] 中国人民银行. 2021年中国反洗钱报告 [R/OL]. (2023-01-30) [2023-05-30]. http://www.pbc.gov.cn/fanxiqianju/resource/cms/2023/02/20230201142802318311.pdf.

（二）数字技术在数字金融内部监管中的应用

随着监管要求日益严格，金融机构与下属科技部门或第三方科技公司合作，运用人工智能、区块链、大数据和云计算等数字技术，在提高自身监管合规水平的同时降低监管成本。

数字技术帮助金融机构降低监管人工成本并提升管控效率，具体体现在监管政策的解读以及风险的识别、监测和预警方面。一方面，金融机构可以运用自然语言处理、机器学习等人工智能技术，自动化地解析和归纳大量监管政策，显著提升政策解读效率。这有助于金融机构紧跟监管政策的变化，实时更新机构内部的监管标准和流程。例如，金融机构运用自然语言处理和机器学习等数字技术，可以了解和比较不同国家的监管规定，进而在全球范围内更有效地遵循相关规则并开展业务。另一方面，数字技术有效地协助金融机构识别、监测和预警潜在风险。金融机构运用大数据、人工智能等数字技术分析海量的结构化和非结构化数据，更精准地识别风险并持续监测风险的变化趋势。同时，金融机构可以利用基于机器学习的预测模型进行风险预警。当风险超过预设阈值时，系统会自动发出预警信号，从而极大地提高金融机构的风险管理能力和内部监管的效率。

> **拓展阅读**
>
> ### 平安证券——数字技术创新筑牢内部监管经营防线
>
> 平安证券借助大数据、云服务、人工智能等数字技术，建立了领航智能内部监督管理平台（简称"领航智能平台"），持续优化内部监管。该平台覆盖了证券经营机构的合规管理业务，涉及各部门、各分支机构、各层级子公司和全体工作人员，贯穿决策、执行、监督、检查、反馈各环节。图2-13展示了领航智能平台的架构。
>
> 领航智能平台包含了法律合规智能平台、合规管理信息平台和合规风险管理平台。法律合规智能平台由"AI+好律师""AI+反洗钱""AI+异常交易""智能监督管理咨询""智能监督管理监测"等模块构成。监督管理政策信息和组织内部监管信息组成了合规管理信息平台。合规风险管理平台用以监测、识别和应对相关风险。
>
> 在日常内部监督管理方面，领航智能平台建立了13个日常管理指标、17个重大事项指标和2个加分指标，形成了"业务自评—合规复核—系统监测"的三

重合规评判机制。根据指标和机制，平台智能化生成月度和年度的合规报告，联合人力资源部和财务部落实处罚结果。

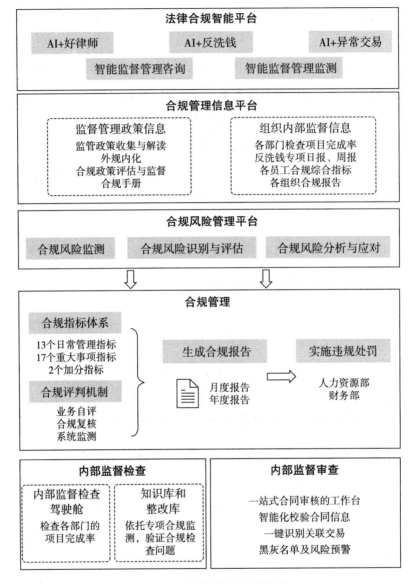

图 2-13　领航智能平台的架构

资料来源：根据公开资料整理。

在内部监督检查方面，领航智能平台建立了内部监督检查驾驶舱以整体检查各部门和各项目的完成率，及时预警相关风险。平台将检查项目和知识库、整改库互联互通，对内部监督检查的问题进行相互验证。

在内部监督审查方面，领航智能平台建立了一站式合同审核的工作台。合同生成后，系统通过智能化手段对合同的基础信息——下至标点符号，上至法律规则制度进行校验。此外，平台不仅能自动化审核制式合同条款，还能基于人工智能技术一键识别关联交易、黑灰名单并进行风险预警。

截至 2022 年年底，领航智能平台通过智能内部监督管理机制将内部监督管理、检查、审查、监测有机结合，实现了对业务、机构和人员的全覆盖。在内部监督管理方面，平安证券在业内率先建立分支机构智能化线上考核功能，有效地降低了公司的经营风险，实现了全年高风险事件数量减少 30%。在内部检查方面，领航智能平台使常规检查问题发生率降低 50%。在内部审查方面，领航智能平台使审核周期缩短了 50%，节省了 40% 的人力。在内部监测方面，领航智能平台实现了 "T+1" 天内的实时跟踪和动态监测，有效提升了监管业务的质量。

资料来源：中证协发布. 中证协发布《证券公司数字化转型实践报告及案例汇编（2022）》与《2021 年度证券公司履行社会责任情况报告》[EB/OL]. (2022-11-23) [2023-05-30]. https://baijiahao.baidu.com/s?id=1750251530394517534&wfr=spider&for=pc.

第三节　数字技术在数字金融中的应用问题与发展趋势

数字技术在数字金融中的快速发展和应用可能会引发一系列问题。与此同时，金融业的全球化、技术的快速变革和监管的逐步完善均助力数字金融不断发展。本节将梳理现阶段数字技术在数字金融应用中存在的问题，并探讨未来的发展趋势。

一、数字技术在数字金融应用中存在的问题

数字技术在数字金融中的应用拓宽了金融服务的边界、增强了金融的包容性、提高了金融服务效率等。然而，这同时可能产生一些问题，如数据安全、风险外溢和社会不平等。

数字技术的发展给数据安全带来了挑战。随着数字技术的进步，金融机构能够收集和处理大量的用户数据以提供个性化的金融服务。然而，这也可能引发数据泄露、篡改、滥用等安全问题。首先，数字技术加大了个人信息和金融交易数据在网络上传播的可能性。如果这些数据未得到合理的保护，可能会引发数据泄露事件。这不仅会侵犯用户的个人隐私，还可能引发身份盗用、金融欺诈等问题，损害消费者权益。其

次，数据篡改是另一种严重的数据安全问题。例如，黑客可能通过各种手段篡改金融交易数据，进而实施欺诈活动。这不仅会导致金融机构和个人的利益遭受损失，还会严重破坏金融市场的稳定性。最后，数据滥用也是一大问题。数字金融平台往往收集了大量用户数据，如果数字金融平台没有采取足够的安全措施保护这些数据，或者故意将数据出售给第三方，这种不当滥用就可能会危害用户安全。

数字技术的发展呈现出一定的风险外溢性。数字技术赋能金融服务的同时，可能会使金融风险变得更复杂、传染性更强、传播速度更快。第一，数字技术本身存在一些风险隐患，如遭受黑客攻击或产生技术故障等，增加了金融风险的复杂性。此外，数字金融中的主体和业务常常相互渗透关联，使与数字技术相关的风险类型变得更加多样，例如数据安全风险、隐私泄露风险和技术风险等。第二，金融市场各个部分的相互关联性大大提高了风险的传染性。金融业务和数字技术的融合使金融风险与技术风险之间的联系更为紧密。例如，一旦某金融机构的信息系统遭到黑客攻击而导致大量敏感数据泄露或被篡改，就可能严重损害该机构的信誉，引发客户大规模撤资，甚至可能引发金融危机。同时，由于金融市场各部分相互关联，一起金融事件可能影响其他金融市场，导致风险扩散。第三，数字技术加速了金融风险的传播。互联网渠道提供的全天候金融服务为金融活动提供了极大的便利，但也同样加快了金融风险的传播速度。金融信息可以在瞬间传达到世界的各个角落，任何一个金融市场的波动都有可能迅速对全球金融体系产生影响。

数字技术发展可能加剧社会不平等。一方面，金融科技行业具有"赢者通吃"的特征，可能造成不公平的竞争环境。大型科技公司往往利用数据垄断优势获取超额收益，导致小型科技公司和创新企业在竞争中处于劣势，难以获得足够的市场份额和发展机会。这种恶性竞争不仅会降低竞争的公平性，抑制金融创新活力，还可能损害消费者利益，进一步加剧市场竞争的不平等。另一方面，数字技术的发展可能引发数字鸿沟问题。例如，老年人可能因缺乏技术知识而无法享受数字金融服务，部分乡村地区可能因互联网等基础设施较为落后而无法触及数字金融服务等。尽管数字技术能够为聋哑人等特殊群体提供一些金融服务，但在数字技术发展过程中，不同群体在获取和使用数字技术方面仍然存在差距，这可能会加剧社会不平等问题。

二、数字技术在数字金融中应用的趋势

随着技术的不断进步，数字技术将对金融业产生更深远的影响。本节将展望数字技术在数字金融中应用的趋势。

数字技术将推动金融机构积极创新底层核心技术，保障金融市场的安全稳定。当前，新一轮信息技术革命浪潮已经拉开序幕，以人工智能技术、大数据技术、云计算技术等为代表的数字技术正在对金融业态产生深刻的影响。与此同时，地缘冲突、技术封锁与贸易制裁等因素使我国金融业核心技术安全面临严峻的挑战。因此，掌握金融业核心的数字技术成为当下发展数字技术的共识。① 未来，金融机构在适应数字化趋势的同时还会大力推动底层核心技术的创新，提高自身的技术实力。这不仅可以防范技术依赖导致的相关风险，还可以确保金融业务的连续性和稳定性，保障金融市场的安全、稳定。金融机构将通过创新和运用核心技术满足金融业务的需求，提高业务运营效率，为消费者提供更好的金融产品和服务。

数字技术将持续助力金融机构扩大数字金融服务范围，实现金融包容性发展。一方面，数字技术正在扩大金融服务的覆盖范围，使农民、老年人等特殊群体可以更便捷地接触和享受数字金融服务。例如，卫星遥感技术可以为大山里的农户提供授信，人工智能技术可以为老年群体提供适老化的App等。另一方面，金融服务与数字技术的深度融合正在降低金融服务的门槛，让包括低收入群体在内的更多用户享受到个性化和精准化的金融服务，提升用户的金融服务获得感。未来，金融机构将运用数字技术不断优化服务质量，扩大服务范围，进一步推动数字金融包容性发展。

数字技术将持续推动金融业的数字化转型升级，助力数字中国建设。在政策引领方面，中国人民银行和原银保监会等部门先后印发了《金融科技（FinTech）发展规划（2019—2021年）》《金融科技发展规划（2022—2025年）》《关于银行业保险业数字化转型的指导意见》等全局性政策文件，为数字金融中数字技术的发展指明了方向。未来，数字技术在金融领域的影响力和渗透力将不断增强，进一步推动金融机构的数字化转型升级。此外，数字技术还将在全面赋能经济社会发展、构建普惠便捷的数字社会、建设绿色智慧的数字生态文明等多个方面发挥重要作用，为建设数字中国贡献力量。

素养目标

通过梳理与分析数字金融相关数字技术的基本概念和原理，介绍数字技术在数字支付、数字信贷、数字理财、数字保险、数字监管中的应用并列举相关典型案例，培

---

① 中国银行保险报. 展望2023年，金融科技或将迎来这几大趋势 [EB/OL]. (2023-02-27) [2023-05-01]. https://baijiahao.baidu.com/s?id=1758705574805528274&wfr=spider&for=pc.

养学生的社会责任和家国情怀，以及其对数字金融相关数字技术发展的科学内涵和价值取向的认识。

思考与练习

1. 数字金融中主要运用了哪些数字技术？这些技术的核心是什么？

2. 不同数字技术可以应用于哪些数字金融业态？这些技术是如何发挥作用的？

3. 数字技术在数字金融中应用的主要难点是什么？

4. 目前还有哪些新兴的数字技术？它们可以发挥哪些作用？

5. 未来数字技术在数字金融中的应用将面临哪些挑战？

6. 基于数字金融相关数字技术的基本概念和原理，以及数字技术在不同数字金融业态下的应用，提出3至5条数字金融相关数字技术推动金融高质量发展的建设性意见和建议。

参考文献二维码

第三章
数字金融基础设施

学习目标

通过本章学习,学生应能够:掌握数字金融基础设施相关概念与特点;了解主要的数字金融基础设施;了解数字金融基础设施的发展历程;掌握数字金融基础设施发展的影响因素及面临的主要问题;把握数字金融基础设施的发展趋势。

案例导读

华为推出基于"MEGA"的金融数字基础设施新方案

2022年7月,华为全球智慧金融峰会在新加坡金沙湾召开。在"技术创新,共建绿色数智金融"主题论坛上,华为提出"MEGA引领金融数字基础设施创新"的倡议,同时携手合作伙伴推出金融数字基础设施发展方案。

"MEGA"即多域协同(Multi-domain Collaborative)、高效(Efficient)、绿色(Green)和自治(Autonomous),是数字经济新纪元对数字金融基础设施提出的新目标,如图3-1所示。通过重塑算力、存力、联结力,促进异构技术[1]和混合多云[2]的深度融合,华为助力金融机构实现高效、高可用、高性能的业务创新,具体有以下六个方案:

第一,首个"存储与光协同"的方案。华为基于领先的光传输和全闪存产品,结合链路故障毫秒级感知和存储的快速切换算法,成功将IO链路[3]切换时间从120秒减至2秒。这一创新保障了业务交易的零失败率和24小时在线。

---

[1] 异构技术是一种特殊形式的并行和分布式计算技术,能够让不同的架构处理器协同工作。
[2] 混合多云是混合云策略的一种形式,即订阅多个公有云服务,避免服务对单一供应商/云服务产生锁定。
[3] IO(Input/Output,输入/输出)链路是一种面向工业系统控制单元(主器件)和传感器或激励器(从器件)间通信的标准。

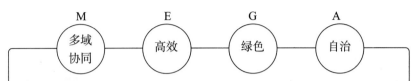

图 3-1 基于"MEGA"的华为数字金融基础设施方案

第二，MDC 云网协同①方案。为解决金融客户在公有云、私有云和传统数据中心上面临的多网割裂并存、多部门运维协同难的问题，华为推出了 MDC 云网协同方案。此方案实现了全网统一仿真校验和一键配置下发，可以将网络变更效率从天级提升到分钟级，很大程度地提高了运维效率和安全性。

第三，融合存储资源池方案。为解决金融客户在公有云、私有云和传统 IT 多环境并存中面临的问题，如资源利用效率低和存储资源供给不足，华为推出了融合存储资源池方案。该方案能够为云、虚拟机等不同场景提供统一的存储资源供给，并支持多种数据管理操作，如加速、留存、备份、归档和分析等。该方案可以提高 90% 的运维效率并达到 30% 的资源节约率。

第四，多重数据保护方案。针对防病毒与防勒索场景，华为结合防火墙、全闪存生产备份，实现了病毒检测、防御、隔离、恢复一体化保护。由此，病毒检测成功率从 99.5% 提升到 99.9%，备份恢复时间缩短为原来的五分之一，有效防止病毒攻击，保障金融业务安全。

第五，华为天旦 AIOps 智能运维方案。为解决金融应用系统调用关系复杂、问题定位难的问题，华为推出 AIOps 智能运维方案，实现了业务、应用、云、数据中心、网络、设备运维的端到端可视化。该方案涵盖整个运维环节，并且可以跨应用、跨网络实时追踪业务轨迹。该方案可以在秒级精准定位问题，大幅提高故障诊断和解决的效率。

---

① 云网协同是指云和网在资源与能力方面协同运转，可在云网功能层和云网操作系统实现云网能力的统一发放与调度。

第六，华为同盾智能风控方案。华为云与同盾合作打造的智能风控方案，可协助金融客户在反欺诈、信用评分等场景中提升 70% 以上的决策效率。该方案在高并发的业务场景下，平均决策响应时间可达 50 毫秒以下，从而满足客户高速度、高效率的业务需求。

资料来源：环球网. 引领数字化创新，华为推出基于"MEGA"的金融数字基础设施方案[EB/OL]. (2022-07-25) [2023-03-01]. https://m.huanqiu.com/article/48xz807wfXn.

在数字经济时代，金融业的数字化转型和创新发展离不开数字金融基础设施的支撑。纵观数字金融发展历程，基础设施因其重要意义和广泛影响力而成为具有典型性和代表性的研究对象。那么，数字金融基础设施是什么？主要的数字金融基础设施有哪些？我国数字金融基础设施发展历程如何？数字金融基础设施有哪些发展趋势？本章将针对这些问题展开讨论。

在本章中，第一节概述数字金融基础设施的概念和主要特点；第二节介绍主要的数字金融基础设施；第三节梳理我国数字金融基础设施发展历程，并总结数字金融基础设施发展的主要影响因素和面临的主要问题；第四节分析数字金融基础设施的发展趋势。

第一节　数字金融基础设施概述

《金融科技（FinTech）发展规划（2019—2021 年）》中明确提出加强金融科技发展的基础设施、政策法规和标准体系的建设和完善。[1]《金融科技发展规划（2022—2025 年）》首次指出，构建新型数字基础设施将成为新时期金融科技发展的主要任务之一。[2] 数字金融基础设施建设俨然成为当前我国金融发展的重中之重。本节将概述数字金融基础设施的概念和主要特点，帮助读者形成对数字金融基础设施的基本认识。

---

[1] 中国人民银行关于印发《金融科技（FinTech）发展规划（2019—2021 年）》的通知 [EB/OL]. (2019-09-06) [2023-03-12]. http://www.pbc.gov.cn/zhengwugongkai/4081330/4406346/4693549/4085169/index.html.
[2] 中国人民银行印发《金融科技发展规划（2022—2025 年）》[EB/OL]. (2022-01-04) [2023-03-15]. http://www.pbc.gov.cn/goutongjiaoliu/113456/113469/4438627/index.html.

一、数字金融基础设施的概念

数字金融基础设施是指为保证数字金融活动正常运行而必需的相关软硬件设施与制度安排。数字金融基础设施在数字金融市场中发挥着枢纽作用,为数字金融市场的稳健、高效运行提供了基础性保障,也是实施宏观审慎管理和强化数字风险防控的重要渠道。广义的数字金融基础设施包括数字金融市场软硬件设施以及数字金融法律法规、会计制度、信息披露规则、社会信用等制度安排,涵盖了数字金融稳定运行所需的各个方面。狭义上,数字金融基础设施主要指数字金融市场交易的软硬件设施,例如支付清算基础设施和数据平台设施等。我们主要从数字金融基础设施的广义概念出发,将数字金融基础设施划分为数字金融信息基础设施、数字金融融合基础设施、数字金融创新基础设施与数字金融制度基础设施,相关内容将在第二节中详细阐述。

二、数字金融基础设施的主要特点

随着数字技术的快速更新迭代,部分数字金融基础设施与传统金融基础设施之间的差异愈加显著。数字金融基础设施的主要特点包括去中心化、匿名化、智能化和全球化。

第一,数字金融基础设施具有去中心化的特点。传统金融体系依赖中心化机构来完成金融交易,如银行和证券交易所等。这种中心化的方式可能导致垄断、信息不对称和监管不足等问题。部分数字金融基础设施采用去中心化技术(如区块链),使交易更直接、高效和安全,如数字货币交易所和去中心化交易所等。尽管去中心化在很多方面具有优势,但也存在一定的风险,例如可能导致系统的分散化管理和监管困难。

第二,数字金融基础设施具有匿名化的特点。尽管传统金融基础设施在某种程度上也具备一定的匿名性,但这种匿名性通常受到金融机构和监管者的限制。而部分数字金融基础设施采用先进的密码学技术,如零知识证明(Zero-Knowledge Proofs)[1]和混币技术(Coin Mixing)[2],从根本上增强了对交易信息的保护,从而提高了交易的安全性。以基于区块链的数字货币交易为例,一些隐私加密货币(如门罗币和 Zcash)采用更为先进的加密技术,可以在保障交易透明度的同时保护交易双方的隐私。然而,值得关注的是,并非所有的数字金融基础设施都具备较高的匿名性。在某些情况下,为了满足法律法规要求和防止非法活动(如洗钱、恐怖融资等),数字金融服务提供商可能会对用户实行实名制,以便更好地进行风险管理和用户尽职调查。

---

[1] 零知识证明是一种密码学方法,使证明者能向验证者证明某个陈述为真,而不泄露关于该陈述的其他信息。
[2] 混币技术是一种提高数字货币交易匿名性的方法,通过将多个交易者的资金混合在一起来掩盖资金的来源和去向。

第三，数字金融基础设施具有智能化的特点。数字金融基础设施的智能化主要表现为智能合约，这是一种基于区块链技术的革新性应用，具备自主执行预先设定在合约内的条款的能力。智能化特性在降低交易成本和可能风险的同时，也显著提升了金融交易的效率。智能合约的出现为金融市场的创新和发展带来了更广阔的空间，推动了金融科技领域的持续繁荣。此外，智能合约在诸多金融场景，如供应链融资、保险理赔和债券发行等中的应用，在很大程度上拓展了金融服务的领域和范畴，促进了金融业全面智能化转型。

第四，数字金融基础设施具有全球化的特点。数字金融基础设施的本质是互联网基础设施，后者进一步削弱了金融交易的时空限制。例如，全球性的数字货币交易所（例如 Binance、Coinbase）、去中心化金融平台（例如 Uniswap、Compound）等，为全球金融市场的发展和融合提供了基础设施。数字金融基础设施使得全球金融参与者可以在同一个平台上进行交易和投资，从而促进了资本流动和资源配置。

第二节　主要的数字金融基础设施

基于第一节介绍的数字金融基础设施相关概念与主要特点，本节进一步介绍数字金融基础设施的主要组成部分，包括数字金融信息基础设施、数字金融融合基础设施、数字金融创新基础设施、数字金融制度基础设施。

一、数字金融信息基础设施

数字金融信息基础设施是以金融数据和算力为中心，以运用数字技术充分挖掘数据价值为目标而建立的新型金融基础设施。数据记录收集基础设施和数据分析基础设施组成了数字金融信息基础设施，其中数据记录收集基础设施是基石，而数据分析基础设施是核心。

（一）数字金融数据记录收集基础设施

以数据记录和收集为目标的数字金融基础设施被称为数字金融数据记录收集基础设施，通常包括数据存储库及附属的数据收集软硬件设施，如分布式数据库、数据采集设备和数据传输工具等。

数字金融数据记录收集基础设施主要有三个功能。**其一，数据记录和存储**。数字金融数据记录收集基础设施能够记录和存储数字金融交易数据、用户身份和权限信息等数据,为数字金融交易提供可靠、安全的数据存储和管理。**其二,数据加密和保护**。数字金融数据记录收集基础设施能够对数字金融数据进行加密和保护,确保数字金融交易的安全性和隐私性。**其三,数据共享和交换**。数字金融数据记录收集基础设施能够实现数字金融数据的共享和交换,通过集成和协同作用,为数字金融市场提供更透明、更高效的交易环境。

> **拓展阅读**
>
> **数字金融数据记录收集基础设施案例:OceanBase**
>
> OceanBase是由蚂蚁金服研发的分布式关系型数据库,是数字金融数据记录收集基础设施的典型代表。OceanBase被广泛应用在各种复杂的金融场景中,包括但不限于交易系统和风险管理系统,以有效地记录收集系统产生的大量数据。
>
> OceanBase主要有以下功能:第一,数据记录和存储。OceanBase支持PB级的数据存储,提供持久化服务。OceanBase基于关系型数据库的数据模型支持SQL[①]等事务,满足金融业对数据一致性和事务完整性的要求,其分布式架构能确保服务的可用性,即使部分节点出现故障也不会影响整体服务。第二,数据加密和保护。OceanBase通过严格的权限控制和审计功能,有效保护用户数据的安全。同时,OceanBase还可以对数据进行加密存储,确保数据即使被非法获取也无法被解读。第三,数据共享和交换。OceanBase的分布式架构支持数据的实时复制和同步,实现数据在不同节点之间的共享和交换。OceanBase还提供丰富的数据访问接口,支持多种形式的数据交互和集成。
>
> 资料来源:根据公开信息整理。

(二)数字金融数据分析基础设施

《数据基础设施白皮书2019》指出,数据基础设施是传统IT基础设施的延伸,以数据为中心,服务于数据价值。[②] 数据分析基础设施主要包括计算、存储和网络设备以及数据管理和分析软件。数据分析基础设施汇集各种数据,提供全生命周期的"采集—存储—计算—管理—应用"支持,同时建立全面的数据安全系统,打造开放性的数据

---

① SQL是"Structured Query Language"的缩写,意为"结构化查询语言",是一种用于管理和操作关系型数据库的语言。
② 中国信通院. 数据基础设施白皮书2019[R/OL]. (2019-11-01) [2023-04-20]. http://www.caict.ac.cn/kxyj/qwfb/bps/201911/P020191118645668782762.pdf

生态，从而让数据能够"安全存储、流畅传输、有效利用"，并进一步将数据资源提升为数据资产以强化其价值。

数字金融数据分析基础设施主要由硬件和软件两大部分构成。其中，硬件部分包括计算和网络等硬件设备；软件部分则主要是操作系统和数据库系统，用于支持金融数据的存储以及数据生命周期的全面管理。在传统数据基础设施的基础上，数字金融数据分析基础设施在硬件层面引入了多元化的计算能力，提高了计算效率；存储方面也发生了转变，从单一类型的存储转向了多元融合的存储方式；在软件层，结合大数据系统和数据库系统提供的全流程软件支持，数字金融数据分析基础设施的处理能力从单一的处理扩展到了多源数据智能协同和融合处理，以满足更实时和智能化的金融数据应用需求。

数字金融数据分析基础设施主要有三个功能。**其一，数据预处理**。数字金融数据分析基础设施能够对采集到的数据进行清洗、整合、去重和转换等预处理。**其二，数据查询与转换**。数字金融数据分析基础设施可以运用数字技术，优化金融数据的查询流程并进行智能转换，从而更好地帮助用户进行风险管理、投资决策和市场预测等。**其三，数据挖掘**。数字金融数据分析基础设施能够利用数据挖掘库等工具挖掘前沿数据并呈现给用户，方便用户对数据进行及时的交互式探索，进而更精准地做出决策。

拓展阅读

数字金融数据分析基础设施案例：Hadoop

Hadoop 是由 Apache 软件基金会开发的一种分布式计算框架，主要用于大规模数据处理和分析。Hadoop 支持多种数据处理方式，如批处理、流处理和交互式查询等，能够处理大量的结构化和非结构化数据，如日志、交易数据、社交媒体数据等。金融机构可以通过 Hadoop 进行大规模数据分析，以发现业务中的趋势和机会。Hadoop 的功能体系如图 3-2 所示。

Hadoop 主要有以下功能：第一，数据预处理。在分析金融数据之前，通常需要对原始数据进行预处理，包括数据清洗和数据集成等。Hadoop 的 MapReduce[①] 框架可以实现数据预处理任务，将原始数据集成为适合分析的格式。第二，数据

---

① MapReduce 是一个编程模型，用于处理和生成大数据集。在 Hadoop 中，MapReduce 用于数据预处理，将原始数据转换为适合分析的格式。

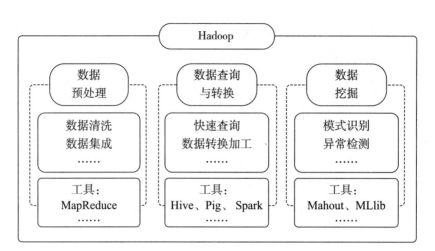

图 3-2 Hadoop 的功能体系

查询与转换。Hadoop 可以与其他大数据分析工具，如 Apache Hive[①]、Apache Pig[②] 和 Apache Spark[③] 等集成，以支持各种数据分析需求。例如，金融机构可以使用 Hive 进行 SQL 查询，以便快速查询和分析交易数据；可以使用 Pig 编写数据处理脚本，以便对复杂的金融数据进行转换和加工；也可以使用 Spark 进行高性能的数据处理和机器学习任务。第三，数据挖掘。Hadoop 可以与一系列机器学习和数据挖掘库，如 Apache Mahout[④] 和 MLlib[⑤] 等集成，以支持金融机构进行模式识别、异常检测和预测分析等任务。这些数据挖掘库提供了丰富的算法和工具，帮助金融机构从大量数据中挖掘有价值的信息和知识。

金融机构可以通过 Hadoop 等数字金融数据分析基础设施构建自己的大数据平台，以支持多种数据分析和应用。数字金融数据分析基础设施提供了丰富的功能，使得金融机构能够充分利用数字技术，提高业务决策的效率和准确性。

资料来源：根据公开信息整理。

[①] Hive 是一个建立在 Hadoop 之上的数据仓库工具，可以将结构化的数据文件映射为一张数据库表，并提供 SQL 查询功能。
[②] Pig 工具为处理大规模数据集提供了一种高级语言的执行框架。
[③] Spark 是一个用于处理大数据的快速、通用和开源的集群计算系统。在某些工作负载中，Spark 的运行速度比 MapReduce 快很多。
[④] Mahout 是一个开源项目，提供一些可扩展的机器学习和数据挖掘库。
[⑤] MLlib 是 "Machine Learning Library" 的缩写，意为 "机器学习库"。它是 Spark 的一个子项目，提供了一套高性能的机器学习算法。

二、数字金融融合基础设施

数字金融融合基础设施是指通过统一管理平台管理的数字金融基础服务器、网络和存储组件等,以及根据使用方需求提供的整体硬件与信息技术解决方案,主要包括数字征信设施、法定数字货币系统和现代化支付系统等。数字征信设施是实现金融普惠的关键,能够有效提高金融服务的效率和公平性,对经济发展具有深远影响。法定数字货币系统作为新兴的支付系统,在保障金融系统的稳定性和安全性的同时,可以提高金融交易的便利性。现代化支付系统是数字金融交易的核心环节,对保证金融交易的顺利进行和金融市场的稳定运行具有重要作用。三者在提高金融效率、维护金融安全等方面具有显著的影响力,本节将重点介绍。

(一)数字征信设施

数字征信设施是基于大数据和云计算等数字技术的基础设施,旨在支持开展数字征信。该设施依赖大数据采集,并通过多维度的数据处理和分析,准确识别和描绘征信对象的相关信息,为金融机构及其他征信需求方提供了全面、准确、及时的数据支持。数字征信平台是数字征信设施的具体实现。数字征信平台体系如图3-3所示,数据治理为征信建模提供基础,而征信建模反过来验证数据治理情况。

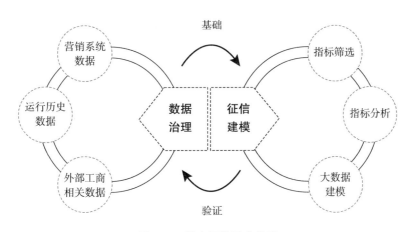

图 3-3　数字征信平台体系

资料来源:根据公开资料整理。

数字征信设施主要有五项功能。**其一,信用评估**。数字征信设施通过收集、整合、分析和评估个人或企业的信息,评估其信用状况,帮助金融机构和其他合作伙伴了解客户信用状况。**其二,风险控制**。数字征信设施有助于金融机构和其他企业有效控制风险,降低贷款违约等风险事件发生概率,保护企业利益和客户资产安全。**其三,数据共享**。通过数据共享,数字征信设施可以将个人和企业的信用信息提供给金融机构、征信机构及其他合作伙伴,以便它们更好地了解客户信用状况,从而做出更准确的决策。**其四,信用监管**。数字征信设施可以为金融监管机构的风险管理和信用评估提供支持,以确保金融市场稳定和保护客户权益。**其五,信用修复**。数字征信设施的信用修复功能会通过评估客户的信用状况来识别存在的信用问题。一旦发现问题,它会根据客户的具体情况提供定制化的信用修复建议。这些建议可能包括降低负债率、确保及时偿还债务、避免逾期还款等策略。此外,信用报告中可能存在错误或不准确的信息,导致客户信用评分受到影响。信用修复功能会帮助客户核实信用报告中的信息,并协助纠正错误,以确保信用报告的准确性。

拓展阅读

两个数字征信设施案例:中国人民银行征信中心和新加坡 LenddoEFL

中国人民银行征信中心负责收集和管理个人和企业的信用信息,并向金融机构、征信机构等提供征信服务。该中心收集的信用信息包括个人的信用卡和贷款记录、企业的经营状况和财务信息等。这些信息被整合分析后生成信用报告,供金融机构和其他企业参考,以便更准确地评估客户的信用风险。中国人民银行征信中心的建立使得中国金融市场更加透明和规范,也促进了金融服务的普惠性和可持续发展。

新加坡 LenddoEFL 成立于 2011 年,是一家利用数字技术进行征信评估的公司。LenddoEFL 利用人工智能等技术,收集和分析客户的社交媒体、移动支付、电子邮件等数字足迹数据,并将这些数据用于客户的信用评估。通过这种方式,LenddoEFL 可以更准确地评估客户的信用状况,尤其是针对那些没有传统信用记录的人群。LenddoEFL 已经在多个发展中国家和地区广泛开展业务,帮助更多人获得贷款和其他金融服务。

中国人民银行征信中心和新加坡 LenddoEFL 都是从事信用评估与征信服务的机构,它们之间存在相似和不同之处。相似之处:一是两者都致力于为个人和企业提供信用评估和征信服务,帮助金融机构和其他相关企业评估潜在客户的信用风险。二是两者都依赖多种来源的数据,如公共记录、个人信息、交易记录等,以评估客户的信用状况。不同之处:一是两者的属性不同。中国人民银行征信中心是政府部门下属机构，具有政策制定和监管的属性；而 LenddoEFL 是私人企业。二是两者的服务范围不同。中国征信中心主要针对中国市场，覆盖全国范围；LenddoEFL 则主要服务于新兴市场国家，如东南亚、拉丁美洲和非洲等地区。三是两者的数据依据不同。中国征信中心采用传统的征信方法和模型，主要依赖于客户的财务状况、信用记录等信息；LenddoEFL 则利用大数据和机器学习技术，通过分析社交网络、线上行为等非传统信用数据，为缺乏信用记录的人群提供信用评估服务。

资料来源：根据公开信息整理。

（二）法定数字货币系统

法定数字货币系统是数字经济时代重要的金融基础设施，如数字人民币系统。数字人民币由特定运营机构参与运作并向公众兑现，与纸币和硬币具有相等的价值，并作为具有价值属性和法律偿付能力的可控匿名支付工具。[①] 近年来，全球各国中央银行对于法定数字货币的态度已经从最初的观望转向实际行动。根据国际清算银行在 2020 年的一项调查，超过 80% 的中央银行正在进行数字货币的研究、试验和开发，对法定数字货币的设计理念、底层技术、应用场景及法定数字货币对经济金融体系的影响进行深入讨论。2022 年，国际清算银行的调查显示，超过 90% 的中央银行正在研究数字货币系统，超过 50% 的中央银行正在进行数字货币的开发或者具体试验。[②] 全球范围内，四分之一以上的中央银行正在开发法定数字货币系统或已进入试运行阶段，超过三分之二的中央银行可能在短期或中期内发行法定数字货币。

中国人民银行数字货币系统、商业银行数字货币系统和认证系统共同构成我国的数字人民币系统。中国人民银行数字货币系统负责数字货币的设计、发行、监管和维护，涉及货币政策制定、系统安全保障、技术研发与创新，以及跨境支付与清算等领域，其目标在于维护金融市场稳定和促进金融科技发展。商业银行数字货币系统的职责在于将数字货币从中央银行分发至个人和企业用户。商业银行将数字人民币融入现有支付系统，为用户提供包括兑换、支付、转账在内的多种数字货币交易和服务。这一系统推动了货币数字化，降低了现金流通成本，并增强了金融体系的安全性。商业

---

① 数字人民币 [EB/OL]. (2021-03-11) [2023-05-01]. https://www.beijing.gov.cn/zhengce/zwmc/202103/t20210311_2304730.html.
② 吴朝霞，朱学康. 多国央行数字货币发展加速 [EB/OL]. (2023-02-27) [2023-05-03]. http://www.cssn.cn/skgz/202302/t20230227_5599318.shtml.

银行认证系统对确保数字人民币系统的安全和可靠运行至关重要。商业银行认证系统主要负责数字人民币的身份认证、交易验证以及预防欺诈和洗钱等非法活动。认证系统采用先进的密码学技术和安全防护措施，确保用户隐私得到保护，同时防范系统内潜在风险。这三部分共同构成了数字人民币系统的整体框架，实现了数字货币的安全、高效和便捷流通，推进了中国金融市场的现代化进程。

在数字经济的发展背景下，法定数字货币系统显现出极高的价值和强大的功能。**第一，法定数字货币系统能够有效提升货币政策的传导效果**。通过更精细的操作手段和更精确的监控，法定数字货币系统可以更有效地优化货币政策的实施，提升货币政策的透明度和实施效果，使之更精确地对接经济实体；**第二，法定数字货币系统可以增强支付安全性，减少用户对银行账户的依赖**。与传统支付方式相比，法定数字货币系统更加安全，因为它减少了账户被盗、身份冒用等风险。这一特性还可以降低由银行账户引发的交易风险，因为法定数字货币系统的发行可以直接由中央银行负责，无须通过商业银行或其他金融机构，减少了交易环节和参与者；**第三，法定数字货币系统可以提升支付效率**。它简化了后台的清算、结算等环节，节省了支付时间。法定数字货币系统运用区块链技术可以实现实时结算，这不仅可以提高支付的速度，也可以避免因中间环节出现问题而导致支付延误；**第四，法定数字货币系统可以降低支付交易成本**。传统的纸币和硬币在印制、发行、运输和保管等环节中会产生大量的人力和物力成本，而法定数字货币的发行和流通仅存在于电子设备中，基本免去了这些成本。同时，由于法定数字货币具有很好的透明性和可溯源性，交易双方的沟通成本也能够得到降低。

（三）现代化支付系统

现代化支付系统是一种新型数字综合系统，为金融机构和其他金融活动参与者提供资金清算、结算服务。在我国，支付清算机构作为支撑经济活动和金融运行的重要金融基础设施，正在积极地进行数字化转型。支付清算机构结合自身定位并借助数字技术的最新成果，致力于构建安全高效的数字支付清算平台，以满足社会需求和金融业务创新的要求。图3-4展示了中国现代化支付系统的运行流程。

现代化支付系统主要有五项功能。**一是支付清算**。现代化支付系统通过数字技术提供快速、安全的支付清算服务，包括银行、电子支付公司等机构提供的各种支付方式，以及跨境支付和外汇结算等服务。**二是风险控制**。现代化支付系统通过数字技术实时监测和控制风险，分析和评估支付数据，及时发现和识别可疑交易与欺诈行为。**三是数据处理和存储**。现代化支付系统利用数字技术对支付数据进行实时处理和存储，

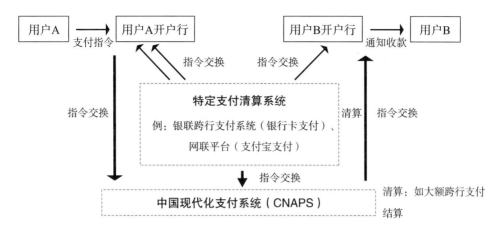

图 3-4 中国现代化支付系统的运行流程

资料来源：欧科云链研究院. 央行数字货币如何冲击国际支付清算体系？详解 CNAPS、CIPS 和 SWIFT[EB/OL]. (2020-11-02) [2023-05-10]. https://baijiahao.baidu.com/s?id=1682231646604205892.

包括采集、整合、分析和处理支付交易记录、结算数据、资金流动等信息，以及安全存储和备份这些信息。**四是信息共享**。现代化支付系统通过数字技术实现各方之间的信息共享，包括银行、电子支付公司、征信机构等之间的数据共享及它们与监管机构的数据交换。这有助于相关机构更好地了解市场动态和客户需求，优化支付清算服务。五是支付创新。现代化支付清算系统正在利用数字技术推动支付方式的创新，并正在与实体经济和社会保障等领域深度融合。

> **拓展阅读**
>
> ### 现代化支付系统案例：欧洲中央银行 TARGET2
>
> TARGET2[①]（Trans-European Automated Real-time Gross Settlement Express Transfer System）是欧洲中央银行建立的支付清算系统，主要用于处理欧元区国家之间的跨境和国内支付交易。
>
> TARGET2 系统是一个实时支付清算系统，即所有的交易均实时进行结算，而且是以全额方式进行结算。这意味着在 TARGET2 系统中，每笔交易都

---

① "2" 在 TARGET2 中指这个系统的第二个版本。TARGET 系统于 1999 年启动，然后在 2007 年升级为 TARGET2，以提供更高的效率、更低的成本和更多的服务。TARGET2 使用单一的共享平台处理欧元支付，使得欧洲中央银行系统内的大额支付变得更加快捷和简便。

会实时地、单独地进行结算，而不是将多笔交易进行累积，然后一起进行结算。TARGET2系统具有高度的自动化和灵活性，支持多种类型的支付，包括即时支付、延迟支付和多方支付。同时，系统还支持多种货币，如欧元、美元、英镑等。

在TARGET2系统中，所有参与机构必须拥有中央银行账户才能进行交易。交易发生后，系统会在几秒内实现交易结算，并向参与机构提供清算结果和交易报告。系统还具有强大的风险管理功能，能够帮助参与机构控制风险和降低系统性风险。TARGET2系统在欧洲中央银行系统中扮演着非常重要的角色，是欧元区国家之间支付清算的主要渠道。TARGET2系统运行的稳定性与安全性被市场和机构高度认可，给欧洲金融市场发展提供了重要的支持。

资料来源：European Central Bank. What is TARGET2?[EB/OL]. (2020-11-02) [2023-05-10]. https://www.ecb.europa.eu/paym/target/target2/html/index.en.html.

三、数字金融创新基础设施

数字金融创新基础设施是支持科学研究、技术开发、产品研制、标准制定、人才培养等创新功能和发展需求的基础设施，具有中立性、前瞻性和开放性等特点。现有的数字金融创新基础设施大致可分为三类。第一类是政府部门设立的数字金融创新基础设施，如中国人民银行设立的数字货币研究所；第二类是行业协会或其他机构设立的数字金融创新基础设施，如中国互联网金融协会成立的金融科技发展与研究专业委员会和互联网金融标准研究院，以及中国互联网金融协会和世界银行共同支持建设的全球数字金融中心；第三类是专职科研机构，如北京大学设立的数字金融研究中心、清华大学成立的金融科技研究院等。

（一）数字货币研究所

数字货币研究所（Digital Currency Research Institute，DCRI）成立于2017年6月，是中国人民银行的直属单位。作为我国中央银行负责数字货币研究和开发的主要机构，DCRI旨在探索和推进数字货币的发展和应用，促进金融科技的创新和发展。DCRI的主要职责包括：(1)研究数字货币的技术、应用和管理模式，推进数字货币标准和技术规范的制定与实施。(2)开发和试验数字货币系统，设计和开发数字货币的技术架构与应用场景。(3)推动数字货币的应用，促进数字货币在金融支付领域的应用和推广。(4)加强国际合作和交流，推动数字货币的国际化进程。自成立以来，DCRI在数字货币技术和应用研究方面取得了一系列重要成果，包括推出数字人民币试点、探索数字货币的跨境应用、研究数字货币的隐私保护和反洗钱措施等。

（二）金融科技发展与研究专业委员会

为了进一步提升金融科技的成熟度，并达到规范、健康和可持续的发展，2019年1月，中国互联网金融协会在北京举行了金融科技发展与研究专业委员会的创立大会。作为协会理事会下属的专业委员会，该委员会的主要职责包括：（1）研究并提出金融科技领域重点研究指南和工作规划，参与组织协会的重大研究课题和优秀成果评选。（2）筹办并进行各机构、各行业和各领域的研究交流活动，推动行业研究资源的整合和信息共享。（3）推动金融科技关键领域的研究成果转化为标准规则、政策建议和行业实践应用。（4）组织并进行金融科技研究的国际交流和合作。（5）执行中国互联网金融协会理事会交办的其他任务。

（三）互联网金融标准研究院

为响应第五次全国金融工作会议的号召，并助力互联网金融监管的长期机制建设，2017年7月，中国互联网金融协会在北京设立互联网金融标准研究院。研究院是中国互联网金融协会领导的专项研究机构，其宗旨是集结政府、行业、学术和研究的各界力量，在国家标准化管理委员会、全国金融标准化技术委员会及相关监管部门的指导下，共同研发和推进互联网金融的标准化工作，以提升互联网金融行业的标准化和规范化水平。其主要职责涵盖：（1）研究并提出互联网金融标准化的战略规划和政策建议。（2）研究规划互联网金融的标准体系。（3）组织并实行互联网金融标准的研究、推广和应用。（4）研究并推动互联网金融标准化服务的发展，提供相关标准的咨询和培训等服务。（5）组织并协调全国金融标准化技术委员会互联网金融标准工作组的日常工作。（6）参与互联网金融标准的国际交流与合作。

四、数字金融制度基础设施

数字金融制度基础设施是为确保数字金融稳定和规范发展所构建的制度环境，包括数字金融相关政策法规、数字金融体系标准和数字金融发展规划等。

（一）数字金融相关政策法规

数字金融相关政策法规是指政府针对数字金融行业而制定的各项法律、政策和规定，以促进行业健康发展。在我国，中央和地方政府积极参与数字金融的立法，不断优化更新数字金融相关政策法规。国家层面的法规包括《关于促进互联网金融健康发展的指导意见》《网络借贷信息中介机构业务活动管理暂行办法》《中华人民共和国个人信息保护法》等。从现有的数字金融法律法规来看，我国当前的重点工作包括：（1）加大对侵犯数据主体权益行为的处罚力度。（2）结合国情设计跨境数据流动条款。（3）统筹规划数据监管职能，充分发挥各地资源或条件优势，实现协同发展和特色化发展。（4）设立域外适用条款，拓展法律的地域适用范围，以保障数据主体的合法权益等。

（二）数字金融体系标准

数字金融体系标准是一套针对数字金融领域的技术、服务、产品和管理等方面而制定的规范性文件，旨在提升数字金融体系的安全性、可靠性、可操作性和可扩展性，进而促进数字金融发展。我国监管部门正在不断探索数字金融体系标准的构建。2020年11月，全国金融标准化技术委员会发布关于征求《数字函证金融应用安全规范》等五项金融行业标准（征求意见稿）意见的通知。通知称《数字函证金融应用安全规范》《交易后处理技术规范》《交易后处理业务规范》《银行间市场软件构件测评规范》《银行间市场软件构件规范》五项金融行业标准经过草案稿编制、工作组讨论等阶段，已形成征求意见稿。2021年9月，中国人民银行正式发布《数字函证金融应用安全规范》《数字函证银行应用数据规范》两项数字金融行业标准。

（三）数字金融发展规划

数字金融发展规划是政府对数字金融业未来发展的总体规划，包括行业发展目标、政策措施、技术创新和人才培养等，以促进数字金融业快速、健康发展。

在我国，数字金融发展蓝图主要由中国人民银行设计，以国内数字金融发展的一系列战略规划为主要内容。2019年9月，中国人民银行发布《金融科技（FinTech）发展规划（2019—2021年）》。2022年1月，中国人民银行发布《金融科技发展规划（2022—2025年）》（以下简称《发展规划》）。《发展规划》对新时代的金融科技发展提供了指导，明确了金融业数字化转型的总体方向、发展目标、重点工作。《发展规划》新加入了数据要素内容，确认了数据为金融业的生产要素且处于金融科技企业发展的核心地位。在确保数据安全的基础上，如何充分挖掘数据要素的潜力，推动数据的有效管理、有序共享和全面应用，是数字金融基础设施发展的关键问题。

第三节　我国数字金融基础设施的发展历程

数字金融基础设施在数字经济时代发挥关键底座功能，与数字化潮流同发展、共命运，同时也受到多方因素的冲击。本节将系统梳理我国数字金融基础设施的发展历程、影响因素与面临的主要问题。

一、我国数字金融基础设施发展历程

2013年是"数字金融元年"。数字金融的发展对我国数字金融基础设施提出了要求，也为数字金融基础设施的发展提供了沃土。我们可以将我国数字金融基础设施发展历程划分为萌芽期（2013—2018）、高速发展期（2019—2021）与成熟期（2022年至今），具体如图3-5所示。

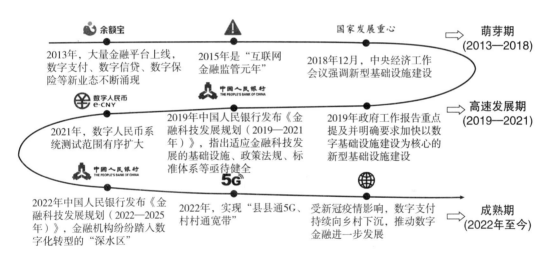

图3-5　我国数字金融基础设施发展大事记

资料来源：根据公开资料绘制。

2013—2018年是我国数字金融基础设施发展的萌芽期，在这个阶段，消费类互联网金融基础设施开始崭露头角。从2013年开始，数字金融在我国消费类互联网金融领域飞速发展，涌现出数字支付、数字信贷、数字保险等新业态，众多的数字金融平台相继设立，数字金融基础设施的数量和规模持续增长，一个数字化和普惠化的现代金融服务系统逐渐形成。然而，针对企业的金融服务数字化进程仍然相对缓慢，同时还

面临市场垄断、经济价值转化低等问题。自 2015 年起，我国对互联网金融的监管力度加强，同时金融科技的新概念为互联网金融带来了新的发展机遇，数字金融基础设施得以持续发展。2016 年，G20 的普惠金融全球合作伙伴发布了白皮书，强调"数字普惠金融"涵盖了所有利用数字金融服务推动普惠金融的活动，具备共享、便捷、低成本、低门槛的特性，能为解决数字金融基础设施领域的问题提供新的视角和策略（孙玉环 等，2021）。2018 年 12 月，中央经济工作会议首次提出"新基建"概念，预示着数字金融基础设施发展正式上升为国家发展的核心议题。

2019—2021 年是我国数字金融基础设施的高速发展期，"新基建"的推进使得数字金融基础设施建设开启新热潮，互联网的普及以及网络支付的大规模推广加速了这一进程。 自 2018 年年底提出"新基建"概念后，2019 年政府工作报告、2020 年的国务院常务会议等多次重要的党中央和国务院会议都强调并明确要求加快以数字基础设施为核心的新型基础设施建设。由此，数字金融基础设施的建设发展开启了新热潮。《金融科技（FinTech）发展规划（2019—2021 年）》提出需要健全适应金融科技发展的基础设施、政策法规、标准体系等，数字金融从消费金融向产业金融的转变正在进行，对企业数字化转型的支持能力也在提升。截至 2020 年 3 月，我国的互联网普及率已经达到 64.5%，比 2019 年 6 月提高 3.3 个百分点，全国建成 19.8 万个 5G 基站，拥有超过 5 000 万套餐用户。受 2020 年年初新冠疫情"减少直接接触"公共倡议的影响，网络支付的普及速度快速提高，网络支付的用户数达到 7.68 亿，互联网理财用户数也达到 1.64 亿，分别占网民总数的 85.0% 和 18.1%。2021 年，数字人民币系统测试范围有序扩大，形成涵盖深圳、苏州、雄安、成都、上海、海南、长沙、西安、青岛、大连和 2022 年北京冬奥会场景的"10+1"试点格局，累计交易金额达到 620 亿元。至此，我国数字金融基础设施的高速发展期随着中国人民银行第一个金融科技三年发展规划的完结而结束，第一轮数字金融基础设施建设基本完成。

2022 年至今是我国数字金融基础设施发展的成熟期，随着 5G 通信技术的广泛应用，我国数字金融基础设施建设取得显著成果。《金融科技发展规划（2022—2025 年）》的发布，标志着我国数字金融基础设施正式进入成熟期。在行业竞争格局日趋白热化的背景下，金融机构纷纷踏入数字化转型的"深水区"。《数字中国发展报告（2022 年）》显示，截至 2022 年我国网民规模为 10.67 亿人，互联网普及率达 75.6%，已累计建成开通 5G 基站 231.2 万个，5G 用户达 5.61 亿户，全球占比超 60%。移动物联网的终端用户已经达到 18.45 亿户，我国由此成为全球主要经济体中第一个实现"物超人"的国家。这些数据都说明，我国的数字金融基础设施建设已经取得重大进展，数字金融的影响力正在持续扩大，在社会经济和民众生活中处于核心地位。

二、数字金融基础设施发展的影响因素

数字金融基础设施发展的影响因素主要包括政策、经济和技术。政策因素可分为规范性政策法规、监管性政策法规、帮扶性政策法规；经济因素可分为经济发展水平、投资环境和金融市场竞争；技术因素可分为大数据技术、云计算技术和区块链技术。

（一）政策因素

首先，规范性政策法规对数字金融基础设施的发展起到重要的约束和规范作用。政府应当制定合适的规范性政策法规来引导数字金融行业发展，保障用户合法权益，防范风险和打击不良行为，从而营造安全、稳定的金融环境。例如，2016年原银监会联合工信部、公安部等四部委发布的《网络借贷信息中介机构业务活动管理暂行办法》要求网贷平台遵循信息披露、资金存管等要求，以降低投资者的信用风险。这些法规为网贷平台的发展制定了一定的规范，保证了市场的安全与稳定。

其次，监管性政策法规保障数字金融基础设施的业务合规性、资金安全和用户隐私。具体来说，**其一，监管性政策法规影响了数字金融基础设施的业务合规性**。金融监管机构通过制定相关法律法规，促使金融机构的业务活动符合规定。对数字支付平台而言，监管机构提出资金存管、实名制认证等要求，以降低操作风险和欺诈风险。这不仅是对金融机构的约束，也为数字金融基础设施的发展提供了明确的法规指导。**其二，监管性政策法规是确保资金安全的关键因素**。监管机构通过审查和监督金融机构的行为，可以确保这些机构拥有足够的资本储备和具备充分的风险管理能力，从而保障用户资金的安全。例如，对于互联网金融平台，监管部门要求平台设立风险准备金，并采取资金隔离等措施以防范潜在风险。这样的监管措施为数字金融基础设施的稳健运行提供了保障。**其三，监管性政策法规对用户隐私的保护起着关键作用**。金融监管机构对金融机构的数据安全和隐私保护提出明确要求，如强制执行数据加密和安全传输等措施，从而可以有效防止数据泄露和滥用，保护用户隐私。

最后，帮扶性政策法规为数字金融基础设施发展提供技术和资金支持。具体来说，技术方面，政府可以为企业提供技术支持，帮助企业掌握和应用最新的数字技术，提高其创新能力。同时，政府还可以通过举办培训活动，提高企业员工的数字金融素养和技术能力，为数字金融业务的开展创造良好的人才培养环境。例如，政府可以支持建立数字金融研究中心，为企业提供技术咨询和人才培养服务。资金方面，政府可以通过提供资金支持，帮助企业扩大数字金融基础设施的投资。此外，政府还可以为从

事数字金融业务的企业提供税收优惠，降低其经营成本，鼓励企业加大在数字金融领域的投入。

（二）经济因素

数字金融基础设施的建设和发展，需要大量的投资和支持，而这些投资和支持都需要有稳定的经济基础和市场需求。在经济繁荣时期或地区，各种金融机构和企业对数字金融基础设施的投资和支持更多，从而推动数字金融基础设施的快速发展。反过来，数字金融基础设施的发展也会提高金融服务的效率和质量，提升金融市场的稳定性和竞争力，进一步促进经济的发展。

首先，数字金融基础设施发展与国家或地区的经济发展水平密切相关。只有经济发展水平高，金融市场成熟，数字金融基础设施才有大的市场需求和高的利用效率。具体来说，**第一，经济发展水平较高的国家和地区金融市场规模较大，对数字金融基础设施的需求也更大**。在经济发展较为成熟的国家和地区，复杂且多元化的金融需求驱动了对数字金融基础设施的更大需求。**第二，经济发展水平较高的国家和地区金融市场的参与者较多、交易活跃，数字金融基础设施的利用效率更高**。例如，美国的支付系统、数字货币、证券交易系统等由于市场规模大、参与者多，数字金融基础设施的使用率更高。**第三，经济发展水平较高的国家和地区的科技水平通常更高，有利于数字金融基础设施的发展**。这些国家和地区往往拥有先进的金融科技企业，能够为数字金融基础设施的发展提供领先的技术支持。

其次，数字金融基础设施发展需要大量的资金投入，包括研发、技术、人员等方面的投资，这些投资与政府激励和社会资本息息相关。具体来说，**一方面，政府的激励在优化数字金融基础设施投资环境方面至关重要**。通过制定有效的激励政策，政府可以鼓励企业投资研发。此外，政府还可以通过提供资金支持和优惠方案，降低企业投资数字金融基础设施的成本和风险。例如，政府可以通过提供税收优惠、低息贷款或者直接资助等方式，为数字金融基础设施的发展提供有力支持。**另一方面，投资者和社会资本的参与能满足数字金融基础设施发展的资金需求**。在政府政策和企业创新的支持下，投资者和资本会更愿意参与数字金融基础设施的建设。资本的流入可以为企业提供更多的发展资源，帮助企业加大研发投入、提高技术水平、培养人才。同时，投资者的参与也有助于行业监管，促使企业提高自身的治理水平和透明度，形成健康的投资环境。

最后，在有序开放的市场环境下，活跃的市场竞争形成了良好的竞争合作意识，推动了数字金融基础设施的发展。在一个竞争市场环境中，金融机构将通过创新、优化服务、价格竞争以及寻求合作等方式，提升自身竞争力。**第一，市场的有序开放促使金融机构在竞争中寻求技术创新和服务优化以保持竞争力**。在这种环境下，为了满足不断变化的客户需求，金融机构不仅需要开发新技术、推出创新产品，还需要不断提升服务质量。这种竞争引导的创新推动了数字金融基础设施的完善和升级。**第二，有序开放的市场环境通过价格竞争机制，推动数字金融基础设施的定价向更合理的方向发展**。金融机构有可能通过提供价格合理的服务来吸引客户，这种市场竞争不仅减轻了客户使用金融服务的负担，让更多的人能够体验到优质的数字金融服务，同时也推动金融机构提升服务品质。**第三，市场竞争引导金融机构采取合作和资源共享的方式来提升自身的市场地位**。金融机构可能会寻求和其他机构合作，如共享支付网络、征信系统等资源，这种互利共赢的合作模式可以帮助金融机构降低成本、提高市场份额、提高服务质量，从而进一步推动数字金融基础设施的发展。总的来说，市场竞争为推动我国数字金融基础设施的发展提供了强大的动力，这主要体现在推动技术创新、优化服务、引导合理定价以及促进合作与资源共享等方面。

（三）技术因素

数字金融基础设施的建立和拓展需要依赖大数据、云计算、区块链等新型数字技术。这些技术的进步促进了数字金融基础设施的迭代与强化，也提升了它们的安全度、效能和受信赖度。

第一，大数据技术是数字金融基础设施建设的强力引擎。这主要体现在五个方面：（1）提升数字金融基础设施的分析能力和效率。大数据技术使数字金融基础设施可以在短时间内处理和分析大量数据，以满足实时性需求。（2）优化数字金融基础设施服务的针对性。大数据分析可以预测和满足特定用户群体对金融基础设施的需求。（3）提升数字金融基础设施的安全性。大量的数据分析可以帮助及时发现和预防潜在的网络安全威胁。（4）加速数字金融基础设施的数字化转型。大数据技术可以推动数字金融基础设施从传统的物理设备向虚拟化、数字化的方向发展。通过收集、存储、分析和可视化巨量的数据，金融机构可以更好地理解和优化数字金融基础设施。

第二，云计算技术是数字金融基础设施的重要基石。这主要体现在四个方面：（1）提升数字金融基础设施的运行效率和降低运营成本。云计算的集中管理和资源共享使数字金融基础设施的运行更高效，维护成本更低。（2）增强数字金融基础设施的安全性和可靠性。云计算的备份机制和灾备机制使得数字金融基础设施更可靠，数据更安全。（3）支持数字金融基础设施的扩展。云计算的可扩展性使得数字金融基础设施能够随着业务需求的变化进行灵活扩展。（4）促进数字金融基础设施之间的协作。通过云计算，不同的数字金融基础设施可以进行数据和资源的共享，提高整个系统的运行效率。

第三，区块链技术是数字金融基础设施发展的有效推手。这主要体现在五个方面：（1）提高数字金融基础设施的透明度和安全性。区块链的共识机制使得数字金融基础设施的运行更透明，数据的安全性更高。（2）降低数字金融基础设施的运营成本。区块链的去中心化特性有助于简化数字金融基础设施的架构，缩减中间过程，进而减少运营成本。（3）提高数字金融基础设施的处理效率。区块链技术可以缩短交易确认时间，提高数字金融基础设施的处理能力。（4）促进数字金融基础设施的创新。区块链技术通过去中心化的交易处理、智能合约、资产代币化和提升跨境支付效率等方式，正在推动数字金融基础设施的创新和发展。（5）提供更好的数字金融基础设施监管能力。区块链技术具有全程追溯性，能更好地协助多方监督和管理数字金融基础设施。

三、数字金融基础设施发展面临的主要问题

为了更好地推动数字产业化与产业数字化的快速发展，我国需要构建更加全面的数字金融基础设施。然而，全面布局也会带来金融基础设施层面新的风险与挑战，因此需要新的监管与治理策略来应对这些挑战。当前，我国数字金融基础设施发展面临四个主要问题：数字金融基础设施建设不平衡，数字金融安全面临新挑战，数字金融监管体系不健全，数字金融技术创新、人才和应用不足。

（一）数字金融基础设施建设不平衡

我国数字金融基础设施的发展存在地域、行业和用户层面的不平衡。从地域层面看，我国城市和农村、东部地区和中西部地区在数字金融基础设施的建设上存在明显的差距。城市和东部地区的数字金融基础设施建设相对完善，而农村和中西部地区的数字金融基础设施建设相对滞后，这在一定程度上限制了金融服务的普惠性。从行业层面看，一些重要的行业（如农业、服务业等）在数字金融基础设施的应用上仍处于较低的水平。这将阻碍这些行业的现代化进程，并影响我国经济的持续、健康发展。从用户层面看，虽然数字金融基础设施已得到广泛的应用，但仍有一部分人群，尤其是老年人、低收入人群等，在数字金融基础设施的使用上存在困难，这限制了数字金融服务的全面覆盖。因此，我们应当通过进一步推动数字金融基础设施的建设，尤其是在农村、中西部地区以及重要的行业和特定人群中推动建设，以解决基础设施建设的不平衡问题，进一步推动我国数字金融基础设施的全面发展。

（二）数字金融安全面临新挑战

技术进步虽然推动了数字金融的发展，但网络犯罪、用户隐私数据泄露以及跨境金融犯罪对数字金融基础设施的发展产生严重影响。**第一，随着数字金融基础设施的广泛应用，信息安全威胁不断增加。** 黑客和网络犯罪分子不断创新手段，试图窃取用户的敏感信息和资金。频繁发生的钓鱼攻击、勒索软件攻击和分布式拒绝服务攻击等网络犯罪，严重威胁到数字金融基础设施的稳定运行。**第二，由于数字金融基础设施系统中涉及大量用户隐私信息，如身份信息、交易记录等，一旦发生数据泄露就会侵犯用户的隐私，可能导致用户信任度下降。** 这不仅可能会引发法律纠纷，还可能使得用户对数字金融服务的使用热情降低，阻碍数字金融长远发展。**第三，随着金融全球化，跨境交易愈发频繁，而跨境金融犯罪、洗钱和恐怖融资等问题的出现，给金融安全带来了新的挑战，这无疑会对数字金融基础设施的发展构成阻碍。** 综上所述，我们必须关注并及时应对这些主要的安全问题，以保障我国数字金融基础设施的健康、稳定发展。

（三）数字金融监管体系不健全

监管体系的适应性不足、跨领域协同监管的难度大以及数据共享机制的不完善等监管问题，都可能对数字金融基础设施的稳定发展产生不良影响。**第一，随着数字金融的快速发展，传统的金融监管体系不再匹配多样化的数字金融基础设施。** 当前的监管机制可能无法及时识别并应对新出现的风险，这可能导致金融风险的积聚和传播，从而威胁到数字金融基础设施的稳定和发展。**第二，数字金融基础设施涉及多个领域和行业，监管难度亦随之增大。** 缺乏统一的技术和数据标准可能对金融基础设施的安全和稳定构成挑战，因此我国需要建立更加完善的技术标准和规范，帮助监管机构更有效地实施监管，进而支持数字金融基础设施的持续发展。**第三，数字金融基础设施产生了大量数据，这些数据对监管机构具有极高的价值，而现行的监管体系中存在监管数据共享障碍，监管机构无法充分利用这些数据进行有效监管。** 因此，我们需要改进数据共享机制，促进数据在监管部门之间的流通，这对提升监管效率和支持数字金融基础设施的发展至关重要。总的来说，我们必须关注并解决现存的监管问题，以促进我国数字金融基础设施的健康和稳定发展。

（四）数字金融技术创新、人才和应用不足

核心技术研发滞后、产学研合作不够紧密、专业人才短缺、创新生态系统不完善等，都可能阻碍我国数字金融基础设施的长期发展。第一，尽管目前在数字金融基础设施领域我国已取得不错的成绩，但与欧美等发达国家相比，在核心技术（如人工智

能、大数据、区块链等）的研发上仍存在明显的差距。强化这些关键领域的技术创新和研发，是提升我国数字金融基础设施核心竞争力的关键。第二，产学研之间的紧密合作对数字金融基础设施的创新至关重要。然而，我国尚未广泛建立足够紧密的产学研合作关系，这可能阻碍技术研发和应用的速度，进而影响数字金融基础设施的发展。第三，数字金融基础设施的发展需要大量具备跨学科知识的数字金融人才。当前，我国在此领域的人才培养仍存在不足，这也会阻碍我国数字金融基础设施的发展和应用的步伐。第四，一个健康的创新生态系统对于数字金融基础设施的建设和应用具有重要意义。然而，我国的创新生态系统仍存在一些问题，如创业投资、知识产权保护等方面的机制不完善，这可能影响我国数字金融基础设施建设的速度和质量。总的来说，为了推动我国数字金融基础设施的发展，我们必须关注并解决上述问题。

第四节　数字金融基础设施的发展趋势

数字金融基础设施的构建已被提升到国家战略和社会共识的高度，与"数字中国"和"宽带中国"战略相连，为推动我国数字化经济社会转型升级和提高国家数字竞争力提供了坚实的支撑。未来我国数字金融基础设施的发展趋势有三点：一是数字金融基础设施将会构建更多维度的风险防控体系；二是数字金融基础设施会更加聚焦于普惠金融方向的发展；三是数字金融基础设施将更趋开放合作与互联互通。

一、更多维度的风险防控体系

随着数字金融的深度发展，相关风险，如欺诈、网络攻击和数据泄露等也愈加明显。因此，构建一个更完善的多维度风险防控体系成为数字金融基础设施发展的重要方向。这一趋势主要由以下三个方面的因素驱动：其一，多维度风险防控体系能够增强金融服务的安全性和稳定性。通过实施多层次的风险控制措施，例如进行数据加密、建立防火墙、执行严格的用户身份验证、采用分布式架构等，能够有效防止外部攻击和内部欺诈，保护用户资料的安全和金融系统的稳定运行。其二，多维度风险防控体系有助于提升用户对金融服务的信任度。在数字化的环境中，用户对金融服务的信任度往往取决于其安全性和可靠性。因此，通过建立完善的风险防控体系，不仅能够防止金融风险的发生，还能够提升用户对金融服务的信任度，从而增强金融服务的公信力。其三，多维度风险防控体系在维护金融市场秩序和稳定方面起到关键作用。金融风险的发生可能会导致金融市场的动荡，影响市场正常运行。因此，建立全面的风险防控体系有助于及时发现和预防风险，保障金融市场的稳定运行。

在未来的发展中，数字金融基础设施将会构建起更完善的多维度风险防控体系。其一，数字金融基础设施将利用人工智能和大数据技术实现风险识别和预警。通过大数据分析和机器学习技术，金融机构可以实现对异常行为和潜在风险的实时识别和预警。其二，区块链技术在数字金融基础设施的风险防控体系中发挥关键作用。基于区块链技术的去中心化和不可篡改性，金融机构可以保障数据的真实性和完整性，防止数据被篡改。其三，多因素认证和生物识别技术将进一步提高数字金融基础设施的系统安全性。通过结合密码、硬件设备、指纹识别等多种认证方式，用户可以有效防止身份被盗用和非法访问。其四，数字金融基础设施的网络安全防御技术将得到进一步完善。通过建立更强大的防火墙、进行数据加密以及采用分布式防御系统等举措，金融机构可以提高对外部攻击和内部欺诈的防御能力。其五，跨领域和跨国界的合作将推动数字金融基础设施风险防控体系的全球化与标准化。各国金融机构、科技企业和政府部门将联手制定统一的风险防控标准和协议，以实现全球范围内的风险管理和防控。

二、更加聚焦普惠金融方向

随着数字化进程，数字普惠金融基础设施正在迎来前所未有的发展机遇。在数字金融基础设施众多的发展路径中，普惠金融方向逐渐受到业界的关注。这一趋势主要受到以下几方面因素的推动：第一，数字技术使得金融服务的边际成本显著降低，数字金融基础设施向广大农村、边远地区延伸，带来更多的长尾客户。比如，通过云计算、大数据等技术，金融机构可以利用数据分析预测借款人的信用风险，从而发放无担保或者低担保的小额贷款，满足广大农民和小微企业的金融需求。第二，通过数字化转型，金融基础设施的服务效率得到了显著提升，从而改进了金融服务的质量和效率，提升了金融用户的体验。例如，随着移动支付和在线贷款等金融服务的兴起，用户能在任何时间和地点进行金融交易。第三，数字金融基础设施有助于金融知识的普及。以前，金融知识往往只是少数金融专业人士的"专利"，现在普通民众可以通过互联网平台学习金融知识，从而更好地保护自己的财产安全。

展望未来，随着技术的进步和全球互联网的普及，数字金融基础设施的发展会更加聚焦普惠金融方向。我们可以预见以下几个可能的发展趋势：一是基于区块链的分布式金融系统可能会得到进一步发展，为普惠金融提供技术支持；二是人工智能和大数据分析将被广泛应用于金融风控和信贷评估,提高普惠金融服务的效率和安全性;三是移动支付和数字货币可能会得到进一步普及,为普惠金融提供更方便的支付工具;四是跨领域合作可能会得到加强,如金融机构与科技公司、政府与非政府组织等可能加强合作,共同推进普惠金融的发展;五是数字金融基础设施的标准化将得到加强,有助于在全球范围内提供统一规范的普惠金融服务。

三、更趋开放合作与互联互通

随着数字金融的广泛扩展和深入渗透,数字金融基础设施将朝着开放、合作和互联互通的方向发展。第一,开放的数字金融基础设施通过应用程序接口、开放银行平台和云服务等技术,允许不同的金融服务提供者和用户进行无障碍的信息共享与交互。这种开放性不仅可以提高金融服务的效率和便捷性,还能催生新的金融产品和服务,从而增强市场竞争力和创新力。第二,金融基础设施的合作体现在金融机构、科技公司和政策制定者之间的紧密协同。通过深化跨领域和跨行业的合作,各方可以共享资源、知识和技术,共同应对网络安全、数据隐私和技术风险等方面的挑战。此外,政策制定者可以通过制定有利于开放和合作的政策和法规,为数字金融基础设施发展保驾护航。第三,数字金融基础设施的互联互通意味着全球范围内的金融系统能够无缝联结,实现跨境支付、数据共享和服务协同。这一趋势将简化跨境金融业务的处理流程,降低交易成本,促进全球金融市场的整合和发展。

未来,数字金融基础设施的开放性、合作性和互联互通性将进一步提升。其一,通过采用更先进的开放式技术,如微服务、容器化和云原生技术,相关主体可以进一步提升金融服务的灵活性和可扩展性。其二,通过深化金融机构、科技公司和政策制定者之间的合作,相关主体可以共同研发技术,制定统一的技术标准和政策规则。其三,通过建立全球金融数据共享平台和跨境支付系统,相关主体可以实现全球金融市场的无缝联结和无障碍交易。其四,金融机构还可以通过加强网络安全防御,保护数据隐私,提高服务质量和改善用户体验,进一步增强其开放性、合作性和互联互通性。

 素养目标

通过梳理与分析数字金融基础设施的基本概念、主要构成、发展历程、影响因素及面临的问题,培养学生以主人翁的身份思考我国数字金融基础设施建设的发展方向和趋势，以发展的眼光看待数字金融基础设施的现状。

思考与练习

1. 什么是数字金融基础设施？数字金融基础设施与传统金融基础设施相比有什么特点？
2. 主要的数字金融基础设施有哪些？
3. 我国数字金融基础设施发展历程是什么样的？
4. 数字金融基础设施的发展趋势有哪些？
5. 通过对数字金融基础设施的概念、功能和现状的梳理，你认为现阶段我国数字金融基础设施建设存在的主要问题是什么？可以从经济、民生等维度展开讨论。

参考文献二维码

第四章
数字支付

学习目标

通过本章的学习,学生应能够:掌握数字支付的相关概念;了解数字支付的生态系统;了解数字支付的发展历程与现状;理解数字支付的现实价值。

案例导读

打造数字人民币示范区,苏州在行动

数字人民币是我国数字支付的发展前沿,苏州市是全国首批数字人民币试点城市之一。截至2022年9月末,全市已开通个人钱包3 016万个、对公钱包169万个,累计交易6 179万笔,累计交易金额为712.9亿元。数字人民币在商场购物、生活缴费、交通出行、校园、乡村等场景中深入应用,给苏州市民的生活带来了便利。

数字人民币支付已成为苏州市大部分商场通用的支付方式之一,为人们提供了新的支付方式。例如,在苏州市繁花商业中心的绿地全球商品直销中心,数字人民币的宣传卡片被摆放在收银台上的显眼位置,顾客可以通过POS机、扫码、"碰一碰"三种方式用数字人民币付款。例如,顾客打开手机的NFC功能,进入数字人民币App,点击上方的"碰一碰",再将手机背面靠近"数字人民币碰一碰感应区"立牌即可完成支付。

同时,数字人民币也为苏州市民的生活缴费和交通出行提供了便利。在生活缴费方面,相城区居民可以在"相城生活服务平台"微信公众号上直接开通并使用数字人民币钱包缴纳燃气费和水费。在公共交通方面,苏州市的轨道交通、公交车均支持数字人民币支付,市民使用数字人民币App中的二维码即可乘车。在自驾出行方面，苏州银行与中国石化联合打造了"数字人民币 AI 无感加油"应用，指定加油站能通过摄像头识别车牌号，加油完成后自动从车主的数字人民币钱包中扣除费用。车主在整个过程中无须手动进行任何支付操作。此外，苏州市也正在试点建设支持数字人民币支付的公路收费站。

数字人民币也在校园、乡村等场景中落地，为学生、村民等群体提供了更加便捷的支付方式。全国首个数字人民币校园场景在南京师范大学苏州实验学校落地。学生们的校园卡也是数字人民币钱包。从食堂和超市的消费到学费和住宿费的缴纳，学生都可以通过刷卡便捷地完成，无须随身携带智能手机或现金。位于相城区的冯梦龙村是全国第一个数字人民币试点示范村。2022 年，冯梦龙村首次用数字人民币给村民发放股金和尊老金，很大程度地简化了村委会的工作流程。

展望未来，苏州将深化数字人民币在零售交易、生活缴费、政务服务等场景的应用，并增大对老年群体、乡村振兴、绿色金融等方面的服务力度，助力实现金融普惠。

资料来源：薛马义，张添翼，王灿，等．跟记者一起体验"数字人民币"[N/OL]．扬子晚报，2022-02-05 [2023-06-17]. http://js.people.com.cn/GB/n2/2022/0205/c360301-35122593.html.

随着数字技术的不断发展，数字支付日趋成熟，银行卡支付、第三方支付、数字人民币支付等一系列数字支付方式重塑了人们的支付习惯。那么，数字支付的相关概念是什么？数字支付如何分类且有何特征？数字支付的生态系统是怎样的？数字支付的现实价值有哪些？数字支付发展历程与现状是怎样的？本章将着重探讨这些议题。

本章第一节概述数字支付的相关概念；第二节介绍数字支付的生态系统；第三节阐述数字支付的发展历程与现状；第四节总结数字支付的现实价值。

第一节　数字支付概述

中国是数字支付普及程度最高、应用范围最广的国家之一。21 世纪以来，我国数字支付方式持续发展与创新，数字支付基础设施不断优化，数字支付市场蓬勃发展。为更好地学习数字支付的相关知识，我们首先要厘清数字支付的相关概念、分类与特征。

一、数字支付的相关概念

在深入学习数字支付之前,我们需要了解其相关概念。本小节将介绍支付的定义与流程,并给出数字支付的定义。

(一)支付的定义与流程

根据国际清算银行的定义,支付是指在社会经济活动中付款人向收款人转移后者可接受的货币债权的行为。[①] 货币债权有三种类型:纸币及法定数字货币、中央银行的存款余额、商业银行的存款余额。纸币及法定数字货币是公众对中央银行的债权。中央银行的存款余额是在中央银行开立存款账户的金融机构对中央银行的货币债权。商业银行的存款余额是存款人对开户银行的债权。

根据国际清算银行支付结算委员会的划分方法,支付分为三个环节,分别是交易环节、清算环节与结算环节,见图4-1。交易环节主要指支付发生时信息的确认与发送,包括对交易有关各方的身份确认、对支付工具的确认、对支付能力的确认等。清算环节主要指收付款双方待结算债权的计算,包括交易清分、数据收集等。结算环节主要指债权最终转移的过程,包括收集待结算债权并进行完整性检验、保证结算资金具有可用性等。

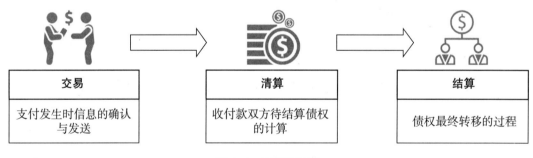

图4-1 支付的环节

(二)数字支付的定义

基于国内外学者、国际清算银行对支付和数字支付的定义,我们将数字支付定义为:**运用自动识别技术、信息通信技术、区块链、大数据、云计算等数字技术,以数字形式实现货币债权转移的创新支付方式。**

---

① Committee on Payment and Settlement Systems. A Glossary of Terms used in Payments and Settlement Systems [R/OL]. Bank for International Settlements, 2003 [2023-07-16]. https://www.bis.org/cpmi/glossary_030301.pdf.

数字支付与传统支付最主要的区别是货币债权的转移过程中是否使用了数字技术。传统支付指在货币债权转移过程中仅依靠人工，尚未使用自动识别技术、信息通信技术等数字技术的支付方式。传统支付包括实物支付、纸币支付、票据支付与未使用数字技术的卡基支付[①]等。传统支付具有结算效率低下、安全隐患突出、资金回笼时滞较长等弊端。

数字支付与电子支付、移动支付等概念容易混淆。数字支付涵盖了电子支付与移动支付的范畴，而移动支付属于电子支付的一种。电子支付强调用户通过电子指令、借助电子终端进行支付。常用的电子支付工具有电子货币、电子卡、电子支票等。最初，移动支付属于电子支付的分支，强调移动终端在支付中发挥的作用。随着智能手机、可穿戴设备的广泛使用，移动支付成为21世纪主流的支付方式，被作为独立概念使用。数字支付是在数字技术广泛应用后电子支付的进一步发展，涵盖了电子支付的范畴。图4-2描绘了数字支付、电子支付、移动支付与传统支付的关系。

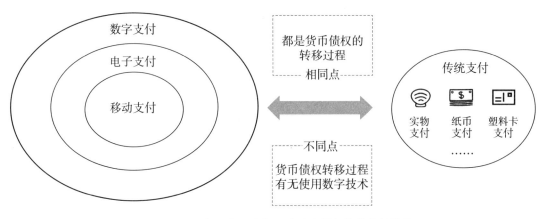

图4-2　数字支付、电子支付、移动支付与传统支付的关系

资料来源：根据公开资料绘制。

二、数字支付分类

根据支付参与主体、支付工具、支付场景等的不同，数字支付可以划分为多种类型。其中，依据支付工具的不同，可将数字支付分为卡基数字支付、账基数字支付和货基数字支付，如图4-3所示。

---

① "未使用数字技术的卡基支付"指的是信息通信技术被广泛应用之前的信用卡支付。1950年第一张用塑料制成的信用卡"大莱卡"发行。20世纪50年代末，美国银行"大投递"和运通卡的推出进一步推动了信用卡的普及。塑料卡依赖柜台人员人工识别真伪并录入交易信息，难以防范盗用和信息错记。在业务暴增的情况下，各分行间的信息传输不便也成了突出的问题。21世纪，未使用数字技术的卡基支付已被卡基数字支付完全取代。

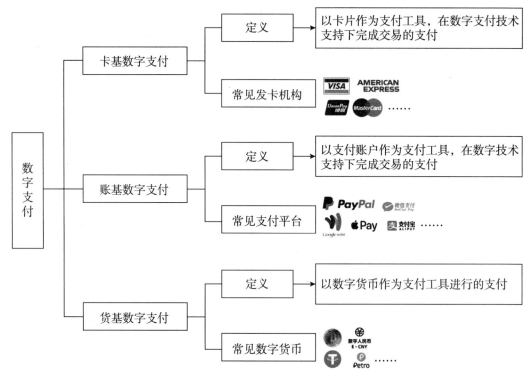

图 4-3　数字支付的分类

资料来源：根据公开资料绘制。

（一）卡基数字支付

卡基数字支付是指付款人以卡片作为支付工具，在数字技术支持下完成交易的支付。卡片可以是实体卡或虚拟卡，包括借记卡、预付卡[①]、信用卡。常见的发卡机构有维萨（Visa）、万事达卡国际组织（Mastercard International）、日本信用卡株式会社（Japan Credit Bureau）、美国运通（American Express）、中国银联（China UnionPay）等。卡基数字支付包含三种支付方式：第一，用户使用借记卡进行支付，用于支付的金额是借记卡关联银行账户中的货币金额；第二，用户使用预付卡进行支付，用于支付的金额是用户预先交付给发卡机构的货币金额；第三，用户使用信用卡进行支付，在交易时不需要支付货币金额，在交易之后用信用卡关联的银行账户存款来清偿交易金额。

（二）账基数字支付

账基数字支付是指付款人以支付账户作为支付工具，在数字技术支持下完成交易

---

① 预付卡是发卡机构以盈利为目的发行的卡片，储存了顾客预先交付的一定资金，持卡人以卡内的全部或部分金额支付发卡机构或第三方提供的商品或服务。预付卡内储存的预付金一般不能取回。

的支付。支付账户是用于记录预付交易资金余额、反映交易明细的电子簿记。常见的开设支付账户的支付机构有 Paypal、Google Wallet、Apple Pay、支付宝、财付通等。账基数字支付包含两种支付方式：一种是用户可以使用预付资金完成交易；另一种是用户可以将支付账户绑定银行卡，交易时其支付账户会链接到绑定银行的支付网关，用户实际上是使用银行账户中的存款余额完成交易。

需要注意的是，银行账户与支付账户存在本质不同（见图 4-4）。银行账户余额记录了用户持有金额，是用户对银行的货币债权；而支付账户余额记录的是用户可以向支付平台预付的金额，即用户在支付行为发生前从其银行账户转入支付机构在央行持有的备付金账户的金额。这部分金额虽然是支付机构对央行的债权，但支配权仍属于用户。在支付机构可提供服务的范围内，用户可以使用这部分金额进行消费、转账等经济活动，同样也可以随时将预付的货币金额转回银行账户。总结而言，支付账户可以被视为建立在银行账户之上的虚拟账户。账基数字支付是以支付账户为工具的支付方式，并不是银行账户本身，但账基数字支付同样以银行账户为基础。

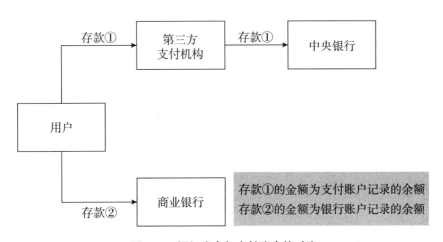

图 4-4　银行账户与支付账户的对比

资料来源：根据公开资料绘制。

（三）货基数字支付

货基数字支付是指以数字货币作为支付工具进行的支付。数字货币指的是基于网络节点和数字加密算法的、脱离物理形态的货币，包括私人数字货币与法定数字货币。其中私人数字货币不由央行发行、具有数字形态，且可被广泛获得，是基于代币的货币。法定数字货币同样具有数字形态、广泛可得且基于代币，但以央行为发行主体。

私人数字货币大致可以分为非稳定币与稳定币两种类型。非稳定币的性质与虚拟资产类似，如比特币就是非稳定币。稳定币①更多发挥流通手段的职能，如泰达币。私人数字货币不具有全部的货币特征与职能。世界主要经济体对私人数字货币监管方式各有不同，且不同地区对私人数字货币能否作为支付工具这一问题有不同观点。美国和欧盟侧重于适度监管，认为私人数字货币可以作为支付工具。俄罗斯、芬兰、瑞典、泰国等禁止将比特币作为支付工具。我国认为私人数字货币属于虚拟货币，任何金融机构不得开展与之相关的业务，任何组织和个人不得非法从事代币发行融资活动。

法定数字货币是由各国央行发行、以国家信用为担保的数字货币，比如中国人民银行发行的数字人民币、委内瑞拉央行发行的石油币等。中国人民银行目前正在试点推出的数字人民币以广义账户体系为基础，与实物人民币等价。②具体来说，数字人民币具有以下特点：

第一，无限法偿性。数字人民币由中国人民银行发行，以国家信用背书，具有无限法偿性，任何单位和个人在具备接受条件的情况下都不能拒收。

第二，双层流通框架。如图4-5所示，数字人民币采取双层流通框架，即保留传统的"中央银行—商业银行"二元模式。中国人民银行负责数字人民币的发行、注销、跨机构互联互通等活动，并指定具备一定条件的商业银行提供数字人民币兑换服务。③具体来说，商业银行向中国人民银行缴纳存款准备金，中国人民银行将数字人民币兑换给商业银行，商业银行再将数字人民币兑换给公众和企业。

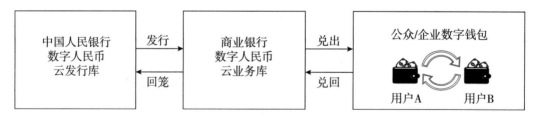

图4-5 数字人民币双层流通框架的基本原理

资料来源：根据公开资料绘制。

第三，广义账户体系。"广义"指的是数字人民币的支付账户有多种类型，并不一

---

① 稳定币是指与美元或黄金等资产挂钩的私人数字货币。以稳定币作为支付工具的交易能够有效避免加密货币市场中常见的高波动性。稳定币与非稳定币的区别在于币值是否相对稳定。
② 中国人民银行数字人民币研发工作组. 中国数字人民币的研发进展白皮书[R/OL]. （2021-07-16）[2023-07-16]. http://www.pbc.gov.cn/goutongjiaoliu/113456/113469/4293590/2021071614200022055.pdf.
③ 同上。

定要绑定银行卡。如表4-1所示,与卡基数字支付、账基数字支付必须绑定银行账户并满足实名制要求才能开户不同,数字人民币账户(即数字人民币钱包)根据客户身份识别强度(即实名程度)分为四个等级(交通银行还针对外籍人士设置了第五个等级),公众仅凭手机号即可开立四类数字人民币钱包,部分地区还能使用车牌号开通数字人民币的子钱包,用于在加油等场景中的支付。不同类型的数字人民币钱包的受约束程度不同。随着身份识别强度的提高,数字人民币账户单笔、单日交易额度和账户余额的上限会逐步提高。

表4-1 数字人民币钱包体系

等级	一级	二级	三级	四级	五级
钱包类型	一类钱包	二类钱包	三类钱包	四类钱包	五类钱包(交通银行专有)
实名程度	强实名	较强实名	较弱实名	可控匿名	可控匿名
开通要求	必须柜台办理;需进行人脸识别;需提供有效身份证件、手机号、本人银行账户	可远程开立;需进行人脸识别;需提供有效身份证件、手机号、本人银行账户	可远程开立;需进行人脸识别;需提供有效身份证件、手机号	可远程开立;无须人脸识别;只需提供手机号	针对外籍人士;可远程开立;无须人脸识别;只需提供手机号
余额上限	无	50万元	2万元	1万元	1 000元
消费单笔限额	无	5万元	5 000元	2 000元	500元
消费日累计限额	无	10万元	1万元	5 000元	1 000元
消费年累计限额	无	无	无	5万元	1万元

注:限额依据中国人民银行公布的标准,不同运营机构可能有差别。
资料来源:根据公开资料整理。

第四,可控匿名。"可控匿名"是指数字人民币一方面能满足民众匿名交易的需求;另一方面能在特殊情况下获取交易的全量信息,实现对经济犯罪的有效监管。根据相关法律规定,电信运营商不得随意将手机号对应的客户信息披露给包括中国人民银行在内的第三方,只有在出现涉嫌非法可疑交易等情况时,有关机构才可依法向电信运营商查询和使用用户个人信息。因此,用手机号开通的四类数字钱包处于可控匿名状态。同时,商户和未经法律授权的第三方均不能获取交易涉及的个人信息。这样的设计既保护了个人隐私,又使得监管方能够在第一时间标记或冻结可疑账户,将洗钱、传销等犯罪行为扼杀在摇篮中,确保相关交易符合反洗钱、反恐怖融资的要求。

(四)各类数字支付方式的比较

表 4-2 从货币定位、支付工具、资金存储账户、法偿性、运营主体、支付渠道、账户耦合程度、匿名性、网络依赖程度九个方面将我国的主要数字支付方式,包括卡基数字支付、账基数字支付和货基数字支付(在我国主要为数字人民币支付)进行对比,厘清三种数字支付方式的异同。

表 4-2 我国各类主要数字支付方式的比较

类别	卡基数字支付	账基数字支付	货基数字支付
货币定位	M1 或 M2	M1 或 M2	M0
支付工具	银行卡或储值卡	支付账户	数字人民币
资金存储账户	银行账户	银行账户	数字人民币钱包
法偿性	不具有法偿性	不具有法偿性	无限法偿性
运营主体	商业银行和银联	第三方支付机构和网联	央行和商业银行
支付渠道	经过中介	经过中介	点对点支付
账户耦合程度	紧耦合	紧耦合	松耦合
匿名性	实名	实名	可控匿名
网络依赖程度	有一定的依赖性	有一定的依赖性	无依赖性

资料来源:根据公开资料整理。

三、数字支付的主要特征

随着数字支付与数字技术的深度融合,数字支付适用场景逐渐增多,支付方式也不断推陈出新。基于此,本小节介绍数字支付的主要特征,包括技术驱动性、时空跨越性、支付方式多样性。

相较于传统支付,数字支付具有技术驱动性的特征。数字支付的技术驱动性指数字支付依靠有形的数字支付硬件设施与无形的数字技术实现货币债权的转移。传统支付对硬件设施要求较低,例如实物支付、纸币支付都只涉及货币的交换,并不涉及特定的硬件设施。而智能识别硬件、智能 POS 机、无人货柜、智能收银台、电子价签等硬件设施为数字支付提供了物理支撑。在数字技术方面,传统跨境支付依靠银行电汇[①]、汇款代

---

① 银行电汇指汇出行应汇款人的申请,以加押电报或电传的形式将金额转给汇入行,而汇入行大多是其他国家的分行或者代理行,最终收款人通过汇入行收到汇款。

理[①]等方式进行交易，交易费用相对较高；而在数字支付语境下，基于区块链技术的跨境支付系统能够直接在区块链网络中完成不同法币间的转换，通过共识算法确认交易。此外，数字技术还推动数字支付模式不断创新变革，比如以下的案例。

> **拓展阅读**
>
> **智能合约产品"元管家"推动预付类支付资金管理方式变革**
>
> 近年来，预付资金类商户破产或卷款跑路导致消费者权益受到侵害的事件屡屡发生，暴露出此类消费中消费者在商家停业后面临的难退款、难追偿、难举证问题。其根源在于传统账户模式下预付资金的管理主要通过商业银行为商户开设专户实现，预付资金实际上全部归商户所有，监管部门无法实现对资金用途的控制。
>
> 2022年9月8日，智能合约预付资金管理产品"元管家"在第二届中国（北京）数字金融论坛上首次正式亮相。此前，该产品已落地北京的教育培训场景。如图4-6所示，"元管家"在消费者向教育培训机构预付资金后开立一个附有智能合约的数字人民币钱包。预付资金将被"冻结"在这一钱包中，系统检查完成事先确定的"结束一次上课"等要求后，才会将此次实际消费金额转入教育培训机构的钱包。这种资金管理方式不仅使预付金"一笔一清、一课一释"，还可以在机构无法履约时将未使用完的预付金迅速退回至消费者账户。
>
>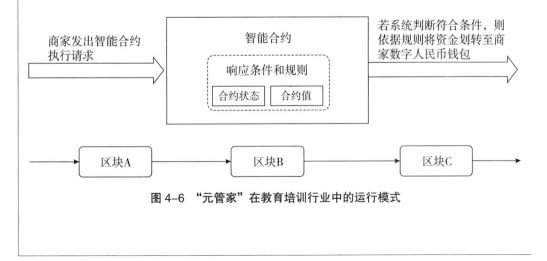
>
> 图 4-6 "元管家"在教育培训行业中的运行模式

---

① 汇款代理指从事汇款代理的金融机构在全球范围内设有多个代理点，依托这些代理点为收付款主体提供服务，收款人可以在这些代理点中凭借身份证明和汇款密码进行收款，从而实现跨境交易。

> 由此可见，智能合约技术的出现促使预付类支付的资金流动模式发生了根本性变革，从技术上排除了人为挪用预付资金的可能，并通过减少违约风险降低了预付类交易的交易成本，有利于保护消费者的合法权益。
>
> 资料来源：中国青年网. 为了保护你交的预付金, 央行数字人民币"出新"了! [EB/OL]. (2022-09-08) [2023-06-13]. https://baijiahao.baidu.com/s?id=1743397397243710575&wfr=spider&for=pc.

相较于传统支付，数字支付具有时空跨越性的特征。数字支付的时空跨越性指数字支付可以不受当前时间节点与地理位置的限制，实现货币债权的高效率转移与交易信息的互联交流。囿于支付工具的物理形态，传统支付一般只能满足近场、限时的交易。然而，消费者使用数字支付能够在网络购物平台上随时购买各国的商品和服务；有转账需求的消费者能够通过数字支付享受随时转账、实时到账服务。

相较于传统支付，数字支付具有支付方式多样性的特征。传统支付方式受技术的限制，种类较少。在网络外部性①起主导作用的情况下，传统支付方式的发展呈统一化的收敛趋势。数字技术在数字支付中的进一步应用，促使支付方式不断创新。数字支付包含更多样的支付方式，能满足消费者对支付方式的差异化需求。例如，银行卡转账能满足消费者对支付安全性的需求；刷脸支付、扫码支付则更能满足消费者对支付便捷性的需求。此外，支付场景拓展使得数字支付能够较为自然地嵌入消费者生活、工作等不同场景，实现线上线下深度融合，满足消费者在各种场景的多样性支付需求。

第二节　数字支付的生态系统

数字支付的生态系统是指数字支付的参与主体与它们提供的各项服务所构成的统一整体。本节从数字支付供给方、数字支付需求方、数字支付基础设施、数字支付监管方四个方面介绍我国数字支付的生态系统，如图 4-7 所示。

---

① 网络外部性是数字经济中的重要概念，指链接到一个网络的价值取决于已经链接到该网络的其他节点的数量。网络外部性给支付方式带来的"马太效应"是指使用率高的支付方式会不断淘汰使用率低的支付方式。

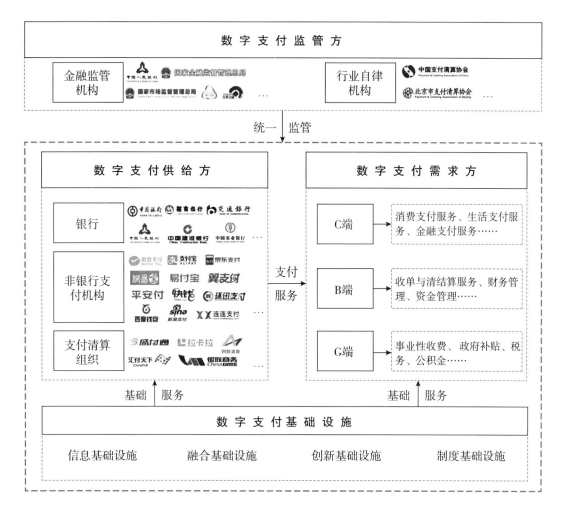

图 4-7 我国数字支付的生态系统

资料来源：根据公开资料绘制。

一、数字支付供给方

数字支付供给方在数字支付过程中提供支付服务。根据不同的机构类型，可将数字支付供给方分为银行、非银行支付机构与支付清算组织三类。图 4-8 梳理了各数字支付供给方的关系，以下将具体介绍它们的职能与重要性。

（一）银行

作为数字支付供给方的银行包括中央银行与商业银行。一方面，中央银行为数字支付需求方存放资金并发行央行货币。中央银行为其他银行与特定机构存储资金，用于响应货币政策以及支持机构内部资金结算。例如，2019 年 1 月 14 日起，中国人民银行代为存放非银行支付平台 100% 的客户备付金，以解决第三方支付平台存在的系统性安全问题。除此之外，中央银行还发行央行货币。例如，中国人民银行负责发行数字人民币并进行中心化管理。中央银行在整个数字支付供给方中处于核心地位，对维护支付市场公平及激发支付市场主体创新活力具有重要作用。例如，中国人民银行通过扩大其大额支付系统准入范围，为符合条件的非银行金融机构提供央行账户服务，降低了数字支付行业的进入门槛，有利于支付市场多元化发展。

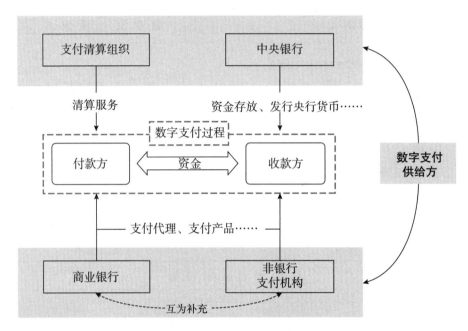

图 4-8　数字支付供给方的关系

资料来源：根据公开资料绘制。

另一方面，商业银行在数字支付中提供代理支付类服务。商业银行发挥其支付中介的功能，通过在银行账户间转移存款代理客户支付。同时，商业银行提供各种类型的支付工具与交易相关服务，包括银行卡、网上银行、手机银行、收单与清算业务服务等。商业银行建立了覆盖面广泛的银行账户体系，为众多终端客户提供服务，在数字支付中发挥基础性与支柱性的作用。商业银行基于客户存款余额完成资金划拨，使得支付过程能够实现"无现金化"，而"无现金化"是"数字化"的重要前提。银行账户体系与数字技术的结合，使得数字支付能够诞生并蓬勃发展。与此同时，商业银行拥有较大数量级的客户群体，建立了庞大的数字支付网络，能够为普及和推广数字支付应用提供便利条件。

（二）非银行支付机构

非银行支付机构指在我国境内依法设立并取得支付业务许可证的机构，包括第三方支付平台、互联网公司、金融科技公司、信息与通信公司等。非银行支付机构主要提供储值账户运营[①]服务与支付交易处理[②]服务。一方面，非银行支付机构为客户开立支付账户、提供预付款项。支付账户是账基数字支付的基础，如支付宝账户、财付通账户；而预付款项一般存储在预付卡中，属于卡基数字支付的范畴，如交通卡内的充值金额。另一方面，非银行支付机构在支付交易过程中帮助处理支付指令、支付信息等，如拉卡拉、支付通等收单机构为商户提供银行卡收单[③]服务。

非银行支付机构对银行业金融机构提供的数字支付服务进行了补充，是推动数字支付创新的中坚力量。在服务补充方面，非银行支付机构整合了多家银行的支付关口[④]，在提升用户数字支付服务体验的同时降低了获得服务的成本。此外，由于行业竞争激烈，非银行支付机构在创新和升级数字支付模式方面的探索精神更强了。例如，从电商领域的"担保支付模式"，到社交领域的"红包"，再到二维码支付，非银行支付机构持续创新，为用户提供了独特价值，促进了数字支付的发展。

（三）支付清算组织

支付清算组织包括具有支付清算功能的复合型机构与主要提供支付清算服务的单一型机构。支付清算组织的服务范围包括接收、清分、发送、汇总和轧差[⑤]资金转账命令以及提供专用的支付清算系统。支付清算系统是由电子计算机、通信网络等基础设施和相应制度及人员组成的一个有机整体，是资金转移和清分的渠道。

支付清算组织处于数字支付行业的中枢位置，在提高数字支付效率与安全性、帮助制定行业标准、促进参与主体协商方面具有重要作用。支付清算组织通过提供安全、可靠的清算结算服务，保障数字支付的"最后一公里"平稳有序运行，帮助参与主体建立对数字支付的信任。同时，通过向数字支付参与主体提供一套公允的标准化产品和服务，支付清算组织有效地解决了参与主体无法自行协商一致的囚徒困境。这使得参与者能够广泛达成契约并进行交易，从而提高了行业整体的效率，促进数字支付持续健康发展。

---

① 储值账户运营指通过开立支付账户或者提供预付价值，根据收款人或者付款人提交的电子支付指令，转移货币资金的行为。法人机构发行且仅在其内部使用的预付价值除外。
② 支付交易处理指在不开立支付账户或者不提供预付价值的情况下，根据收款人或者付款人提交的电子支付指令，转移货币资金的行为。
③ 银行卡收单指收单机构与特约商户签订银行卡受理协议，在特约商户按约定受理银行卡并与持卡人达成交易后，为特约商户提供交易资金结算服务的行为。收单机构指主营收单业务的机构。
④ 整合支付关口指非银行支付机构提供一系列的应用接口程序，将多种银行卡支付方式整合到一个界面。
⑤ 轧差指交易伙伴或系统参与者之间一致同意的余额或债务对冲。例如市场交易者之间，可能互有内容相同、方向相反的多笔交易，在结算或结束交易时，可以将数额相等的各方债权抵销，仅支付余额。

> **拓展阅读**
>
> **非银行支付机构与商业银行清算中枢——网联**
>
> 2017年8月,在中国人民银行与中国支付清算协会的指导下,网联清算有限公司(Nets Union Clearing Corporation,以下简称"网联")在北京注册成立。网联是中国人民银行批准的非银行支付机构网络支付清算平台的运营机构。非银行支付机构网络支付清算平台是全国统一的清算系统之一,负责处理非银行支付机构发起的、涉及银行账户的网络支付业务。具体而言,该清算平台的职责包括:实现非银行支付机构及商业银行一点接入;提供安全、高效的交易信息转接和资金清算服务;组织制定并推行平台系统及网络支付市场相关的统一标准规范;协调仲裁业务纠纷,提供风险防控等专业化的配套及延展服务。该清算平台由非银行支付机构相关专家共同参与设计,采用分布式云架构体系,在北京、上海与深圳建设了六个数据中心,适应行业高速发展态势。
>
> 网联及非银行支付机构网络支付清算平台的建立,实现了网络支付资金清算的集中化、规范化与透明化,在降低数字支付参与方的链接成本的同时提高了资金的清算效率。此外,二者在激发行业创新、促进公平竞争、监控资金流向、保障资金安全等方面都做出了很大贡献,推动了数字支付的长远健康发展。
>
> 资料来源:网联清算有限公司官网,https://www.nucc.com/aboutUs,访问时间:2023-07-16。

二、数字支付需求方

参考电子商务不同业务经营模式的划分[①],根据数字支付业务模式的实际情况,数字支付需求方可以分为C(Customer)端用户、B(Business)端用户与G(Government)端用户。以下对它们进行介绍与对比。

C端用户多指个人和家庭消费者。 C端用户重视服务体验感,对数字支付的需求主要存在于生活场景,自由化与碎片化程度较高。虽然C端用户数量较多,但其需求较为同质。例如,C端用户对数字支付的需求一般集中于购物、缴纳生活费用、购

---

① 按交易对象分类,电子商务可分为B2B(Business to Business,企业对企业)、B2C(Business to Consumer,企业对个人)、C2B(Consumer to Business,个人对企业)、C2C(Consumer to Consumer,个人对个人)、O2O(Online to Offline,线上对线下)、B2Q(Enterprise online shopping introduce quality control,企业网购引入质量控制)等经营模式。

买金融产品等方面。**B 端用户一般指企业用户**。B 端用户更注重效率与成本，对数字支付的需求主要存在于工作场景。由于 B 端用户存在行业跨度大、地域分布广、自身经营生产状况差异性高等特点，服务需求差异化较大。**G 端用户指政府及事业单位群体**。G 端用户对支付中的流程控制、数据安全有更高的要求，且需要的功能性支付产品与国家政策有紧密联系。表 4-3 对比了三者的具体支付服务需求与偏好的供给方特征。

表 4-3　不同类型用户的需求对比

项目	C 端用户	B 端用户	G 端用户
具体支付服务需求	消费支付服务；基于支付的衍生服务，如生活服务、金融服务	支付、收单、清结算等产品与服务；基于支付的衍生服务，如财务管理、资金管理、营销	财政收入、财政支出、社会保障等涉及的支付服务，如事业性收费、公积金缴纳等
偏好的供给方特征	用户数量多、用户黏性强；场景覆盖广、功能多样化；补贴、优惠多；品牌影响力大	商务渠道广；定制化能力强；针对特定领域或行业的品牌影响力强	具有良好的信用与完善的财务制度

资料来源：根据公开资料整理。

三、数字支付基础设施

数字支付基础设施是数字支付的底层支撑，为数字支付提供了基础服务。数字支付基础设施包括：数字支付信息基础设施、数字支付融合基础设施、数字支付创新基础设施和数字支付制度基础设施。[①]

数字支付信息基础设施主要指运用数字技术处理支付数据信息的新兴信息基础设施，包括金融数据中心、金融算力中心以及支付场景化的云计算、大数据、人工智能等数字技术应用等。数字支付信息基础设施提高了数字支付的安全性与效率。例如，金融数据中心能够帮助金融机构进行支付数据备份和数据恢复，也能对各类支付信息进行整合，进一步保障交易的安全性；云计算等数字技术保证了交易过程中信息流与资金流的往来速度。以下案例介绍中国银联运用云计算设计的数字支付终端。

---

① 数字支付基础设施是数字金融基础设施的一部分。部分数字支付基础设施已在第一章和第三章中详细介绍，本章不再展开讨论。

拓展阅读

云计算在数字支付的应用：中国银联"云 POS"

中国银联基于云计算的电子支付与电子商务综合服务平台项目是国家云计算示范工程项目。云支付终端及云支付终端后台系统是其中一个子项目，被称为云服务（"云 POS"）产品。该产品包括云支付终端以及云支付终端后台，如图 4-9 所示。

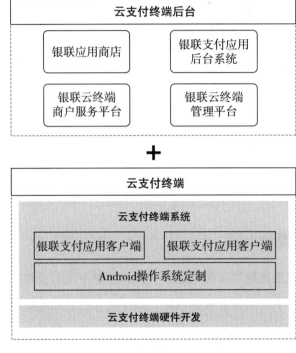

图 4-9 云支付终端及云支付终端后台系统划分

与传统终端不同，云支付终端将支付功能迁移到云端，根据各业务场景开展线上和线下不同交易组合，开展交易限额、交易权限的风险控制等业务。支付过程中，银联"云 POS"的功能包括：对云服务产品交易进行处理、终端参数管理、应用管理、提供相关数据服务。云支付受理流程如图 4-10 所示。持卡人使用银行卡等支付卡进行支付，支付信息经由云支付终端、云支付终端后台处理后传输至接入"云 POS"的合作收单平台。

图 4-10 云支付受理流程

资料来源：根据公开资料整理。

数字支付融合基础设施主要指一套满足使用者在数字支付中特定需求的整体硬件与信息技术解决方案，包括中国现代化支付系统（CNAPS）、数字人民币系统、卡基数字或第三方支付转接清算系统、跨境支付系统等。数字支付融合基础设施保证了数字支付过程的正常、稳定进行。CNAPS、卡基数字或第三方支付转接清算系统能够可靠、统一地处理不同类型的数字支付清结算业务，不仅能满足交易活动需要，还能有效防范清结算过程中产生的系统性风险。

拓展阅读

CIPS 与 SWIFT 的协同发展

近年来，环球同业银行金融电讯协会（The Society for Worldwide Interbank Financial Telecommunication，SWIFT）逐渐成为金融制裁"武器"，这引发了国内外关于如何防范 SWIFT 制裁冲击的讨论。有观点认为，人民币跨境支付系统（Cross-border Interbank Payment System，CIPS）可作为我国应对 SWIFT 制裁的"紧急预案"。SWIFT 和 CIPS 究竟是什么？各有什么功能？它们的未来真的只有相互竞争一种可能吗？下面的介绍能够给我们带来一些启发。

1973 年，为打造更便捷、安全和低成本的跨境支付信息传递方式，来自 15 个国家的 239 家银行共同成立了 SWIFT。它并不专门服务于某个国家或币种，而是一个全球共享的金融报文传送系统。此外，SWIFT 只涉及信息流的处理，并不能处理不同币种的资金流。

CIPS 于 2012 年启动建设。CIPS 由中国人民银行监管，主要为境内外有许可资质的机构提供人民币跨境支付清算等服务，旨在顺应对外开放需要、推动人民币国际化。

从成立背景、定位、功能等方面进行分析，可知 CIPS 与 SWIFT 在国际跨境交易中分属不同环节，可以互相补充、协同发展。一方面，二者在人民币跨境交易全过程的不同环节发挥作用。CIPS 承担人民币跨境清算功能，而 SWIFT 负责传递在交易、清算过程中的支付指令等信息。另一方面，CIPS 未来仍需借助 SWIFT 的网络优势扩大客户规模。

资料来源：根据公开资料整理。

数字支付创新基础设施主要指为数字支付创新活动和发展需求提供支持的公益性基础设施，包括中国人民银行数字货币研究所、高校与地方的数字金融研究中心等。数字支付创新基础设施是数字支付发展的"智库"。例如，中国人民银行数字货币研究所负责数字人民币研发工作，工作内容包括数字货币理论研究、数字人民币的闭环测试与开放试点等。此外，北京大学数字金融研究中心、广州市数字金融协会等研究中心也为相关人才的培养、交流提供了良好的平台。

数字支付制度基础设施主要指围绕数字支付制定的一系列的政策与规章制度，包括数字支付政策法规、数字支付发展规划等。数字支付制度基础设施保障了数字支付的健康、长远发展。例如，《非银行支付机构客户备付金存管办法》《非金融机构支付服务管理办法》等文件规范了数字支付机构的市场行为，而《金融标准化"十四五"发展规划》等指明了数字支付未来的发展方向，帮助数字支付机构确立战略发展目标。

四、数字支付监管方

我国数字支付的监管方主要有金融监管机构与行业自律组织。其中，金融监管机构包括中国人民银行及其分行、国家金融监督管理总局、地方金融监督管理局等。行业自律组织主要指中国支付清算协会。表 4-4 列举了数字支付监管方的主要监管内容。

表 4-4 数字支付监管方的主要监管内容

机构名称	机构类型	监管内容
中国人民银行及其分行	金融监管机构	负责拟定行业改革、开放和发展规划以及重大法律法规；数字支付的宏观监管，包括监督管理基础设施建设，跨市场、跨业态、跨区域支付风险的识别、预警和处置，交叉性支付业务的监测评估等
国家金融监督管理总局		参与拟定行业改革、开放和发展规划以及重大法律法规；数字支付的微观监管，包括行业机构及其业务范围的准入管理，制定行业从业人员行为管理规范等
地方金融监督管理局		参与起草地方性法规草案、政府规章草案；负责执行行业相关的法律法规、政策规划；完成地方政府交办的其他任务

（续表）

机构名称	机构类型	监管内容
中国支付清算协会	行业自律组织	通过组织研究支付行业相关的政策与法规、制定协会自律性技术标准和规范、组织成员制定自律公约等方式促进支付行业健康发展

资料来源：根据相关机构官方网站资料整理。

我们将数字支付监管方的监管内容分为行业经营活动与支付基础设施。一方面，数字支付监管方从组织、业务、市场行为方面对数字支付行业的经营活动进行监管。第一，数字支付监管方对从业机构组织进行管理、检查与评估。具体而言，数字支付监管方管理从业机构的准入资格与从业人员任职资格；检查从业机构公司治理、内部控制等情况；根据从业机构的财务报表与统计报表等材料评估其经营状况、技术水平及风险状况。第二，数字支付监管方对数字支付业务进行监管，监管内容包括支付业务范围、支付工具等。例如，2021年中国人民银行会同有关部门研究起草了《非银行支付机构条例（征求意见稿）》，从业务专营、支付账户管理、业务费率、清算机制、境内外交易规则等方面规定了非银行支付机构的业务规则。第三，数字支付监管方打击并惩处从业机构损害消费者权益、不良竞争等危害支付市场健康发展的行为，包括识别市场垄断行为、打击非法融资等。

另一方面，数字支付监管方监督并管理支付基础设施。对于信息基础设施，监管方制定支付相关的数字技术标准，同时保障数据的安全。对于融合基础设施，监管方参与运营中国人民银行支付系统，并监督管理其他数字支付清算系统，如商业银行与企业内部的数字支付清算系统。同时，监管方对数字人民币运营机制进行监管，明确参与数字人民币运营各方的法律地位与权利义务。对于创新基础设施，监管方组织、参与制定自律公约。对于制度基础设施，数字支付监管方拟定支付行业改革、开放和发展规划以及法律法规。

第三节 数字支付的发展历程和现状

本节将从国内外视角出发，阐述数字支付发展历程和现状，帮助读者了解数字支付的发展脉络。

一、国内外数字支付发展历程

纵观数字支付发展历程,外国数字支付可以追溯至1958年美国银行向GE公司订购32台早期的巨型计算机用于处理支票数据,至今已有六十余年的发展历程。中国数字支付的起源可追溯至1979年第一张信用卡在中国诞生,至今有四十多年的历史。根据国内外数字支付发展历程,可以绘制国内外数字支付发展大事记。同时,可将外国数字支付发展划分为萌芽阶段(1958—1993)、快速成长阶段(1994—2013)与多元探索阶段(2014年至今);将中国数字支付发展划分为萌芽阶段(1979—2004)、高速发展阶段(2005—2016)和成熟阶段(2017年至今)。

(一)外国数字支付发展历程

外国数字支付发展历程如图4-11所示。

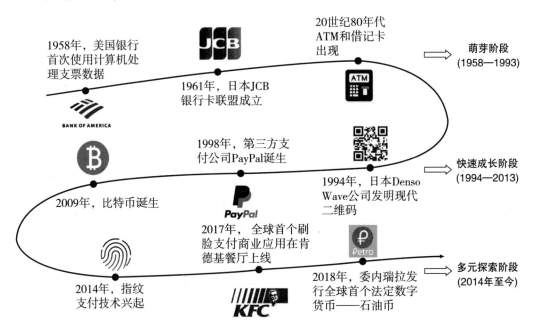

图4-11 外国数字支付发展大事记

资料来源:根据公开资料绘制。

在萌芽阶段(1958—1993),美国银行率先引入计算机技术处理支票数据,这标志着数字支付的诞生;此后,卡基数字支付随着银行卡联盟的兴起扩展到发展中国家和地区。1958年,长期被繁重的信息处理工作困扰的美国银行与GE公司签订合同,订购了32台早期的计算机用于检测客户的账户数据,这标志着数字技术首次被应用于信用卡支付，卡基数字支付正式诞生。1960 年，磁条卡①被发明并被广泛用于信用卡，这增加了伪造卡片的难度，也减少了人工录入交易信息带来的错误，使得信用卡支付更加安全与便利。随着信用卡发行规模不断扩张，其使用常常跨越国界，因此信用卡联盟逐渐成为大势所趋。1961 年，日本信用卡株式会社（Japan Credit Bureau，JCB）组建，此后十几年间 Eurocard、同业银行卡协会（万事达公司的前身）、国际信用卡服务公司（Visa 的前身）纷纷成立。银行卡联盟的兴起极大地推动了信用卡在全球的推广使用，20 世纪 70 年代，马来西亚等亚洲国家和地区引进了信用卡。80 年代，自动提款机出现并得到广泛使用，推动了借记卡的诞生。借记卡需要先存款后使用，不具有透支功能，因此风险较低。借记卡的使用范围迅速从网点存取款拓展为日常购物付款和转账，成为与信用卡相互补充的重要支付媒介。

在快速成长阶段（1994—2013），账基数字支付随着电子商务的兴起而诞生并迅速普及，私人数字货币也开始出现。 20 世纪 90 年代，电子商务在美国兴起，最早的电子商务网站之一亚马逊和在线拍卖网站 eBay 相继上线。1994 年，日本 Denso Wave 公司发明了现代二维码。1998 年前后，PayPal 等一批日后发展迅速的第三方支付公司诞生，标志着账基数字支付正式出现。NFC 技术是最早得到广泛应用的支付技术，之后二维码技术出现并成为主要的技术手段。对比各国情况，亚洲和非洲各发展中国家的账基数字支付发展更加迅速，欧盟等发达经济体则发展较缓。2009 年，中本聪发布了首个比特币算法的客户端程序，标志着第一代私人数字货币——比特币诞生。此后，基于区块链技术的多种私人数字货币相继出现，包括没有锚定其他资产的加密币和锚定一种或多种链外资产的稳定币两种类型。它们在全球范围内快速普及，吸引了大量投资者。

在多元探索阶段（2014 年至今），移动端账基数字支付逐渐普及，指纹支付和刷脸支付相继出现并被广泛应用；一些小型发展中国家率先发行了法定数字货币，西方发达经济体对数字货币的态度也从谨慎转向积极。 2014 年指纹支付技术兴起、2017 年首个刷脸支付亮相，标志着账基数字支付的方式渐趋多元化。2015 年以来，由于移动端安全技术水平逐渐提高、用户体验日趋完善，且相较于电脑端更即时、更便利，账基数字支付电脑端用户数量增速下降，移动端用户数量迅速攀升。在货基数字支付方面，2010 年以来各国央行纷纷开始探索发行数字货币的可能性，其中部分小型发展中国家

---

① 磁条卡上有均匀涂布的微粒磁性材料，刷卡时磁卡的磁性面与通电磁头以一定的速度相对移动，磁性材料就被通电磁头产生的磁场磁化，可以通过变化磁头电流，控制磁性材料被磁化的程度，从而记录交易对象、金额等信息。

最为积极。早在 2015 年厄瓜多尔就发行了央行数字货币，此后 5 年间塞内加尔、委内瑞拉、立陶宛、巴哈马也相继发行了央行数字货币（厄瓜多尔和立陶宛已停止发行）。发达国家对法定数字货币的态度也在 2020 年左右发生了显著的积极转变。2018 年时任欧洲央行行长声称欧洲央行并未计划发行法定数字货币。2019 年，日本央行行长和美联储主席也先后表示没有相关计划。但到 2020 年，发达经济体的态度发生了转变。2020 年 10 月，美联储主席首次表明对央行数字货币持支持态度。同月，欧洲央行发布了数字欧元报告，明确了未来发行法定数字货币的可能性。

（二）中国数字支付发展历程

下面详细介绍中国数字支付发展历程。如图 4-12 所示，中国数字支付的发展可分为三个阶段。在萌芽阶段（1979—2004），卡基数字支付被引入中国，数字支付在中国萌芽。在高速发展阶段（2005—2016），第三方支付机构开始独立提供支付服务，数字支付行业高速发展。在成熟阶段（2017 年至今），数字支付行业监管体系进一步完善，数字人民币也从蓝图走向现实。

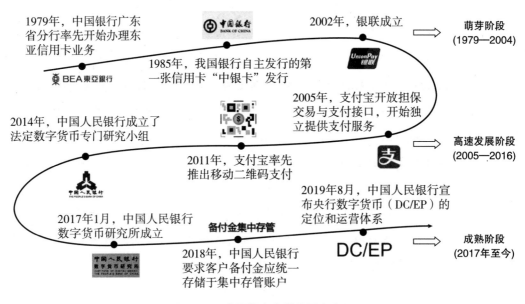

图 4-12 中国数字支付发展大事记

资料来源：根据公开资料绘制。

在萌芽阶段（1979—2004），卡基数字支付进入中国，第三方支付公司开始成立。 改革开放后，我国积极学习国际先进经验，引进了作为全球通行支付工具的信用卡。1979 年，中国银行广东省分行与香港东亚银行建立合作关系，获得了信用卡业务的代理权，卡基数字支付正式在中国出现。1985 年，中国银行开始发行"中银卡"（后改名为"长城卡"），这是我国银行发行的第一张信用卡。此后，信用卡、借记卡业务逐渐普及。2002 年，银联成立，改变了银行间"各自为政"、消费者只能在相应银行的 POS 机上刷卡消费的局面，使得跨行交易更加便利。在账基数字支付方面，我国首家第三方支付公司首信易支付于 1999 年成立。但在萌芽阶段，第三方支付机构产生的影响非常有限，主要发挥辅助和支持作用。

在高速发展阶段（2005—2016），卡基数字支付不断升级迭代，账基数字支付兴起，数字人民币的顶层设计也正式启动。在卡基数字支付方面，2009 年起，全国银行开始实行统一交易标准，跨行交易更加便捷。2015 年 1 月起，磁条卡停止发行，芯片卡成为主流。在账基数字支付方面，2005 年，支付宝开放担保交易与支付接口，开始独立运营，其他传统第三方机构也开始提供信用中介与支付中介的服务。2008 年，第三方支付平台开始经营线下银行卡收单业务，将业务范围从单一的线上运营拓展为线上线下融合运营。2011 年，中国人民银行开始核发支付业务许可证，第三方支付的便捷性和安全性得到广泛认可。同年，支付宝率先推出移动二维码支付，将业务场景拓展至线下。2014 年，腾讯也全面开放条码支付，并凭借巨大的用户基础快速占据了大量市场份额。由此，第三方支付领域支付宝和微信两强并立的格局逐步形成。在这一阶段，账基数字支付规模爆发式增长，仅 2014 年一年即增长 391.3%。① 同时，第三方支付机构不断拓宽业务边界，开始在基础支付服务之外增设转账、存贷款、生活缴费、理财等服务，与金融业融合程度加深。在货基数字支付方面，2014 年中国人民银行成立法定数字货币专门研究小组；2016 年 1 月，中国人民银行首次对外公布发行法定数字货币的目标。

在成熟阶段（2017 年至今），数字支付行业的监管体系愈加完善，数字人民币也从蓝图进入了试点落地阶段，深刻改变了数字支付领域的发展格局。表 4–5 列举了 2017 年以来数字支付监管的重要事件或政策。从"清算断直连"到备付金集中存管，从建立双支柱调控框架到明确要求支付机构准确、及时上报重大事项，监管政策愈加严格完善。此外，在此阶段数字人民币也逐渐从蓝图变为现实。经过 2014—2016 年的准备筹划，2017 年 1 月，中国人民银行正式成立数字货币研究所。2018 年 1 月，上海票交所数字票据交易平台实验性生产系统成功上线试运行。2019 年 8 月，中国人民银行宣

---

① 艾瑞咨询 . 2021 年中国第三方支付行业研究报告 [R/OL].（2021-05-01）[2023-07-16].https://report.iresearch.cn/report/202105/3785.shtml.

布了央行数字货币（DC/EP）的定位和运营体系。2020年4月，数字人民币开始在深圳、苏州等"四地一场景"进行封闭试点测试，数字人民币首次在现实中被使用。2022年1月，数字人民币 App 在苹果、安卓等应用商店公开上架。2022年4月，11个城市新增为第三批数字人民币试点地区。数字人民币的推广深刻改变着数字支付领域的市场格局，为人们的日常支付提供了一种新选择。值得说明的是，由于我国已经全面禁止以人民币进行的比特币交易①，因此私人数字货币支付在我国成为主流支付方式的可能性较小，数字人民币的推广使用是未来发展的大势所趋。

表4-5 2017年以来数字支付监管的重要事件或政策

时间	政策内容
2017年8月	网联清算有限公司正式建立，第三方支付机构与银行的直联模式被打破
2017年1月	《中国人民银行办公厅关于实施支付机构客户备付金集中存管有关事项的通知》发布，规定第三方支付机构需将客户备付金按20%的比例交存至指定机构专用存款账户
2018年11月	《中国人民银行支付结算司关于支付机构撤销人民币客户备付金账户有关工作的通知》发布，要求所有第三方支付机构在2019年1月前撤销人民币客户备付金账户，将备付金统一存储于集中存管账户，由央行直接监管，实现了100%缴存并不计息，第三方机构已无法再靠沉淀资金赚取利息收入
2021年7月	《非银行支付机构重大事项报告管理办法》发布，要求支付机构报告重大事项应当一事一报，做到及时、真实、准确、完整，不得迟报、漏报、瞒报、谎报、错报，不得有误导性陈述或者重大遗漏

资料来源：根据公开资料整理。

二、数字支付发展现状

基于上文介绍的数字支付发展历程，下面将分别概述国内外数字支付发展现状。

（一）外国数字支付发展现状

外国数字支付发展现状为：数字支付覆盖率达到较高水平；卡基数字支付和账基数字支付是主要的数字支付方式，其中卡基数字支付规模最大；货基数字支付初步兴起。

第一，全球数字支付覆盖率已达到较高水平，中低收入经济体发展较快，最不发达经济体仍然较为落后。如图4-13所示，2021年全球金融包容性指数数据库（The

---

① 2017年9月4日，中国人民银行联手七部委发布《关于防范代币发行融资风险的公告》，明确指出任何组织和个人不得非法从事代币发行融资活动，并关停了国内所有数字货币交易所。

Global Findex Database）显示，全球有三分之二的成年人以数字形式收款或付款，在中低收入经济体中，这一比例已从 2014 年的 35% 增长到 2021 年的 57%。2021 年全球 76% 的成年人在金融机构或移动货币服务商处拥有账户，比 10 年前显著提升；中低收入经济体的成年人在金融机构或移动货币服务商处拥有账户的比例也达到 71%，比 2011 年的 42%、2017 年的 63% 进一步增长，见图 4-13。而在最不发达的撒哈拉以南非洲等地区，虽然近年来账户拥有率迅速上升，但仍有部分国家拥有账户者不到半数。① 这些数据表明，全球平均数字支付覆盖率已达较高水平，但部分最不发达地区的民众仍难以享受数字支付的便利。

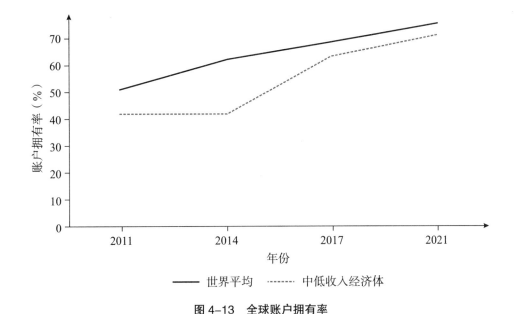

图 4-13　全球账户拥有率

资料来源：Demirgüç-Kunt A, Klapper L and Singer D, et al. The Global Findex Database 2021[R/OL].（2021-07-16）[2023-06-17]. https://www.worldbank.org/en/publication/globalfindex/Report.

第二，卡基数字支付和账基数字支付是当前国际上主要的数字支付方式。从美国、日本和欧盟这三个代表性经济体的情况来看，虽然账基数字支付近年来飞速发展，但卡基数字支付在总量上仍远超账基数字支付。美国、日本和欧盟的卡基数字支付规模普遍高于账基数字支付规模，但账基数字支付增速较快，具体如表 4-6 所示。

---

① Demirgüç-Kunt A, Klapper L and Singer D, et al. The Global Findex Database 2021[R/OL].（2021-07-16）[2023-06-17]. https://www.worldbank.org/en/publication/globalfindex/Report.

表 4-6　2021 年美国、日本和欧盟的卡基数字支付与账基数字支付发展现状

支付方式	美国	欧盟	日本
卡基数字支付	占非现金支付①总额的 26%，增速自 2018 年以来逐年减慢	占非现金支付总额的 49%，其中 25% 以电子形式进行	占非现金支付总额的 30.6%，增速自 2018 年以来逐年减慢
账基数字支付	占非现金支付总额的 0.4%，增速自 2017 年以来逐年加快②	主要第三方支付 App 第一季度新增下载量超 3 000 万次，增速达 32%	占非现金支付总额的 1.8%，增速自 2018 年以来逐年加快③

资料来源：根据公开资料整理。

第三，货基数字支付近年来逐渐兴起，私人数字货币正快速发展，同时大多数国家开始考虑发行法定数字货币的可行性，但两者均尚未成为主要的支付工具。私人数字货币种类多、市值高，市场呈现高集中度，头部效应明显。法定数字货币发展迅速，多数国家已开始评估发行法定数字货币的利弊，少数国家已开始试点或正式发行法定数字货币。外国私人数字货币和法定数字货币的发展现状概况如表 4-7 所示。

表 4-7　外国货基数字支付发展现状

私人数字货币	法定数字货币
截至 2023 年 1 月 1 日，全球加密货币市场共有加密货币 22 163 种，总市值共计约 7 986.88 亿美元； 私人数字货币市场呈现高集中度，全球前五大加密货币市值之和占总加密货币市值的 81.33%； 比特币市值占总加密货币市值的 41.74%，头部效应明显④	截至 2022 年 5 月，各经济体考虑发行法定数字货币的积极性较高； 90% 的央行正在积极开展法定数字货币相关工作，62% 的央行正在进行法定数字货币理论或试验验证； 26% 的央行（包括巴西、加拿大、厄瓜多尔、瑞典、乌拉圭等的央行）开始进行法定数字货币的试点或正式发行⑤

资料来源：根据公开资料整理。

（二）中国数字支付发展现状

基于上文归纳的中国数字支付发展历程，下面我们进一步梳理中国数字支付发展

---

① 非现金支付包括支票支付、卡基数字支付和账基数字支付。
② Board of Governors of the Federal Reserve System. Developments in Noncash Payments for 2019 and 2020: Findings from the Federal Reserve Payments Study[R/OL].（2021-12-01）[2023-07-1]. https://www.federalreserve.gov/paymentsystems/december-2021-findings-from-the-federal-reserve-payments-study.htm.
③ Statista. Cashless Payments in Japan [R/OL].（2023-04-27）[2023-07-16].https://www.statista.com/topics/7754/cashless-payments-in-japan/#topicHeader__wrapper.
④ 截至 2023 年 1 月 1 日，Coinmarketcap 官网，https://www.coinmarketcap.jp/，访问时间：2023-07-16。
⑤ Kosse A，Mattei I. BIS Papers No 125 Gaining Momentum—Results of the 2021 BIS Survey on Central Bank Digital Currencies [R/OL].（2022-05-01）[2023-07-16]. https://www.bis.org/publ/bppdf/bispap125.pdf.

现状,主要包括:卡基数字支付规模最大但扩张趋势放缓;账基数字支付与货基数字支付持续高速发展;数字支付供给方加速数字化转型。

第一,卡基数字支付是我国规模最大的数字支付方式,且规模仍在不断扩大,但新增发卡量等部分指标的增速已开始放缓。截至2022年,我国银行卡累计发卡量94.8亿张,同比增长2.5%,新增发卡量2.31亿张,增速呈下降趋势,如图4-14所示。2022年年底我国人均持卡量达6.71张,增速为2.44%。2022年度,我国银行卡支付业务总金额为1 011.94万亿元,同比增长0.98%。[①]这些数据表明,我国卡基数字支付的交易规模和覆盖率仍在以较低速度持续扩张,但增速正逐渐放缓。

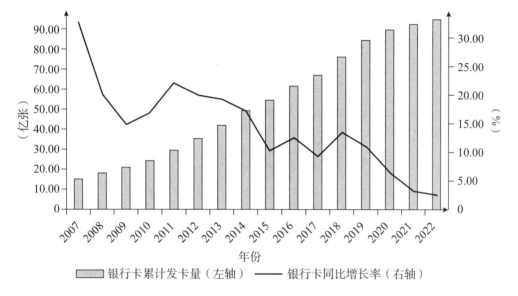

图4-14 我国银行卡发卡量及增长率

资料来源:Wind 数据库。

第二,账基数字支付已具备较大规模,增速逐年放缓,市场格局呈现高度集中的特点;数字人民币支付快速发展,但尚未成为我国主要数字支付方式。如图4-15所示,2021年我国第三方支付市场规模达到449.00万亿元。图4-16展示了2020年第二季度第三方支付机构所占市场份额。可以看出,支付宝和财付通占据了大部分市场份额,2020年第二季度两者分别占到55.6%和38.8%[②];其他数量众多的支付机构争夺小部分的市场份额。截至2021年,数字人民币应用场景已达808.51万个,数字人民币个人钱

---

① Wind 数据库。
② 艾瑞咨询. 中国第三方支付市场数据发布报告 [R/OL].(2020-09-01)[2023-07-16]. https://report.iresearch.cn/report_pdf.aspx?id=3660.

包数量达 2.61 亿个，以数字人民币作为支付工具的交易金额达 875.65 亿元。[①] 对比来看，2021 年卡基数字支付和货基数字支付的交易金额分别达 1 060.6 万亿元和 355.46 万亿元，量级相差巨大。由此可见，尽管数字人民币取得了迅速发展，但总体规模较小，相对于卡基数字支付和账基数字支付尚未成为主要支付方式。

图 4-15　2010—2021 年第三方支付市场规模及同比增速

资料来源：Wind 数据库。

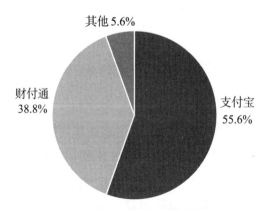

图 4-16　2020 年第二季度我国第三方支付机构市场份额（按交易金额计算）

资料来源：Wind 数据库。

---

① 人民银行：数字人民币试点场景已超过 808.51 万个 [EB/OL].（2022-01-18）[2023-07-16]. http://finance.people.com.cn/n1/2022/0118/c1004-32334235.html.

第三，数字支付供给方加速数字化转型。2021年12月，国务院印发《"十四五"数字经济发展规划》，指出要加快金融领域数字化转型，推动数字技术在金融领域的深化应用，发展智能支付、智能网点、数字化融资等新模式，金融机构数字化转型成为战略重点。同时，消费者更加倾向于选择线上消费渠道，且对支付服务效率和质量的要求也不断提升。数字支付供给方只有不断进行技术创新才能用更加安全高效的支付服务满足消费者的要求。因此，各大商业银行纷纷将深化数字技术应用作为发展战略的关键一环，通过对客户进行画像提供精准服务、无纸化办公简化业务流程等方式进行数字化转型。根据北京大学中国商业银行数字化转型指数，截至2021年，我国90%以上的银行已拥有数字化渠道，87%的银行已设置数字化部门，但中小银行的数字化程度与大中银行相比仍存在较大差距。① 2022年，工、农、中、建、交五大国有商业银行数字化转型投入达1 058.97亿元，维持了较高增速。截至2022年，五大国有商业银行金融科技人员数量已达81 012人。② 第三方机构方面，根据中国支付清算协会金融科技专业委员会发布的《非银行支付机构数字化转型研究报告》，2022年有67.9%的机构加大金融科技资金投入，多数机构围绕业务、技术、场景等进行改革，致力于完善业务流程和提升客户服务能力。③

第四节 数字支付的现实价值

数字支付在提升支付体系效率和保障支付体系安全方面具有重要价值，能够有效提升消费水平，并促进普惠金融发展。本节将从优化支付体系、提升消费水平、促进普惠金融发展三个方面，总结数字支付的现实价值。

一、数字支付优化支付体系

数字支付将数字技术引入支付体系，彻底变革了支付流程和方式，从效率和安全性两方面优化了支付体系。一方面，数字支付能够通过降低支付服务成本提升支付体系效率；另一方面，数字支付能从微观和宏观两个层面保障支付体系安全。

---

① 北京大学中国商业银行数字化转型指数课题组. 北京大学中国商业银行数字化转型指数（2010—2021）[R]. 北京：北京大学，2022.
② 各大银行2022年年报.
③ 中国支付清算协会金融科技专业委员会. 非银行支付机构数字化转型研究报告 [R/OL].（2022-09-01）[2023-07-16]. http://www.pcac.org.cn/eportal/ui?pageId=598261&articleKey=616230&columnId=595073.

(一)数字支付提升支付体系效率

与使用实物或现金等作为支付工具的传统支付方式相比,数字支付能够降低支付服务使用者的交易成本和支付服务提供者的运营成本,进而提升支付体系效率。

数字支付能降低企业和消费者的交易成本,使支付体系的使用更有效率。一方面,数字支付在很大程度上提升了线下交易的便利性。付款方无须携带大量现金,只需携带一个具有支付功能的手机甚至电子手表即可完成付款;收款方也无须进行验钞、清点数额、找零等一系列复杂的程序,只需一个 POS 机、一个收款二维码即可收款。另一方面,数字支付还能使交易双方进行远程交易,即使相隔万里也能实现低时延的"支付即结算"。例如,针对以往跨境贸易资金流转慢的痛点,跨境支付平台依托数字技术为商户提供资金快速到账服务,PingPong 跨境支付平台承诺卖家发起资金转出后五分钟内即可到账。这都使得支付服务使用者的支付过程变得更加便捷高效。

数字支付能够降低商业银行现金管理、反洗钱工作等的运营成本,从而使支付体系的管理更有效率。商业银行管理中的现金管理包括现金存取、入账等级、现金运输及储存等多个环节,且为提高安全性,这些环节都有较为烦琐的操作流程。此外,银行线下网点 ATM 的安装、维护以及相应的场地租赁和人工费用,也构成较大的成本支出。数字支付能够降低公众的现金依赖度,从而帮助商业银行精简现金管理人员、减少线下服务设施、缩减金库建设及现金押运开支等,降低商业银行的运营成本。

(二)数字支付保障支付体系安全

数字支付能更好地保障支付参与者的身份信息安全,也能更好地监控经济犯罪行为,从而为我国支付体系的安全提供了坚实的保障。一方面,数字支付更好地保障了付款方和收款方的支付安全。与纸币支付相比,数字支付运用人工智能技术、区块链技术、生物识别技术等,很大程度地提升了资金转移的安全性。比如,传统的"账户+密码"身份验证模式容易发生密码泄露,而生物识别技术利用人体的生理和行为特征,通过技术手段对个人身份进行鉴定,提供了基于人体生物学特征的"天然密码"。这种密码是个体独有的信息且不可复制,能在用户手机丢失、忘记密码的支付场景下保证用户正常使用支付工具,还能有效避免身份冒用带来的风险。另一方面,数字支付能更好地防范经济犯罪,保障宏观层面的支付安全。以纸币作为媒介的支付方式难以被有效追踪,极易滋生洗钱等非法经济活动。而数字支付保存了全量的交易记录,可借助大数据技术对洗钱、恐怖融资等经济犯罪行为实现有效识别,从而更好地保障国内支付体系的安全。比如,人工智能技术可以对交易进行监测,根据异常交易记录发现洗钱等经济犯罪的迹象,在不影响支付服务质量的情况下确保交易远离非法活动。

"刷手支付"黑科技？麦仑创新支付方式

提起运用生物识别技术的数字支付，大家都会想到刷脸支付、指纹支付，但你听说过刷手支付吗？广州麦仑科技有限公司基于万亿张图像智能分析的算力积累，开发 FVR（Full-hand Vein Recognition，人手脉络识别）技术，实现身份认证。在首次使用时，用户需要在人手脉络识别设备上注册，再次使用时只需挥手即可完成认证与授权。

在数字支付领域，麦仑的人手脉络识别技术具有识别准确率高、速度快、非接触、免摘口罩、主动式、强隐私等优势。相比面容识别，手掌识别的准确度更高，同时 FVR 技术的识别速度还能够达到每 0.3 秒识别 10 亿人次，能够支撑起亿级用户的使用需求。同时，手掌识别具有较高安全性。手掌识别技术通过采集手掌纹路中含有的各种细节信息识别使用者，难以被仿冒。再加上作为一种"主动式"技术，只有用户主动伸出手才会启动认证，可以降低用户在无意识/非自愿情况下被非法获取身份信息的风险。

资料来源：根据公开资料改编。

二、数字支付提升消费水平

消费是促进经济增长的基础性力量。目前我国居民消费率较低，居民消费潜力有待进一步挖掘。易行健和周利（2018）认为，数字支付能够为人们提供支付便利，缓解居民的流动性约束，从而减少预防性储蓄并提升消费水平。张勋等（2020）认为，数字金融各业态中数字支付对家庭消费的促进作用最为显著，数字金融发展主要通过增强支付便利性提升居民消费水平。我们认为，数字支付通过缓解消费的"自然约束"（主要是时间和空间约束）和"金融约束"（主要是"货币先行"约束），并降低货币的"转换成本"，从而提升消费水平。

数字支付能打破时间和空间限制，使得人们可以在任何时间和地点便捷地完成支付，从而缓解消费的"自然约束"。 具体而言可归纳为以下三个方面：其一，数字支付简化了交易流程，极大缩短了交易时间，增强了居民消费的意愿并提高了消费的可能性。其二，数字支付弱化了人们的支出损失感，从而刺激持续消费。张美萱等（2018）

指出，消费者在进行消费决策时可能受到非替代效应、沉没成本等的影响而产生支出损失感，而人们在进行数字支付时对金钱的敏感程度显著低于现金支付，因此感受到的心理账户损失也更小。其三，数字支付使交易不再受时间和空间限制，催生了各种新型支付场景和消费模式，给予消费者更为广泛的商品选择。例如，淘宝、京东、拼多多等网络购物平台为消费者提供全天候服务，来自全国乃至世界各地的商户入驻平台，消费者能够足不出户即可满足购物需求。

数字支付能打破消费行为面临的流动性限制，从而缓解消费的"金融约束"。货币先行模型① 指出，为获取利息，消费者可能将大部分财富存储于银行账户，只持有较少的货币。因此，消费者在预算约束外还面临货币持有量约束，可能因随身携带的货币量不足而无法完成支付。而数字支付的出现极大地缓解了持有货币量不足给交易带来的限制。例如，消费者可以在微信"零钱通"中存放资金，在获得储蓄利息的同时保有足够的流动性，充分满足日常生活中的支付需求。

数字支付能够降低跨境支付中不同币种间的"转换成本"，提升跨境支付效率，从而扩大外需。贺力平和赵鹞（2021）指出，跨境贸易中贸易商常常需要进行各种货币转换，从而产生"转换成本"。高转换成本可能对货币持有者产生"锁定"效应，使货币持有者不能方便地使用不同币种进行结算。而数字支付的发展则推动跨境支付向全天候、全方位、无国界的方向迈进，降低不同币种间的转换成本。比如，PayPal 已将 26 种主权货币以及比特币等 4 种加密货币加入自身的货币池，用户可以在池中任意选择希望使用的币种。此外，这些大型跨境支付平台往往拥有多个国家和地区的支付牌照，能帮助商户开展多区域交易。数据表明，在数字支付的赋能下，21 世纪以来国际商品贸易占 GDP 的比例快速上升，已从 2000 年年底的 38.8% 升至 2022 年年底的 50.54%。②

三、数字支付促进普惠金融发展

在传统金融生态中，部分民众处于弱势地位，中小微企业也由于缺少"硬信息"而面临融资困境，数字支付能够帮助金融服务触达长尾人群，并用交易数据等"软信息"帮助中小微企业获得更有针对性的信贷支持。

数字支付能够惠及更广泛的群体，使得民众更公平地享受金融发展成果。张海洋

---

① 货币先行模型（Cash in Advance Model，CIA Model）的核心观点是物品购买量受先前换取的货币量的约束。
② Wind 数据库。

和韩晓（2022）认为，数字支付能缓解地区间、中高与中低收入群体之间的消费差距，促进居民幸福水平的均等化。一方面，数字支付能够满足更加广泛的群体在多元场景中的支付需求。数字支付契合支付产业发展"支付为民"的理念，有效拓展了个人端支付服务范围。例如，对银行网点未覆盖的偏远地区居民，数字支付中的第三方移动支付能让他们无须办卡即可享受非现金支付的便利。对无法负担 POS 机费用的小店，数字支付让它们仅需打印一张二维码即可便捷地收付款。另一方面，数字支付能更好地为农民工等特定群体提供个性化服务。比如，为免除农民工携带现金返乡的资金安全风险，部分银行开设了农民工银行卡特色服务，农民工可以在打工地办理银行卡并存入现金，返乡后在家乡的信用社或银行营业网点提取存款，实现"打工地挣钱，家门口取款"的愿望。同时，没有银行账户的人也可以开立数字人民币钱包，便捷地收付款和转账。

数字支付能够将交易全过程产生的信息数字化，帮助中小微企业摆脱融资困境、提升经营能力。一方面，数字支付积累的数据信息能为中小微企业提供信贷凭证。中小微企业由于征信数据少、可供抵押资产少而常常缺乏信贷凭证，面临融资难、融资贵的问题。而数字支付将交易全过程产生的信息数字化，使得银行能够便利地收集、分析中小微企业资金流动的全量信息，并据此进行信贷评级，使得针对中小微企业的信贷投放有据可依。例如，目前支付宝和财付通都推出了自助打印收支流水的服务，中小微企业可以将此作为信贷凭证向银行申请贷款。另一方面，数字支付沉淀的数据信息也能够服务中小微企业，帮助它们提升经营能力。中小微企业通过分析自身资金流动信息，能优化业务流程和提升决策效率，并进行业务场景重构和盈利模式调整。例如，公司可以根据数字支付产生的信息分析各生产环节的成本构成，据此了解哪些环节成本较高，从而合理优化业务流程，有效控制成本。由此，数字支付成为数字经济价值链中的关键一环，持续为实体产业发展注入强劲动能。

素养目标

通过梳理与分析数字支付的基本概念、生态系统、发展历程及相关典型案例，加深学生对数字支付在国家发展中的重要性的理解，丰富学生对我国数字支付发展成就的认识，培养学生民族自信心、爱国情怀，以及对数字支付发展的积极态度和责任意识。

思考与练习

1. 数字支付是什么？有什么特征？
2. 按照支付工具分类，数字支付有哪些类型？各种类型间有哪些异同点？
3. 数字支付的生态系统由哪些部分构成？各部分的功能分别是什么？
4. 国内外数字支付的发展经历了哪些阶段？各阶段分别有怎样的特征？
5. 国内外数字支付发展现状是怎样的？
6. 数字支付有哪些现实价值？
7. 作为我国法定数字货币，数字人民币呈现出其他电子支付工具所不具备的特点。请分析数字人民币的这些特点如何推动普惠金融高质量发展，并为数字人民币如何更好地发展提出 3 至 5 条具体的建设性建议。

参考文献二维码

第五章
数字信贷

学习目标

通过本章的学习，学生应能够：理解数字信贷、互联网信贷与网络借贷的基本概念；了解数字信贷与传统信贷的区别；理解数字信贷的特点；掌握数字信贷生态系统及其核心；了解数字信贷的发展历程、现状与影响因素；理解数字信贷的现实价值及面临的问题。

案例导读

你的花呗账单还清了吗？

蚂蚁花呗是蚂蚁集团推出的一款"先消费，后付款"数字信贷产品。花呗可以综合考虑消费者的资产状况、网购数据、支付习惯等因素，通过大数据建模运算，为消费者提供500—50 000元不等的消费额度。每月9日是花呗的固定还款日，在那天，大家可能会听到这样的问题："你的花呗账单还清了吗？"不知不觉，蚂蚁花呗已经深入人们生活的各个场景，大家在享受购物、旅游、餐饮、交通等生活服务的同时，也享受着数字信贷带来的诸多便利。现阶段，蚂蚁花呗共接入40多家外部消费平台，如亚马逊、苏宁、口碑、美团、大众点评、乐视、海尔、小米、OPPO等。

近年来，蚂蚁花呗数字信贷服务的征信管理、信息安全、消费者隐私保护等问题日益受到重视，信贷业务不断规范。2021年9月22日，蚂蚁花呗接入中国人民银行征信系统，需用户签署《个人征信查询报送授权书》，蚂蚁花呗获得授权向金融信用信息基础数据库查询/报送相关信息。2021年11月24日，蚂蚁花呗启动品牌隔离，蚂蚁花呗将成为重庆蚂蚁消费金融有限公司的专属消费信贷品牌，由银行等金融机构全额出资的消费信贷将更新为"信用购"服务，用户可根据自己的实际需求开通该服务。2022年1月27日蚂蚁花呗正式启用新的服务协议，提示用户花呗升级"信用购"的服务，助推产品规范化运营。

除了蚂蚁花呗，我们身边还存在各种各样的数字信贷产品。随着大数据、人工智能、区块链等数字技术的不断发展，数字信贷会以怎样的模式运行？未来会形成怎样的发展局面？如何保证数字信贷安全、可持续发展？让我们一起开始本章的学习，去探索发现数字信贷的发展趋势吧！

资料来源：根据蚂蚁集团公告及公开资料汇总。

受新冠疫情影响，无接触金融服务快速兴起，数字信贷为社会生产和生活创造了巨大的便利与价值，成为推动我国金融普惠和经济发展的重要领域之一。那么，数字信贷的概念是什么？数字信贷与传统信贷有何区别？数字信贷有何特点？数字信贷生态系统是怎样的？数字信贷发展历程与现状是怎样的？数字信贷的影响因素是什么？数字信贷的现实价值有哪些？数字信贷发展面临哪些问题？本章将着重探讨这些问题。

第一节对数字信贷进行概述；第二节全面分析数字信贷生态系统；第三节阐述数字信贷的发展历程、现状与影响因素；第四节介绍数字信贷的现实价值及面临的问题。

第一节　数字信贷概述

数字信贷对我国经济发展的重要性不言而喻，值得社会各界广泛关注和研究。我们在学习数字信贷相关内容之前，需要先厘清数字信贷的概念，了解数字信贷与传统信贷的区别，并掌握数字信贷的特点。

一、数字信贷的概念

"信贷"和"贷款"的范围不同，如图5-1所示。贷款的范围较广，按有无担保划分为信用贷款和担保贷款。信用贷款指没有担保、仅依据借款人的信用状况发放的贷款。担保贷款指由借款人或第三方依法提供担保而发放的贷款，担保贷款包括保证贷款、抵押贷款与质押贷款。

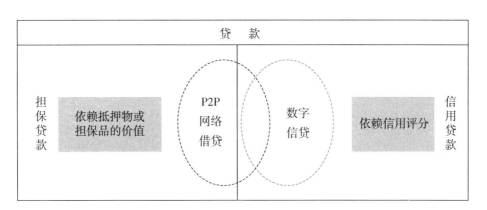

图 5-1　贷款与信贷的概念界定

资料来源：根据公开资料绘制。

信贷有广义和狭义之分。广义的信贷即信用贷款，指依据借款人的信誉发放、以按期偿还本金和利息为条件、不需要提供担保或抵押的贷款，主要包括商业信用[①]贷款和银行信用贷款。狭义的信贷即为银行信用贷款，专指以银行为主体、以信用为基础的资金借贷行为。信贷有三个重要特点：一是以信用为基础，不需要担保或抵押品；二是相对于有抵押品的贷款，信用贷款通常可贷额度较小；三是对金融机构的风险管理能力要求较高。

随着科技进步和时代发展，信贷服务的提供方不断增加，数字技术赋能信贷业务发展，数字信贷模式应运而生。互联网信贷和数字信贷都是数字经济时代下信贷的新表现形式。在传统信贷向数字信贷发展的过程中，P2P 网络借贷是一种有价值的探索，反映了信贷服务数字化的大趋势。

拓展阅读

P2P 网络借贷的发展与规范

2005 年，全球第一个 P2P 网络借贷平台 Zopa 在英国建立，开创了新型的借贷模式并展示出广阔的前景。自此，P2P 网络借贷在世界范围内迅速发展。2007 年我国第一家 P2P 网络借贷平台拍拍贷成立，此后 P2P 网络借贷平台如雨后春笋般涌现，融资规模快速增长。

Prosper 是全球最大的 P2P 网络借贷平台。平台上借贷双方都要提供详尽的个

---

① 商业信用指的是商品交易中由延期付款或预收货款所形成的企业间的信用关系。

人基本信息。借款人需提供包括历史交易记录、信用等级、朋友、所属社群等信息，以便贷款方全方位评价借款人的信誉情况。此外，Prosper 和第三方机构 Experian 合作，以获得借款人的历史信用记录，据此对借款人进行信用评级并确定最终的借款利率。

2007 年至今，我国 P2P 网络借贷经历萌芽期、野蛮扩张期以及整顿规范期和清退期四大阶段。2018 年 580 家 P2P 网络借贷平台暴雷，投资者损失惨重；此后，全国 P2P 网贷风险专项整治工作领导小组下发《关于开展 P2P 网络借贷机构合规检查工作的通知》，要求所有 P2P 网贷平台完成"机构自查、自律检查、行政核查"三道程序；2020 年，P2P 网络借贷平台清零。回顾 P2P 网络借贷的发展历程，P2P 网络借贷催生出的新的信贷模式体现了信贷数字化、平台化的大趋势，所暴露出的系列问题亦为信贷行业的健康可持续发展提供了可借鉴的经验与教训。

资料来源：根据公开资料整理汇总。

数字信贷泛指运用一切数字技术提供信用贷款服务的金融业态；互联网信贷多指传统金融机构与互联网企业运用互联网技术和信息通信技术提供信用贷款的金融业态。相比较而言，数字信贷的范围更广泛一些。黄益平和邱晗（2021）还提出了大科技信贷的概念。大科技信贷也是数字信贷的重要部分，突出了大科技生态系统和大数据风控的作用。随着数据价值的进一步释放，高频、高效的数字信贷将成为贷款的重要发展模式。

二、数字信贷与传统信贷的区别

传统信贷以商业银行为主体，其风险管理的主流模式是多层级授权经营和前中后台职责分离管理。该模式下的信贷业务覆盖客户准入、调查评级、审批、合同签订、抵质押登记、放款、贷后管理等环节，耗时长，成本高，效率低。因此，传统信贷模式下客群大多是征信记录良好的大客户，中小客户信贷融资较难，特别是对没有征信记录的小微客户的信贷服务存在较大的空白。如何突破小微信贷的"不可能三角"[①]是各国学者研究的重要课题，也是政府高度关注的问题。

数字信贷以数字平台为载体，实现了线上全流程、自动化的大数据征信和大数据风控。该模式突破了时间和空间的限制，借助大数据、人工智能等数字技术将所有客

[①] "小微信贷"指专门向小微企业以及中低收入居民提供小额度的可持续的信贷产品和服务的业态（罗顺均 等，2018）。小微信贷的"不可能三角"指的是小微信贷很难在成本、规模与质量之间取得平衡。

群的数据信息进行整理评价,很大程度地拓展了信贷服务边界,为小微信贷业务的发展提供了新思路和新方法。图 5-2 列示了传统信贷与数字信贷的相同点和不同点。

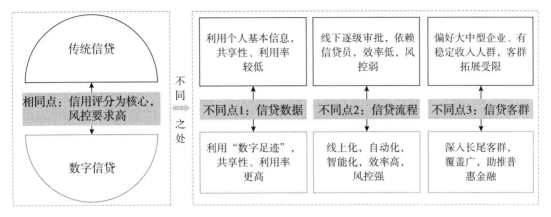

图 5-2　传统信贷与数字信贷的异同

资料来源:根据公开资料绘制。

三、数字信贷的特点

数字信贷优化了传统信贷的服务模式,扩大了信贷的服务人群,体现出双驱动、高效率、广覆盖和强协同的特点。

与传统信贷相比,数字信贷具有双驱动的特点,即"数字技术"和"数据"双要素驱动。一方面,数字技术和数据要素共同推动传统生产要素变革、优化与重组,促进信贷行业数字化转型,形成数字化、综合化的全链条信贷服务模式。例如:"新劳动力"——智能机器人带来的智能客服、信贷管家等"信贷顾问",整合客户"数字足迹"形成的各类数据,精准测度客户需求,提供更具个性化的信贷产品和服务;基于已有的信贷数据池,信贷机构利用人工智能技术可以更科学地评估不同客户的风险水平,大幅提升数字信贷的风控能力和业务效率。另一方面,数字信贷行业发展对高层次综合人才的需求较高,科技型、研究型等数字化复合背景的人才集聚,进一步推动了信贷行业数字技术革新。

与传统信贷相比,数字信贷具有高效率的特点。数字信贷的相关技术更迭快,创新升级高效。近年来,大数据、人工智能、云计算等数字技术的发展为数字信贷业务升级与创新提供了良好的技术支撑。例如,华为云 FusionInsight 智能数据湖,湖仓一体的架构加速数据流动,一份数据支持多个场景,能够实时接入、更新并分析数据。① 在数字技术的支撑下，数字信贷业务流程更加高效。数字信贷供给方基于数字信贷平台和大数据风控系统开展业务，实现全流程智能化操作，为客户提供高效、便捷的信贷服务。

与传统信贷相比，数字信贷具有广覆盖的特点。一方面，数字信贷服务的内容"广"。数字信贷生态系统为客户提供综合化的服务，不仅提供信贷的贷前、贷中和贷后的全流程服务，也提供征信、支付等其他基础服务。另一方面，数字信贷服务的人群"广"。在数字信贷生态系统下，社会各阶层客户都可以享受信贷服务，广阔的客群推动数字普惠金融发展。例如，微众银行在人工智能、区块链、云计算、大数据等数字技术的深度赋能下，低成本且高速度地拓展公司的客户触达能力和服务边界，多维度的风控数据和模型帮助控制客户风险，微众银行App月活跃用户人数增速远超传统银行。②

与传统信贷相比，数字信贷具有强协同的特点。一方面，数字信贷业务在不同金融机构之间形成强协同效应。数字信贷的发展带动保险、信托、资管等其他金融机构的业务创新，催生新的金融服务，加速金融行业数字化转型。例如，中国建设银行与中国人寿合作开发"信贷+保险"业务服务，探索保费共担模式，实现共赢。另一方面，数字信贷生态系统下的信贷行业与实体产业形成强协同效应。信贷行业与不同实体产业开展合作，推动数字产业链信贷发展，激励实体产业数字化转型，有利于金融更好地服务实体经济，为我国经济发展提质增效贡献力量。

拓展阅读

网商银行数字信贷业务

网商银行是中国首批试点的民营银行，是蚂蚁集团旗下的互联网银行，2015年6月25日正式开业。

网商银行持续科技探索，深入布局前沿技术，实现数字技术和数据双驱动发展。网商银行是全国第一家将云计算应用于核心系统的银行，也是第一家将人工智能全面应用于小微企业风控的银行。网商银行以图计算技术为基础，全面打造

---

① 华为云FusionInsight智能数据湖官网，https://www.huaweicloud.com/product/huaweicloudstack/fusioninsight.html，访问时间：2023-06-27。
② CAFI. 洞察 | "线上+线下"如何服务小微群体，以及有哪些不足——《中国小微家庭融资需求调研报告》[EB/OL]. (2021-11-29)[2023-06-27]. https://www.163.com/dy/article/GQ0K058U0552DMW3.html.

自主可控的人工智能技术体系，在数字化营销、信贷风控等信贷业务领域实现全面部署，形成目前业内最大规模的动态企业图谱和行业图谱，将行业的经营周期、资产构成、上下游产业发展情况等数据全面纳入风控评估。2022年7月18日，网商银行对外发布"百灵"智能交互式风控系统，在行业内首次探索人机互动信贷技术，"自证"和"他证"相结合，尝试在千万级用户规模上为小微企业提供专家级的数字信贷服务。"百灵系统"推出的提额自证任务预计可以帮助用户平均提升3万元信贷额度，不少用户甚至能获得超过10万元的信贷额度提升。

网商银行不断提高数字信贷效率。网商银行不设线下网点，形成了独特的"310"信贷模式，即客户花3分钟时间在线上申请贷款；一旦获得批准，贷款资金就将在1秒内到达借款人的支付宝账户；整个过程实现0人工干预。

网商银行打造广覆盖的互联网信贷产品体系，从原有的主动授信、单向供给模式拓展为供给和需求双向互动模式。该模式通过与客户互动，建立客户自证数据补充体系，进一步提升客户准入比例、额度满足度和稳定性。客户可以通过银行流水、收单流水、房产信息、合同信息、车牌信息等维度证明自己的信用状况。网商银行通过AI、图像识别等技术处理这些复杂、非结构化的数据，为客户提供更适合的额度和利率，打造多场景、个性化的信贷产品。

网商银行"大雁系统"将信贷服务与实体产业发展紧密结合，推动实现数字信贷与实体产业协同发展。网商银行基于核心品牌企业、上下游供应商、终端门店之间的供应链打造数字供应链信贷服务方案，解决企业生产经营全链路的信贷需求。截至2021年，累计超过4 500万小微经营者使用过网商银行的数字信贷服务。

资料来源：根据网商银行官方网站及公开资料整理。

第二节　数字信贷生态系统

数字信贷生态系统是数字信贷参与方及它提供的综合服务所构成的统一整体，如图5-3所示。本节全面剖析数字信贷生态系统的主要参与方及其服务模式，并阐述数字信贷综合服务体系的两大核心。

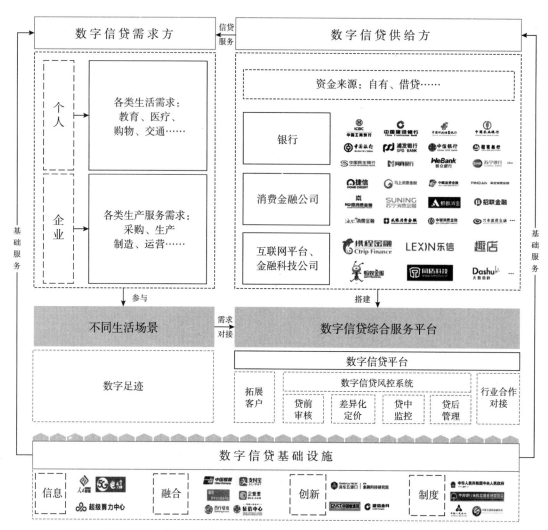

注：数字信贷生态系统中的服务商众多，图中仅列举部分有代表性的服务商。

图 5-3　数字信贷生态系统

资料来源：根据公开资料绘制。

一、数字信贷生态主要参与方

数字信贷生态的主要参与方大致可以分为三大类，分别是数字信贷需求方、数字信贷供给方和数字信贷基础设施。本小节将详细论述不同参与方的主要参与模式及业务开展情况。

（一）数字信贷需求方

数字信贷需求方主要分为居民个人和企业两大类。居民个人主要借助信贷满足各类生活需求，如教育、医疗、购物、交通需求。企业则利用信贷服务满足生产、采购、销售、运营、营销等需求。据统计，2020年我国超过6 000万户个体工商户、约2 800万中小微企业不能获得有效的金融服务，这反映了我国数字信贷仍有很大的发展空间。

（二）数字信贷供给方

近年来，随着数字技术的发展，各类机构纷纷进军数字信贷领域，数字信贷的供给方主要包括银行、消费金融公司①两大类持牌金融机构，以及互联网平台（如电商平台、分期平台等）和金融科技公司等非持牌机构②。

总体来看，三大类数字信贷供给方存在业务交叉，也在不同业务领域有深入的合作，共同开发了许多数字信贷的新模式和新产品。这三类供给方均面向个人和企业客户，发展长尾客户的信贷服务，利用数字技术形成了贷前审核、差异化定价、贷中监控以及贷后管理的数字信贷综合服务体系。但是，三类供给方由于发展定位、客群及竞争力不同，也存在一定的服务差异。下面对这三类供给方的数字信贷重点发展领域进行分析。

1. 银行

银行发展数字信贷主要从渠道协同、技术创新和服务体系三个角度发力（见图5-4）。在渠道协同层面，银行积极打造智能网点、电子银行与直销银行；积极推广网页、App等信贷产品服务推介渠道；积极构建API（Application Programming Interface，应用程序接口）开放生态接口，将信贷业务与多行业、多平台链接，打造"开放银行"。在技术创新层面，银行布局金融科技架构，建立金融科技子公司或金融科技创新研究院，深化数字技术在信贷领域的应用。2015年兴业银行成立的兴业数金，成为中国首家银行系科技子公司，开创了商业银行成立科技子公司的先河。③ 2019年中国工商银行成立金融科技研究院。商业银行对科技的投入极大推进了数字信贷的发展，为数字信贷产品与模式创新提供了技术保障。在服务体系层面，银行积极打造数字信贷综合服务平台，构建贷前、贷中、贷后一体化的服务体系；创新信贷产品，以开放生态覆盖多种应用场景，打造智能银行，提高服务质量与客户体验。

---

① 消费金融公司是指经国家金融监督管理总局（原银保监会）批准，在中华人民共和国境内设立的，不吸收公众存款，以小额、分散为原则，为中国境内居民个人提供以消费为目的的贷款的非银行金融机构。详情查阅《消费金融公司试点管理办法》（2013年）。
② 由于非持牌机构的数字信贷业务模式较为相似，因此本书将其归为一类来介绍，即数字信贷供给方分为银行、消费金融公司、互联网平台及金融科技公司三大类。有部分非持牌机构建立了自己的金融子公司，持有金融牌照，本书将这些子公司分别归入相应的金融机构（银行或消费金融公司）进行分析。
③ 孙世选. 哪些银行成立了金融科技子公司？[EB/OL].(2022-02-02)[2023-06-13].https://baijiahao.baidu.com/s?id=1723653134424868699&wfr=spider&for=pc.

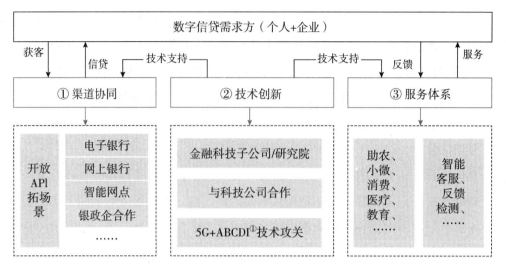

图 5-4 银行数字信贷业务三大重点发展领域

资料来源：根据公开资料绘制。

拓展阅读

工商银行的数字信贷业务

工商银行推进 e-ICBC 4.0 生态银行建设，构建"自有平台 + 开放银行"的"一体两翼"发展格局，推进多渠道协调发展。首先，工商银行打造"第一个人手机银行"，赋能"第一个人金融银行"战略。其次，工商银行推出法人手机银行 4.0 版，开展法人网上银行高频功能"精品工程"。最后，工商银行基于 1.6 万个云网点、2.8 万名理财经理、百余位远程客服，通过"智能＋人工""文字＋语音＋视频"的方式，提供线上线下一体化服务。

工商银行深化"一部、三中心、一公司、一研究院"金融科技组织布局，激活释放科技创新活力。银行年报数据显示，2021 年工商银行金融科技投入 259.87 亿元；金融科技人员达 3.5 万人，占全行员工的比例为 8.1%。一方面，工商银行实施金融科技人才兴业工程，加强科技人才培育，并积极引入高端社会化专业科技人才；另一方面，工商银行深化产学研用结合，发挥金融科技研究院和实验室的科研能力，共建金融信息基础设施、5G 金融应用、AI 等联合实验室，全面助

---

① ABCDI 即 AI（人工智能）、Blockchain（区块链）、Cloud Computing（云计算）、Big Data（大数据）和 Internet of Things（物联网）五大技术。

力我国金融科技创新攻关。

工商银行为提供稳定、高效的数字信贷服务，主要采取了以下措施：第一，大力支持数字普惠信贷。工商银行加快完善与"数字普惠"特点相适应的集中运营体系和线上线下一体化服务渠道，支撑普惠贷款，客户持续快速增长。第二，优化信贷产品。"经营快贷"产品升级，加快多维数据整合应用，完善非接触服务模式。例如，工商银行推出的面向行业的"科创贷""兴农贷""光伏贷"等产品更好地满足了细分市场的需求；"e抵快贷"产品全流程线上化改造，提升了业务处理效率和客户体验。第三，提升产业链企业数字信贷服务能力。"环球撮合荟"跨境撮合平台2.0版本提供包含撮合活动、环球商机、特色专区、金融服务、资讯信息五大功能板块的智慧化、全流程闭环跨境撮合服务，支持中小企业7天×24小时接入全球产业链。第四，依托数字政府建设"1+N"智慧政务产品体系，推进信贷产品与政务数据融合。工商银行落地300多个政务合作场景；围绕医疗、教育、出行等民生热点领域，上线20余个"金融+行业"的云服务生态圈，多场景带动数字信贷规模不断扩大。

资料来源：根据工商银行官方网站及公开资料整理。

2. 消费金融公司

消费金融公司基于自身信贷服务客群的特点，重视场景与营销、智能风控和差异化服务能力（见图5-5）。

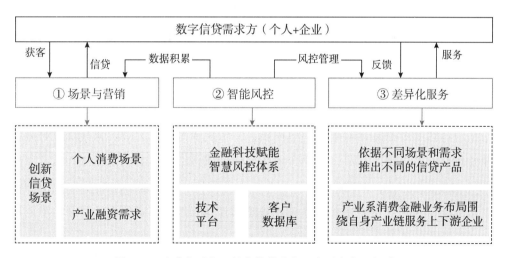

图5-5 消费金融公司数字信贷业务三大重点发展领域

资料来源：根据公开资料绘制。

与银行的优质客群相比，消费金融公司的信贷客户存在三个特点：一是消费金融公司大多服务长尾客户，生活场景更丰富，小到日常出行、就餐、购物，大到旅行、医疗等都覆盖在内；二是数据碎片化程度高，信贷风险也相对较高；三是基于不同场景开发的产品颇多，行业竞争激烈，存在同质化问题。因此，消费金融公司更加重视场景搭建和精准营销，提供差异化信贷服务。同时，数字风控成为消费金融公司至关重要的能力，直接关系到信贷盈利情况。消费金融公司主要分为银行系和产业系两大派系，在具体场景和服务品类上有所差异。银行系的消费金融公司主要依托银行已有的产品和客户开发信贷业务。产业系的消费金融公司主要围绕自身产业链上下游的商户和消费者创新信贷业务。海尔消费金融是一家产业系的消费金融公司。2020年3月海尔消费金融依托家电场景，联合海尔智家App推出了"智家白条"，为商户提供生活消费金，为消费者提供海尔家电信贷分期服务。

此外，消费金融公司积极与银行、互联网平台或金融科技公司开展合作，实现优势互补。部分消费金融公司在信贷业务的获客和风控上存在不足，可能会与银行、互联网平台或金融科技公司合作，扩大自身的生存空间；有数据优势和技术优势的消费金融公司则会与小型银行（如城商行、农商行等）开展合作。

拓展阅读

马上消费金融数字信贷业务

马上消费金融提供"商品分期"及"循环额度"等消费信贷服务，联结超过200个消费场景、超过100万家合作商户。其中，合作方包括美团、京东、翼支付等消费场景及BAT——百度（Baidu）、阿里巴巴（Alibaba）、腾讯（Tencent）等流量平台。马上消费旗下的安逸花、马上金融、马上分期、马上贷等产品依托多样化的消费场景，大力推动数字信贷的发展。

马上消费金融提出金融大脑的概念，凭借其金融科技能力，成功跻身持牌消费金融公司第一梯队。马上消费金融在全球范围内选拔金融、大数据和人工智能等领域高精尖人才，组建了1000余人的技术团队和300余人的大数据风控团队，先后成立了人工智能研究院、博士后科研工作站、智慧金融与大数据分析重点实验室等内部科研平台。

马上消费金融精准捕捉客户需求，提供个性化、差异化的信贷服务。2022年第一季度消费金融市场呈现"新市民"[①]政策引发消费金融行业"新风口"特征，马上消费金融率先为新市民提供装修、家电等用途的信贷产品，取得了良好成效，安逸花App在2022年第一季度活跃人数达到1 797万，排行业第一位。

资料来源：根据马上消费金融官方网站及公开资料整理。

3. 互联网平台及金融科技公司

互联网平台及金融科技公司主要从信息服务（客户引流）和科技服务两个层面推进数字信贷业务，相关信贷业务模式如图5-6所示。

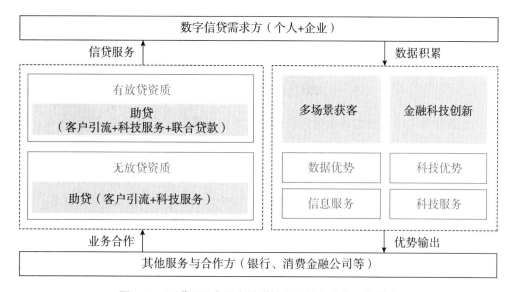

图5-6　互联网平台及金融科技公司数字信贷业务模式

资料来源：根据公开资料绘制。

一方面，无放贷资质的互联网平台或金融科技公司主要开展助贷业务，为银行和消费金融公司提供信息服务（客户引流）或科技服务。助贷业务是指助贷机构通过自有系统或渠道筛选目标客群，在完成自有风控流程后，将较优质的客户输送给持牌金融机构或类金融机构，经持牌金融机构和类金融机构风控终审后，完成贷款发放的一种业务。[②] 广义的助贷可以分为三大类：第一类是客户引流模式（信息服务）；第二类

[①] 国家金融监督管理总局．中国银保监会 中国人民银行关于加强新市民金融服务工作的通知 [EB/OL].(2022-03-04)[2023-09-30].http://www.cbirc.gov.cn/cn/view/pages/ItemDetail.html?docId=1041453&itemId=925&generaltype=0.
[②] 2019年4月北京市互联网金融行业协会发布的《关于助贷机构加强业务规范和风险防控的提示》。

是科技服务模式；第三类是联合贷款①模式，即助贷机构（有放贷资质）和金融机构联合出资和运营。携程金融旗下的"借去花"产品提供客户引流服务，为金融机构提供信息支持。同盾科技为银行、消费金融等机构输出科技服务，可提供数字化智能风控中台、数据中台、反欺诈解决方案等，在一定程度上提高了金融机构数字信贷的决策能力和风控能力。另一方面，有放贷资质的互联网平台及金融科技公司可以自行开发产品并放贷，或与银行、消费金融公司等合作开展联合贷款业务。受《征信业务管理办法》《中华人民共和国个人信息保护法》等法律法规的要求，在未来，非持牌机构与金融机构间的合作方式或将向获客引流、风控建模等信息服务或科技服务模式转型，打造更灵活的轻资产服务模式。

> **拓展阅读**
>
> **大数信科助力数字信贷**
>
> 　　大数信科是国内领先的信贷科技解决方案提供商，基于大数据、人工智能、云计算等前沿科技，在中国银行业首创数字小微信贷技术，实现"数据驱动的风险管理"在大金额、纯信用小微贷款领域的成功应用，力求破解小微信贷"不可能三角"。
>
> 　　大数信科主要从获客、风控、产品和平台四个方面赋能数字信贷业务发展。（1）精准获客。大数信科结合线下获客、线上引流以及促进合作机构自主获客三种方式，将大数据和人工智能技术应用于客户画像描摹与流量分发，帮助合作机构精准获取批量优质客户。（2）风控管理。大数信科依托经营相关的数据，通过风险政策、策略与模型的高级应用和精细化管理，技术上实现从"数据运用"到"数据驱动"质的飞跃，业务中实现信贷全生命周期的动态量化风险管理。（3）标准化的数字信贷产品。大数信科开发出针对各种数据类型的信贷产品，贴合市场中不同类型小微客群的贷款需求，其标准化产品已应用于数十家金融机构的小微业务体系。（4）数字信贷科技平台。依托前沿数字技术，大数信科建立起可适配多场景、多流程小微贷款业务的科技平台。该科技平台兼具互联网先进性与金融安全性，能够为合作机构提供稳定的、全体系覆盖的信贷科技支持，打造"智能+"生态系统。
>
> 　　资料来源：大数信科官网，https://www.dashuf.com/，访问日期：2023-06-13。

---

① 联合贷款的具体额度、出资比例、管理模式均有明确的制度规定，详情可参考《商业银行互联网贷款管理暂行办法》《银保监会办公厅关于进一步规范商业银行互联网贷款业务的通知》。

（三）数字信贷基础设施

数字信贷蓬勃发展不仅依赖于信贷服务的供给方，也受益于数字信贷基础设施的不断完善。数字信贷基础设施包括数字信贷信息基础设施、数字信贷融合基础设施、数字信贷创新基础设施和数字信贷制度基础设施。①

1. 数字信贷信息基础设施

数字信贷信息基础设施主要指以数字技术为核心构建、面向数字信贷的新型信息基础设施，包括金融数据中心、金融算力中心以及信贷场景化的人工智能、区块链等数字技术应用。数字信贷信息基础设施提供了各类软硬件、技术、数据及算力服务，有助于提高数字信贷服务效率，加速信贷行业产品与模式创新。

金融数据中心、算力中心等设施的完善为数字信贷的数据共享以及技术发展提供了支撑，助推信贷行业与实体产业数字化转型。例如，人民数据积极联通各类公共数据、企业数据与个人授权数据，为数字信贷业务打造高效的现代化信用体系。2021年7月工信部印发的《新型数据中心发展三年行动计划（2021—2023）》提出"四高三协同"的发展要求。"东数西算"工程将进一步加速数字信贷的技术创新，推动"科技+信贷+产业"融合发展。在此基础上，数字技术（ABCDI及"5G+互联网"）在信贷行业不断深化应用。信用算力依托人工智能、大数据、云计算等核心科技，融合互联网大数据风控和IPC线下调查技术，汇集信贷机构数据、线下采集数据和政府数据等，应用于消费贷、小微经营贷、抵押贷等不同的信贷场景。

2. 数字信贷融合基础设施

数字信贷融合基础设施指数字信贷生态系统中其他不同服务方利用数字技术打造的各类数字平台，以及各类平台为满足个人或企业信贷需求而提供的软硬件综合设施。数字信贷融合基础设施有助于数字信贷行业与其他行业开展业务合作，创新信贷场景及服务，打造共赢的行业生态。

第一，数字支付为数字信贷业务的开展提供极大的便利。例如中国现代化支付系统，中国人民银行法定数字货币DC/EP，中国银联、网联等卡基或三方支付提供的清算系统等。"平安小橙花"以"贷款+支付"为核心的智能钱包，让信贷融入生活支付。②客户可以享受一定额度的小额消费免息服务，同时还可以通过消费进行信用积累，实

---

① 数字信贷基础设施是数字金融基础设施的一部分，数字金融基础设施的构建为数字信贷的发展提供了充分的保障。关于数字金融基础设施的定义可详细阅读第一章和第三章，本章节着重介绍与数字信贷相关的基础设施及重要服务，并通过具体案例说明其作用。

② 郑馨悦. 贷款+支付"为核心打造年轻人首选消费金融品牌[N/OL]. 证券日报网，2020-09-03[2023-06-14].http://www.shbiz.com.cn/baoxian/2020/0903/11514.html.

现额度提升。支付宝依托自身的支付功能,深入各个生活场景,并与不同的个人、企业和金融机构对接,为数字信贷业务提供良好的支付服务。**第二,数字征信助力数字信贷提升风险管理水平**。一方面,中国人民银行从线上和线下双线持续推进征信便民惠企服务。截至2022年年初,中国人民银行征信中心18家征信分中心已开通企业信用报告自助查询业务,设立2 100多个查询点,部分商业银行网点提供7 000多台自助查询机,线上开通互联网个人信息服务平台,提供个人信用报告查询服务。另一方面,社会第三方征信服务机构建立征信信息共享平台,推动个人征信、企业征信的市场化和规范化发展,促进信用数据开放共享。百行征信与某股份制银行合作,将个人信用报告产品用于授信审批、贷中全流程风控环节,贷前查得率达到89%,贷中查得率达到95.3%,帮助银行规避坏账损失近亿元。芝麻信用在租赁(共享充电宝等)、出行(免押金骑行、免押金租车等)、住宿(飞猪、短租等)等多个场景提供信用服务,并将企业纳入不同维度进行更精准的风险度量与刻画。**第三,信息查询与共享助力构建数字信贷行业数据池,为数字信贷平台建设和价值共创的生态系统构建创造条件**。信息查询和共享服务包括供应链金融数字信息服务、各行业信息共享服务等,各类服务方均搭建了数字平台以提升服务效率。2021年雄安新区供应链金融信息服务平台——雄信平台正式上线开通并成功签发数字信用凭证,提升产业链数字信贷效率。① 企查查、天眼查、启信宝等第三方企业查询平台作为重要的辅助手段,有效提高了数字信贷尽职调查效率。浙江省经济和信息化厅提出要打造国家级制造业信息共享平台,提升制造业数字信贷融资效率。②

3. 数字信贷创新基础设施

数字信贷创新基础设施主要指支撑数字信贷研究、产品开发与人才培养等创新活动和发展需求的基础设施,主要包括金融科技和数字信贷的创新研发机构(金融智库、研究院、实验室和协会组织等)。数字信贷创新基础设施依托"政产学研"生态,提高数字信贷行业创新发展的驱动力。

中国人民银行设立金融科技研究院,聚焦金融科技前沿,助推信贷行业数字化转型。各金融机构设立研究院或智库中心,为专业的数字信贷人才交流提供平台,促进数字信贷产品创新,提升信贷行业研究质量。中国互联网金融协会在制定信贷行业标

---

① 上线!雄安新区供应链金融信息服务平台来了 [N/OL]. 中国日报网,2021-02-05[2023-06-14].https://baijiahao.baidu.com/s?id=1690837788982744109&wfr=spider&for=pc.
② 打造国家级制造业信息共享平台 [N/OL]. 人民邮电报,2020-05-25[2023-06-14]. http://jxt.zj.gov.cn/art/2020/ 5/25/art_1562851_43385237.html.

准、倡导信贷普惠与创新理念等方面发挥了重要作用。中国银行业协会首席信息官高峰指出，数字金融人才是数字化转型成功的关键要素，要打造产、学、研、用合作的人才培养良性生态。①

4. 数字信贷制度基础设施

数字信贷制度基础设施是为保障数字信贷稳定规范发展的制度环境，包括数字信贷政策法规、数字信贷标准体系、数字信贷发展规划等。数字信贷制度基础设施为数字信贷发展创造良好的社会环境，保障数字信贷行业健康、可持续发展。

我国政府和相关机构制定并发布信贷行业各类政策法规、标准和发展规划，引导行业自律，形成安全、有效、高质量的发展格局。例如，《征信机构管理办法》加强了对征信机构的监督管理，促进了信贷征信评级的健康发展。《商业银行互联网贷款管理暂行办法》规范了商业银行互联网信贷业务的经营行为。《中华人民共和国个人信息保护法》《信息安全技术 移动互联网应用程序（App）收集个人信息基本规范》等文件的颁布，加强了隐私保护力度，规范了信贷数据使用、处理与共享的方式。此外，政府等监管部门积极引入监管科技，完善监管沙盒模式，实现跨业务、跨部门的有效监管，防范数字信贷生态系统的金融风险，维护行业稳定与金融安全。

二、数字信贷综合服务体系的两大核心

数字信贷供给方构建综合服务体系依托两大重要核心：数字信贷平台和数字信贷风控系统。数字信贷平台为开展数字信贷业务提供了必要载体，将各类客户与金融机构联结起来，提供综合化、智能化、个性化的专业信贷服务。数字信贷风控系统则为业务的安全、可持续开展提供保障，通过贷前、贷中、贷后的线上自动化审核与监督，有效监测业务风险。

（一）数字信贷平台

数字信贷平台是在数字信贷生态系统下，数字信贷服务商与其他服务商共同打造的集用户触达、信贷申请、信用评价、信贷管理及其他相关服务于一体的数字化开放平台。区别于传统的信贷平台，数字信贷平台表现出体量大、服务广的特点。体量大即客户体量大、数据存储体量大、线上业务规模体量大；服务广即信贷产品种类广、信贷服务广、信贷合作方广。

数字信贷平台在客户获取、信息管理与行业发展三个层面具有重要意义。第一，

---

① 中国银协.高峰：数字金融人才是数字化转型的核心能力[EB/OL].(2021-10-22)[2023-06-13].https://baijiahao.baidu.com/s?id=1714315632942164289&wfr=spider&for=pc.

数字信贷平台有利于低成本获得海量客户。通过数字信贷平台，信贷服务方可以经由API与不同的场景、平台链接，以较低的成本触达数以亿计的用户。用户在生态系统中的社交、购物、游戏、工作等活动产生了海量的数字足迹，反映了不同人群的财务状况、经济活动、社会地位与行为特征。第二，数字信贷平台有利于全方位实时监测借款人数据。由于信贷业务所有流程都基于数字信贷平台开展，信贷服务方可以全面观测借款人的行为与交易，有利于降低信息不对称程度，实现信贷差异化定价，更合理、更有效地做出信贷决策。第三，数字信贷平台有利于塑造合作共赢、价值共创的行业生态。数字信贷平台生态涉及的不仅是信贷服务，还与支付服务、征信服务等其他金融业务相连，与互联网平台、科技公司进行业务合作，并且服务于不同人群和企业，凝聚各方共识，形成价值共创、合作共赢的行业生态。

（二）数字信贷风控系统

风控系统是数字信贷可持续发展的重要保障。数字信贷风控系统有两个核心要素：大数据和数字技术。大数据体现在数字信贷平台积累的海量客户数据上，这些数据维度广、时效性强、可预测度高，对违约的预测会更加准确、更加稳健（曾燕 等，2022）。基于云计算、人工智能等数字技术而开发的风控模型更擅长处理数量庞大的数据，更能发现一些复杂的非线性关系以及解释变量之间的交互作用，提升了信贷风控效率，显著降低了信贷的运营成本。

数字信贷风控系统可以实现三个基本功能：反欺诈与征信、差异化定价、实时风险监测。第一，基于数字技术、多元化的场景和数字信贷平台，数字信贷供给方可以利用多维度和广覆盖的数据（包括个人饮食、交通、教育、医疗等全方位的数据以及企业营销、生产、销售的全流程数据）进行精准化、实时化的信贷需求评估，为客户提供全生命周期的信贷服务。第二，数字信贷风控系统通过对申请人进行征信审核，能够更好地在贷前评估欺诈风险，更有效地筛选出偿还意愿高的信贷申请人。在此基础上，数字信贷供给方可以综合征信评级结果实现信贷的差异化定价，促进信贷价格更科学、更合理。第三，数字信贷平台整合了全渠道数据，风控系统可以自动化、智能化地对数据进行处理和测算，实现对信贷客户全方位、全流程的实时风险监测。例如，青岛银行"鹰眼360智能风险监控平台"整合了近300项风险数据指标，支撑多场景应用，实现了7天×24小时的实时风险预警和监测。①

---

① 青岛银行智能风险监控平台守护人民群众的"钱袋子"[N/OL].民生导报，2022-07-11[2023-06-14]. https://baijiahao.baidu.com/s?id=1738023182092875327&wfr=spider&for=pc.

第三节　数字信贷的发展历程、现状及影响因素

数字信贷的发展推动了金融业务的创新和数字化转型，为满足居民及企业的各类生活生产需要提供了便捷、高效的融资方式。数字信贷吸引了各类主体参与其中，形成了较为成熟的商业模式。本节梳理全球数字信贷的发展历程与现状，并总结归纳我国数字信贷发展的影响因素。

一、数字信贷发展历程

全球数字信贷发展历程可分为起步阶段（1995—2004）、探索阶段（2005—2011）和全面发展阶段（2012 年至今），如图 5-7 所示。

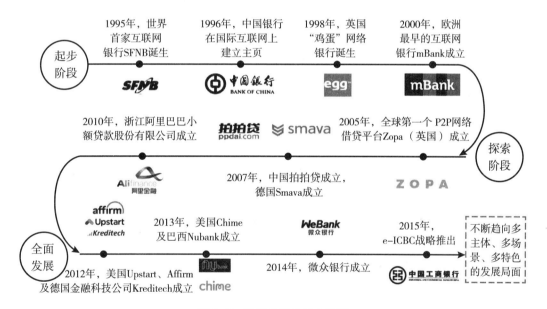

图 5-7　数字信贷发展大事记

资料来源：根据公开资料绘制。

起步阶段（1995—2004），传统信贷业务线上化。在此阶段，数字信贷主要体现在银行将传统信贷业务线上化，但基本的服务模式和流程没有改变。1995 年，世界首家互联网银行 SFNB 诞生，但它存在两个不足之处：一是其主要业务范围并不广泛，且更多是传统金融业务的线上化体现，如电子账单支付、利息支票、基本储蓄、信用卡业务等；二是该模式的持续时间有限，1998 年后 SFNB 实现业务转型，为传统银行提供

网络银行服务。1996年，中国银行成为中国第一家在国际互联网上建立主页并发布金融信息的银行机构。1998年，英国设立"鸡蛋"（egg）网络银行，但受限于业务发展规模，该银行于2007年被花旗集团收购。2000年，欧洲最早的互联网银行mBank成立，持续创新业务发展模式，成为传统商业银行向互联网化转型发展的范本。

探索阶段（2005—2011），互联网借贷爆发式增长。在此阶段，世界各国的信贷模式向线上化、平台化、数字化发展，利用大数据进行个人信用评分，逐步探索更科学的数字信贷发展模式。2005年首个P2P网络借贷平台Zopa建立后，网络借贷飞速发展，客户群体明显扩大，借贷流程相对缩短。德国在线贷款的网上专业门户Smava于2007年作为P2P贷款公司成立，经过发展和转型，现主要专注于贷款比较和贷款经纪业务。2007年中国首家网贷平台拍拍贷成立。2010年6月，浙江阿里巴巴小额贷款股份有限公司（网商银行的前身）开业，此后其信贷业务不断扩张。

全面发展阶段（2012年至今），数字信贷全面发展。在此阶段，数字信贷业务全面升级，主要体现为以数据要素为核心，运用大数据、人工智能、区块链等数字技术提供信贷服务。2012年德国Kreditech公司成立，该公司采集约2万个动态数据点，运用算法对借款人行为进行匹配分析。2013年蚂蚁金服推出大量各类信贷产品，将信贷服务扩大至社会各个阶层，利用替代性数据或数字足迹并借助大数据、人工智能等技术方法开展信贷服务。2012年成立的Affirm成为美国本土的"先买后付"巨头，综合FICO（Fair Isaac Corporation）评分及社交媒体档案记录（例如Facebook信息）开展个人信用评分。2014年中国互联网银行微众银行成立，以科技赋能提供高效、便捷的数字信贷服务。2015年中国工商银行推出e-ICBC战略，大力发展数字信贷业务。在此阶段，世界各国纷纷在数字信贷领域发力，各国金融科技公司凭借技术优势推动信贷产品创新与信贷服务商业模式重塑；银行紧跟时势推进数字化发展，不断创新信贷服务和产品，扩大金融服务的覆盖面；数字产业链信贷融资模式也进一步优化，为小微客户带来巨大的便利。数字信贷呈现"多主体、多场景、多特色"的全面发展态势。

二、数字信贷发展现状

近年来，数字信贷发展规模不断增大，涌现出多样化的新业务与新模式，极大促进了小微金融发展以及金融机构的数字化转型。本小节将从新冠疫情加速数字信贷的创新与推广、数字信贷主体与发展模式百花齐放、数字信贷行业规范与鼓励并重三个方面总结数字信贷的发展现状。

（一）新冠疫情加速数字信贷的创新与推广

新冠疫情期间，实体经济主体资金周转困难，线下金融网点业务收缩。为更好地支持实体经济发展，无接触金融服务兴起，数字信贷以高效、便捷的服务实现快速发展。2020年蚂蚁金服对小微经营者进行调查，数据显示，88%的小微经营者每天都承担亏损，82%的小微企业面临资金缺口。这些小微经营者中的58%认为，如果能及时获得融资就可以渡过难关。相关研究表明，基于数字技术精准发放的贷款每增长1%，疫情对线下微型商户营业额的负面影响平均减弱2.57%。从外国来看，美国数字银行的开户数量在疫情后突飞猛进，翻了近一番，增速远高于超大型银行。Affirm作为支付+消费信贷的"先买后付"的独立第三方平台，疫情以来的营业收入也快速增长。①

（二）数字信贷主体与发展模式百花齐放

金融科技公司、互联网企业等多方主体进军数字信贷领域，数字信贷服务商增多。**第一，银行积极发展数字信贷，从技术、渠道、服务等不同方面着力推动数字化转型变革，朝着数字银行和开放银行的方向发展**。Nubank是巴西领先的数字银行，也是拉美的头部金融科技公司，它采用纯线上运营模式，降低服务门槛，为更多人群提供数字信贷服务。花旗银行则提出以"简单化、数字化、全球化"为主线"打造数字银行"的新数字化战略，积极发展数字信贷业务。

拓展阅读

OakNorth以技术赋能小微数字信贷

OakNorth致力于打造"完全面向创业者和中小企业的银行"，其核心业务是为中小微企业提供贷款解决方案。OakNorth持有英国银行牌照，为个人和企业提供金额在50万—4 500万英镑的贷款业务。OakNorth利用亚马逊云技术服务基础架构AWS（Amazon Web Services）构建数字银行服务，大幅提升了金融服务效率，是英国第一个将核心银行系统放置在云端的金融机构，也是目前欧洲市场上估值最高的金融科技独角兽之一。

2018年11月，OakNorth正式发布了贷款信用分析产品OakNorth AI，旨

---

① 中金公司. Affirm："先买后付"的支付+消费信贷实践[EB/OL].(2022-02-05)[2023-06-13].https://www.hstong.com/news/detail/22021511275150334.

在为更多传统银行提供信贷领域的全流程解决方案。① 2020 年受新冠疫情影响，OakNotrh 创建了"COVID 脆弱性评级"（CVR）体系，将贷款客户分成可承受疫情影响 6 周、3 个月或 6 个月的不同等级，这些信息使科技部门能够更有效地管理危机带来的信贷风险。首先，OakNorth 对内外部数据进行建模，生成企业的信用报告，并与其他企业进行对比。其次，OakNorth 可以依据报告内容为企业提供不同额度的信贷。最后，OakNorth 持续跟踪已放贷企业的财务及运营数据，并综合考虑行业发展信息，及时发现可能存在的违约风险，提出预警信号。

资料来源：根据公开信息整理。

第二，消费金融公司从技术、营销和差异化服务等角度积极推进数字信贷业务，并与银行、互联网平台及科技公司开展合作。零壹智库整理的消费金融公司专利数据显示，专利主要以研究消费金融信贷场景为主，覆盖贷前信息输入、身份识别，贷中反欺诈识别、风险评估，贷后风险监管等应用场景。例如，全球最大的消费金融公司——桑坦德消费金融（Santander Consumer Finance）有限公司，利用自动化的信贷管理模型进行贷款审批并核对信息，对客户的还款行为进行细致评分。

拓 展 阅 读

Capital One 数据驱动发展

Capital One 作为全球消费金融和信用卡的龙头企业，坚持数据驱动战略，采用 Test-and-learn 模式，大量引进技术人才，建立数字实验室，重视 AI 技术的应用。Capital One 积极与科技公司合作，推动信贷技术创新和深化应用，通过数据分析精准营销以实现盈利最大化。数据驱动战略帮助 Capital One 在美国竞争激烈而又同质化的金融市场中找到了自己的蓝海。

Capital One 基于 IBS（Information-Based Strategy，数据驱动战略），根据信用风险、用途和其他特征区分不同的客户，并将客户特征与产品相匹配。具体来说，Capital One 设计了复杂的模型和信息系统开发与营销信贷产品，以满足不断变化的市场需求。通过积极测试各种各样的产品及其服务特性，Capital One 可以针对

---

① 李梦宇. 国际视窗 | 欧洲领先数字银行的发展及启示 [EB/OL].(2019-12-20)[2023-06-07].https://baijiahao.baidu.com/s?id=1653399917905609029&wfr=spider&for=pc.

特定细分信贷市场的客户定制信贷产品和服务，以获得最大化的投资回报。此外，Capital One 还通过持续的集成测试和模型开发，不断改进客户管理质量，从而提升公司盈利能力。

Capital One 积极探索新的信贷发展模式，提高客户黏性。Capital One 与苹果公司合作并参与 Apple Pay 的发布，推出移动支付应用 Capital One Wallet。新应用可以与 Apple Pay 无缝同步，打造"支付+信贷"的新业务模式，让客户能够进行购物、查看余额、跟踪支出，并接收实时的费用和提醒通知。

资料来源：根据公开信息汇总整理。

第三，互联网企业及金融科技公司利用自身的数据优势和科技优势发展数字信贷。例如，德国金融科技公司 Kreditech 拓宽客户信用评价维度，通过了解申请者的手机使用、网页浏览等信息和行为，最终确定贷款申请人的信用等级。此外，多主体之间合作推进数字信贷的发展，如联合贷和助贷模式。助贷平台在流量、获客能力与广告投放、用户运营、大数据分析能力等方面具有优势。例如，美股上市公司乐信在 2021 年一季度向南京银行等九家银行提供"联合运营"的崭新服务模式，为它们打造自营产品并构建风控体系。截至 2020 年 6 月 30 日，蚂蚁集团的微贷科技平台信贷余额为 2.15 万亿元，其中消费信贷约为 1.73 万亿元，小微经营者信贷为 4 217 亿元。①

拓展阅读

Upstart 基于替代性数据② 发展数字信贷

Upstart 是一家领先的人工智能信贷公司，提供可负担的、卓越的数字信贷服务，并降低合作伙伴的贷款风险和成本。Upstart 与银行合作开展助贷业务，主营业务包括面向银行提供的客户的推荐服务、借款平台服务以及面向银行、贷款持有人的贷款服务。推荐服务指 Upstart 向由合作银行推荐的借款人的营销服务，Upstart 按每笔成功发放的贷款本金金额的 3%—4% 向合作银行收费。

---

① 姚丽. 详解蚂蚁集团贷款业务：牌照下的自营撬动逾 2 万亿规模 [EB/OL].(2020-09-29)[2023-06-07].https://baijiahao.baidu.com/s?id=1679133332271677380&wfr=spider&for=pc.
② 替代性数据一般不包括在信用报告中的替代性数据。可参考世界银行国际征信委员会（International Committee On Credit Reporting, ICCR）2018 年 6 月发布的报告：Use of Alternative Data to Enhance Credit Reporting to Enable Access to Digital Finance Services by Individuals and SMEs Operating in the Informal Economy—Guidance Note.

Upstart 获得了美国第一封也是唯一一封可以将人工智能和替代类数据结合用于信贷审批与定价决策的无异议函。Upstart 自研的人工智能信贷平台将人工智能算法和客户数据相结合,全面应用于贷款流程。Upstart 建立了可配置的多用户云应用,能够无缝接入银行现有的技术系统。Upstart 将其人工智能模型在一个面向消费者的云应用中提供给合作银行,银行可以制定自己的贷款政策并确定重要的贷款参数,合作形成高效的端对端贷款撮合服务。消费者可在 Upstart 官方网站及合作银行的网站上找到不同类别的贷款产品。Upstart 促成的贷款资金中 80% 来自发起银行,76% 来自约 100 家机构投资者及买家,2% 为 Upstart 自有资金。截至 2021 年 12 月,基于 Upstart 信贷模型的数字信贷服务客群比传统信贷模型服务的客群扩大了 43.4%,且平均信贷利率降低了 43.2%。

资料来源:根据 Upstart 官方网站及公开资料整理。

数字信贷快速发展不只体现在服务主体的增多,也体现在数字信贷产品种类的日趋丰富。第一,基础产品实现全覆盖。各大机构基本上形成了纯线上、无担保的便捷、高效数字信贷产品,如信用贷产品、税易贷产品等。各类人群均可以通过线上进行信贷申请,从而获得相应的产品和服务。第二,针对特定群体或行业的数字信贷产品愈加丰富。一是聚焦农户或偏远地区人群的数字信贷产品日益增多,助力农业金融和乡村振兴。例如,以农商行为首的中小银行聚焦于农村,解决涉农企业与农户的融资难问题。惠农 e 贷是中国农业银行为农民量身打造的便捷、高效的线上贷款产品,全面支持农村和城郊接合部的种植养殖、生产加工、商贸流通等产业。二是针对科创型企业的信贷产品及服务不断完善,推动科技创新与产业发展。例如,上海完善"3+X"[①]科技信贷体系,以此满足不同发展阶段的科技型企业融资需求。2021 年 12 月上海市科技创业中心、上海市大学生科技创业基金会与全市 5 家试点银行合力推出"科创助力贷",助力一大批企业研发具有自主知识产权及核心竞争力的产品。三是服务绿色企业及绿色项目的数字信贷产品供给持续增加,助力"双碳"目标实现。例如,金融机构利用区块链建立绿色资产服务平台、绿色产业金融服务平台等,引入分布式账本技术记录每个贷款步骤并将这些步骤登记上链,全程高效、透明、可追溯。例如,浦发银行上海分行推出"碳中和科技贷",企业融资利率挂钩能耗水平。第三,不同行业及机

---

① "3"指"科技小巨人信用贷""科技履约贷"和"科技微贷通";"X"指"高企贷""创投贷""科技成果转化贷"等个性化产品。

构搭建数字信贷服务平台,合作推动数字信贷产品创新,实现价值共创。不同于以往以核心企业为主的信贷融资,数字产业链信贷融资模式以数据为核心,可以快速为不同产业链上的企业精准画像,实时掌握各类企业的信贷需求,实现更便捷、更高效的信贷服务和风控管理。例如,联易融科技是国内领先的供应链金融科技解决方案提供商,开发了很多产业链数字信贷服务创新产品,如票一拍、跨境e链等。

（三）数字信贷行业规范与鼓励并重

世界各国政府高度重视数字信贷的发展,规范与鼓励并重。一方面,各国政府鼓励数字信贷行业创新发展。2021年3月9日欧盟发布《2030年数字指南针:欧洲数字十年之路》(2030 Digital Compass: The European Way for the Digital Decade),鼓励数字技术创新,改善企业和个人的信贷融资,积极应对"数字鸿沟"和"数字贫困"问题。2021年3月29日,美联储等美国五个金融监管部门发布联合声明,就人工智能技术在金融服务领域的应用发起征询,激励金融机构创新技术,提高服务效率,降低金融机构信贷成本。另一方面,各国政府颁布不同的法案及条例规范数字信贷行业发展。2020年2月,澳大利亚出台了《消费者数据权利规则》(Consumer Data Right rules),要求保护数字信贷业务开展过程中的消费者权益。2020年8月,中国《最高人民法院关于修改〈关于审理民间借贷案件适用法律若干问题的规定〉的决定》对数字信贷的综合费率水平进行规定,提出不超过合同成立时一年期贷款市场报价利率的保护上限。2021年2月,原银保监会发布《中国银保监会办公厅关于进一步规范商业银行互联网贷款业务的通知》,对数字信贷业务的开展模式及业务进行了规范。2022年6月16日,英国财政部宣布改革《消费者信贷法案》(Consumer Credit Act),旨在快速应对消费信贷市场的新发展,降低电动汽车和其他新兴技术产业获取信贷的难度,帮助数百万人享受技术创新的红利。①

三、我国数字信贷发展的影响因素

我国数字信贷的繁荣发展受到多方面因素的影响,本小节主要从政策因素、经济因素和技术因素三个方面进行分析。

（一）政策因素

一方面,我国出台多项促进政策,激励数字信贷行业创新发展。2020年2月,原银保监会发布的《关于进一步做好疫情防控金融服务的通知》要求银行业金融机构提

---

① Reform of the Consumer Credit Act:Consultation[EB/OL].(2022-12-09)[2023-06-27].https://www.gov.uk/government/consultations/reform-of-the-consumer-credit-act-consultation.

高小微企业"首贷率"和信用贷款占比,进一步降低综合信贷融资成本,提供特色产品、专业咨询、财务管理、信息科技支持等增值服务。2020年3月,中国银行业协会联合多个机构,发起"无接触贷款助微计划",商业银行数字化转型加速,数字信贷快速发展。

另一方面,我国政府出台多项规范政策,推动数字信贷行业健康发展。第一,数字信贷业务需依托具体场景合法合规开展;第二,数字信贷综合资金成本应符合最高人民法院关于民间借贷利率的规定,各机构应当合理定价,不得违规收费推升综合利率;第三,数字信贷业务应加强数据信息管理,保护消费者隐私安全及各项权益。表5-1汇总了近年来部分有关数字信贷的促进政策与规范政策。

表5-1 部分数字信贷的促进政策与规范政策

类别	时间	政策	主要内容
促进政策	2022年1月	中国人民银行印发《金融科技发展规划（2022—2025年）》	深化金融业数字化转型,充分释放数据要素潜能
	2022年4月	中国人民银行、国家外汇管理局印发《关于做好疫情防控和经济社会发展金融服务的通知》	支持平台企业运用互联网技术,向平台商户和消费者提供非接触式金融服务;鼓励平台企业充分发挥获客、数据、风控和技术优势,加大信贷支持力度
	2022年3月	中共中央办公厅、国务院办公厅印发《关于推进社会信用体系建设高质量发展促进形成新发展格局的意见》	发展普惠金融,扩大信用贷款规模,解决中小微企业和个体工商户融资难题;加强公共信用信息同金融信息共享整合
	2022年3月	原银保监会和中国人民银行发布《关于加强新市民金融服务工作的通知》	加强对新市民创业的信贷支持,加大对吸纳新市民就业较多小微企业的金融支持
	2022年4月	原银保监会发布《关于2022年进一步强化金融支持小微企业发展工作的通知》	完善多层次的小微企业信贷供给体系,依托信用信息共享机制加快大数据金融产品开发应用
规范政策	2017年12月	互联网金融风险专项整治工作领导小组办公室、网络借贷风险专项整治联合工作室发布《关于规范整顿"现金贷"业务的通知》	针对过度借贷、重复授信、不当催收、畸高利率、侵犯个人隐私等问题明确开展"现金贷"业务的原则
	2018年4月	原银保监会等四部门发布《关于规范民间借贷行为 维护经济金融秩序有关事项的通知》	规范民间借贷,严禁非法活动
	2019年4月	北京市互联网金融行业协会发布《关于助贷机构加强业务规范和风险防控的提示》	遵守国家法律法规,审慎开展助贷业务;提倡规范稳健发展,回归"助贷"本源;尊重客户隐私数据,健全信息安全保护
	2020年9月	中国人民银行发布《中国人民银行金融消费者权益保护实施办法》	保护金融消费者合法权益,规范金融机构提供金融产品和服务的行为
	2020年11月	原银保监会、中国人民银行发布《网络小额贷款业务管理暂行办法》	明确网络小额贷款业务在注册资本、控股股东、互联网平台等方面的规范条件

（续表）

类别	时间	政策	主要内容
规范政策	2021年2月	原银保监会发布《关于进一步规范商业银行互联网贷款业务的通知》	一是落实风险控制；二是明确三项定量指标；三是严控跨区域经营
	2021年8月	全国人大常委会通过《中华人民共和国个人信息保护法》	保护个人数据信息和隐私安全
	2021年9月	中国人民银行发布《征信业务管理办法》	明确信用信息的范围，为依法合规开展征信业务提供具体可操作的规范指引
	2022年7月	原银保监会发布《关于加强商业银行互联网贷款业务管理 提升金融服务质效的通知》	细化商业银行信贷管理和自主风控要求，规范合作行为，促进平台经济规范发展

资料来源：根据政府官方网站的公开信息整理。

（二）经济因素

一方面，经济规模影响数字信贷的市场体量。2021年我国数字经济规模突破45万亿元，占GDP的比重为39.8%，数字经济作为宏观经济的"加速器""稳定器"的作用愈发凸显。此外，"宅"经济的兴起使得社会民众生活方式发生改变，购物消费、休闲娱乐、教育等领域都呈现"线上+线下"的发展新形态。无接触信贷金融服务成为重要的模式，促进数字信贷规模大幅扩张。从供给端看，第一，随着我国经济的增长，金融机构的发展规模不断扩大，覆盖客群日益增多，针对不同客群开发的信贷产品也日益增多。第二，信贷行业开放合作的共赢生态理念逐渐成为共识，推动多主体合作搭建数字信贷平台，加速数字信贷产品创新与应用落地。第三，基础设施服务能力随经济发展而提升，促进数字信贷普及。2021年我国移动支付业务达1 512.28亿笔，金额达526.98万亿元；数字人民币试点场景超过800万个，交易金额达875.7亿元。① 各项基础设施服务日益便捷，居民可以通过移动互联网满足生活需求，为数字信贷的普及和推广奠定了良好的基础。从需求端看，一方面，我国居民可支配收入逐年增加，消费能力逐步提升，带动消费信贷业务飞速发展。消费者的消费习惯从基本消费发展到升级消费，"超前消费""早消费，早享受""线上消费"的理念也被越来越多的人接受。多层次的消费需求催生了多层级的消费金融市场，消费者对数字信贷产品的需求逐年增加。另一方面，消费热点引导的"网红"产品层出不穷，对企业产品更新换代能力提出更高要求。随着我国企业生产与制造能力的不断提升，企业对信贷服务的需求也不断扩张。

另一方面，经济结构影响数字信贷的发展趋势。为构建国内国际双循环发展格局，

---

① 中国人民银行金融消费权益保护局. 中国普惠金融指标分析报告（2021年）[R/OL]. (2022-09-29) [2023-06-14]. http://www.pbc.gov.cn/goutongjiaoliu/113456/113469/4671788/2022092916460881444.pdf.

我国要进一步扩大内需，刺激消费。促进产业结构调整以及推动企业的数字化和绿色化转型发展成为我国重要战略方向。由此，数字信贷重点服务产业转型与消费提质升级。从产业转型角度来看，在经济结构转型的冲击下，我国限制"两高一剩"行业[①]的信贷融资，同时对科创型企业、绿色企业、专精特新企业予以充分的信贷支持，由此数字信贷更偏向扶持这些企业，为这些企业提供相应的数字产业链信贷融资服务。从消费提质升级角度来看，科技革命和产业变革的大背景推动我国消费转型升级。2020年国务院办公厅发布《关于以新业态新模式引领新型消费加快发展的意见》，指出要促进线上线下消费深度融合，优化零售新业态新模式的营商环境。数字信贷从企业和居民两端同时支持消费行业的转型升级，探索新消费业态。

（三）技术因素

一方面，技术创新影响数字信贷的发展基础和底层业务。根据2021年中国信通院发布的《中国金融科技生态白皮书》，数字技术驱动金融机构中台、后台基础设施升级，夯实金融"数字底座"。云原生、分布式架构、开源技术、API技术、DataOps[②]等助力金融机构的数字化转型；区块链、隐私计算等技术不断成熟，构建金融行业信任网络。数字技术不断创新发展，为数字信贷业务的底层技术框架构建、平台运营、数据使用、风险管理等奠定了基础。例如，"5G＋工业互联网"技术构建起覆盖全产业链、全价值链的全新制造和服务体系，金融机构可以通过数字产业链快速精准识别不同企业全生命周期的信贷服务需求，综合各类数据信息测算风险，打造更高效的全产业链数字信贷融资模式。

另一方面，技术创新影响数字信贷的行业生态和服务升级。技术创新的重要性驱动越来越多的金融机构与科技公司合作，深化金融科技在信贷业务层面的应用，推动信贷产品创新。同时，金融机构运用数字技术提升"线上＋线下"的双线服务能力，丰富信贷场景，推进信贷服务与其他实体行业互联，形成开放共赢的数字信贷业务合作生态系统。例如，金融机构通过自有平台和技术或者通过与金融科技公司合作，将信贷服务与医疗、交通、教育、生鲜、制造等行业互联。金融机构可以在手机App或网站等平台上引入住房信贷服务、医疗信贷服务、教育信贷服务、购物信贷服务等内容，打造综合化的"生活圈"服务体系。

---

① "两高"指高污染、高能耗的资源性行业；"一剩"指产能过剩行业。
② DataOps（其概念借鉴于DevOps），是一种协作式数据管理实践，将数据开发、管理、分析、运营融于一体，以敏捷、协作、自动化与价值实现为导向，强调利用工具来实现数据生产的自动化，并通过建立监测和反馈机制，持续改进数据生产流程并形成应用闭环。

第四节　数字信贷的现实价值及面临的问题

随着经济发展和社会变革，数字信贷的发展面临新的机遇与挑战。本节主要探讨数字信贷的现实价值，并指明数字信贷发展面临的主要问题，以期推动数字信贷在未来实现更好的创新发展。

一、数字信贷的现实价值

近年来，数字信贷在服务实体经济发展的过程中发挥了极其重要的作用。数字信贷受数字技术和数据要素共同驱动，不断创新信贷发展模式，为个人和企业提供了便捷、高效的信贷服务。数字信贷的现实价值体现在三个层面：助力普惠金融发展、助推我国数字金融生态建设、推动实体经济高质量发展。

第一，数字信贷为解决小微信贷"不可能三角"的困境提供了新的思路，成为助力普惠金融发展的重要方式。2018 年美国财政部发布《创造经济机遇的金融体系：非银金融、金融科技和创新》（A Financial System that Creates Economic Opportunities: Nonbank Financials, Fintech, and Innovation），指出数字信贷为消费者和企业带来了便捷、高效的信贷体验，为传统银行服务覆盖不足的人群带来了优质的信贷服务，并且降低了信贷成本，提高了运营效率。世界各国不同金融机构开展的数字信贷业务，都聚焦于下沉客户细粒化需求，从全球范围内印证了数字信贷对区域普惠金融发展的重要意义。在数据和技术双要素的赋能下，通过数字信贷生态系统，金融机构能够以极低的成本快速触达海量客群。在此基础上，金融机构依托数字信贷平台和风控系统，高效识别并管理风险，构建全流程、一体化的综合服务生态，极大提升了资金配置效率，为社会各阶层民众和各类实体企业提供信贷服务。

第二，数字信贷有助于推动金融行业的数字化转型，提升数字金融发展水平，助推我国数字金融生态建设。数字信贷以数据和技术双要素驱动赋能，是数字经济时代下数字金融发展的子部分。数字信贷通过"一降"（降低服务成本）、"二增"（增大服务广度和增加服务深度）与"三提升"（提升金融服务能力、提升金融服务质量、提升金融风险防范水平）创造价值。数字信贷在创造价值的过程中有效带动了金融行业的数字化转型，有利于不同金融机构之间的业务合作与服务创新，也助推金融机构与互联网平台及科技公司之间的互动合作，构建"线上＋线下"双线协同的数字金融服务体系，显著提升我国数字金融发展水平。

第三，数字信贷从消费升级和产业转型两个层面推动我国实体经济高质量发展。一方面，数字信贷助力消费升级。数字信贷以低成本、高效率的方式满足不同民众的投融资需求，有助于提升民众生活幸福感，拉动内需，从而推动经济增长。另一方面，数字信贷激励实体产业数字化、绿色化转型。数字信贷以数据为核心，催生数字产业链信贷融资模式，整合产业链上不同企业的信息，更精准地为链上企业提供全生命周期的信贷服务。同时，数字信贷在国家政策的指引下，大力扶持高新技术产业、绿色产业，以信贷激励的方式助推企业数字化、绿色化转型，有利于充分发挥金融服务实体产业的积极效应，推动我国经济高质量发展。举例来说，微众银行在微业贷基础上，推出差异化供应链金融服务，贴合经销商、供应商的信贷使用场景，为各个细分行业提供有力的金融支撑。截至 2022 年，微业贷供应链金融与近 500 家品牌达成合作，围绕民生消费、新基建、绿色能源、现代农业、专精特新五大方向进行布局，累计触达 30 个国家重点产业的近 13 万家供应链上下游小微企业，以信贷等金融服务助力实体产业创新发展。①

二、数字信贷发展面临的主要问题

数字信贷形成了价值共创的行业生态，助力我国经济发展，但是仍存在需要补齐的短板。本小节从五个层面探讨数字信贷发展面临的主要问题：（1）数字信贷的获客红利不再，信贷场景及渠道亟待拓展；（2）数字信贷的数据沉淀尚显不足；（3）数字信贷发展不平衡，服务实体经济的能力仍需全面提升；（4）数字信贷发展不充分，数字鸿沟仍需弥合；（5）数字信贷的宏观风险管理能力需不断加强。

第一，数字信贷的获客红利不再，信贷场景及渠道亟待拓展。2010 年以来，随着智能手机的崛起，中国手机网民迎来爆发式增长，为各个行业的数字化转型带来了用户红利。2015 年以后，移动互联网进入成熟期，每年手机网民增长率也降至 10% 左右，手机获客成本从 20 元/人升至 200 元/人，获客红利不再。针对数字信贷行业，各机构的获客难点主要体现在三个方面：一是客户拓展范围不够广。由于场景创新和下沉不足，很多偏远地区的客户仍有待开发。二是通过流量获取新客户的成本高。例如，2021 年，中邮消费金融有限公司外部获客项目的总预算达 1.5 亿元，包括快手、头条、应用商店等渠道；支出客户引荐服务费约为 1.8 亿元，包括微信公众号、App 和小程序

---

① 积极践行供应链金融，微众银行微业贷一直在行动 [EB/OL].（2022-03-01）[2023-06-27].https://baijiahao.baidu.com/s?id=1727333764341704975&wfr=spider&for=pc.

等渠道。① 三是客户黏性有待增强。不同机构的信贷产品和服务存在相似之处，客群变化较大，流失率高，如何提高自身信贷产品的复借率并提升客户的体验感和依赖性是难点之一。

第二，数字信贷的数据沉淀尚显不足。数字信贷行业的信贷数据仍需要一定的时间积淀，数据池有待进一步完善。借助互联网与大数据技术，金融机构积淀了一定量的数据，但是客户规模仍受到一定限制，数据的获取、使用与共享缺少规范和标准，数据的覆盖范围和使用范围都存在一定的局限性。同时，信贷数据清洗难度较大，只有在多维数据库的基础上实现数据的去伪存真才能有效预测信用情况。如果不能准确核实客户的数据信息，就很难进行数据处理并引入模型（柳博，2020），也很难保证定价及风控的有效性。

第三，数字信贷发展不平衡，服务实体经济的能力仍需全面提升。一方面，各信贷服务商的数字化转型发展不平衡。数字信贷平台与风控系统建设对信贷服务商的创新能力、资源协调能力和经济能力的要求较高，对很多非头部机构来说，自行开发"数字风控"技术或搭建平台的难度较大、成本较高，形成专业的人才队伍需要时间和资源的投入，数字化转型存在困难。这些非头部机构若依赖外部专业化数字技术团队，则需要支出一笔不小的服务费用。另一方面，数字信贷对不同区域实体经济的扶持力度不平衡。我国不同区域受限于自身的经济、技术、基础设施水平，数字金融发展程度存在差异，数字信贷的发展情况也各不相同。数字信贷对不同区域的个人消费和企业转型的服务力度存在较大差异，数字信贷服务实体经济发展的能力仍需进一步提升。

第四，数字信贷发展不充分，数字鸿沟仍需弥合。一方面，优质的数字信贷产品及服务供给不充分。步入新时代，我国居民消费结构持续升级，新旧产业加快融合，新业态、新模式不断涌现。数字信贷对县级及县级以下地区的中小企业、农民、新市民②以及老年人的针对性服务覆盖不足；数字信贷对新兴产业、技术产业、绿色产业以及年轻人的创新性服务不足。未来，数字信贷行业如何基于不同的区域优势和发展竞争力，综合考虑各类客群、特色产业需求及政策导向，创新推出更丰富的数字信贷产品是需要考虑的重要问题。另一方面，数字信贷的普惠效应释放不充分，数字鸿沟仍需时间弥合。金融机构的信贷服务拓展存在一定的桎梏，主要受限于偏远地区、农

---

① 这家消金公司靠股东导流，年缴"引荐服务费"1.8亿元．（2022-06-23）[2023-06-13].https://baijiahao.baidu.com/s?id=1736406426298879442&wfr=spider&for=pc．
② 新市民主要指因本人创业就业、子女上学、投靠子女等原因来到城镇常住，未获得当地户籍或获得当地户籍不满三年的各类群体，包括但不限于进城务工人员、新就业大中专毕业生等，目前约有3亿人。详见：原银保监会、中国人民银行发布的《关于加强新市民金融服务工作的通知》。

村地区的数字金融基础设施不完善，金融知识普及与教育不足，部分消费者金融素养较低；数字信贷产品、App及网络平台等适老化改造还未完成；针对聋哑人、盲人等特殊群体的金融服务仍存在不足等。同时，数字技术不必然产生普惠效应。数字技术的滥用可能造成算法偏见或价格歧视，造成对部分群体的金融排斥，违背信贷普惠的初衷。

第五，数字信贷的宏观风险管理能力需不断加强。一方面，数字信贷价值共创生态系统下，数字信贷基于客户信用进行放贷，各类业务的交叉与合作使得数字信贷的行业风险传染性较强。一旦发生较大规模的违约或者欺诈，就可能引发系统性金融风险。比如，大型互联网企业的支付业务与数字信贷业务相互交叉嵌套，存在资金托管合规性、信息披露及时性等问题，仍需进一步规范。另一方面，数字信贷应对宏观系统性风险的能力有待考证。新冠疫情暴发后，数字信贷对促进经济发展起到一定的积极作用，但是在应对其他巨灾或者经济危机时的表现尚未可知。

素养目标

通过研究学习数字信贷的基本概念、主要特点、生态系统、发展历程、影响因素及相关的典型案例，培养学生的家国情怀，使学生深切了解我国数字信贷的发展情况，以更大的格局与更宽阔的视野理解数字信贷的现实意义与发展趋势。

思考与练习

1. 数字信贷是什么？有什么特点？
2. 数字信贷与传统信贷有什么不同？
3. 数字信贷生态系统包含什么？
4. 数字信贷的发展历程和现状是怎样的？
5. 数字信贷的发展有什么意义？
6. 数字信贷的发展面临什么问题？
7. 请基于本章所学内容，结合国内外现实发展情况，列举2至3个数字信贷可持续发展的案例，具体分析其发展历程、模式及成果，讨论未来数字信贷可能的发展趋势和潜在的风险因素，并提出有利于经济社会发展与进步的政策建议。

参考文献二维码

第六章 数字理财

学习目标

通过本章的学习,学生应能够:掌握数字理财的相关概念;了解数字理财生态系统;掌握我国数字理财的发展历程、现状与影响因素;了解数字理财的现实价值与发展趋势。

案例导读

数字理财领跑者——余额宝

2013年6月,蚂蚁集团与天弘基金合作,将天弘基金的基金直销系统内置于支付宝网站,推出余额宝产品,主要为客户提供余额增值和活期资金管理服务。余额宝的诞生是中国数字理财行业迈入爆发式增长阶段的标志性事件。余额宝的具体运作模式如图6-1所示。用户将资金转入余额宝,即可购买货币基金,通过货币基金投资短期融资券、银行协议存款等短期货币工具。针对客户划入余额宝的资金,天弘基金在次日确定份额,随即开始计算收益。余额宝采用"T+0"即

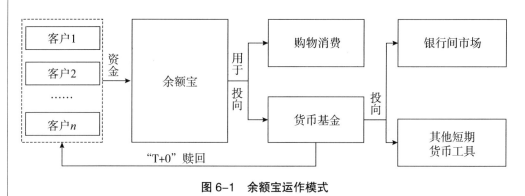

图6-1 余额宝运作模式

时赎回机制，保证用户可以随时取走自己的资金。转出的资金既可用于消费也可用于取现。实质上，余额宝通过互联网将大量散户的资金集合起来，并通过投资于货币基金参与银行间市场，从而实现资金增值。余额宝不仅提供方便、快捷的理财渠道，还降低了投资门槛，使得更多的投资者可以参与理财活动。

在上线后的短短18天内，余额宝用户数量突破250万。一个月内，余额宝资产管理规模超过100亿元。余额宝的推出拉开了互联网基金争夺商业银行活期存款、理财以及基金代销业务的序幕。余额宝在金融产品模式、营销渠道以及技术应用方面均实现了创新，掀起了全民理财热潮。

余额宝诞生后，天天基金网的活期宝、汇添富基金的网易现金宝相继推出。互联网证券、智能投顾发展步入快车道，我国数字理财市场逐渐打开。

资料来源：根据公开资料整理。

通过以上介绍，我们对余额宝有了初步了解。那么，为什么余额宝被视为数字理财产品？数字理财的定义是什么？除蚂蚁集团外还有哪些主体进入了数字理财市场？我国数字理财的发展历程与现状如何？什么因素影响数字理财的发展？数字理财的现实价值有哪些？我国数字理财未来的发展趋势如何？本章将针对这些问题展开分析与讨论。

第一节对数字理财进行概述；第二节介绍数字理财生态系统；第三节梳理我国数字理财发展历程、现状与影响因素；第四节分析数字理财的现实价值与发展趋势。

第一节　数字理财概述

数字理财是一种新型数字金融业态，在余额宝推出后迎来了爆发式增长，掀起了全民理财的热潮。本节对数字理财进行概述，介绍数字理财的相关概念和数字理财的特点。

一、数字理财的相关概念

在学习数字理财之前，我们首先要厘清理财与财富管理的联系和区别。然后，通过辨析互联网理财与数字财富管理的概念来确定数字理财的定义，并从三个方面进一步分析数字理财的定义。

（一）理财与财富管理

理财是以实现资产的保值和增值为目的，对资产进行管理的活动。从广义上看，理财分为个人理财和公司理财。本章讨论的理财为个人理财。个人理财与财富管理的定义如表6-1所示。

表6-1 个人理财与财富管理的定义

概念	机构/学者	定义
个人理财	国际理财规划师协会（International Association for Financial Planning, IAFP）	在分析个人的财务现状和能力的基础上，作为有偿服务给个人提供具体的计划、建议、行动策略和方案以实现财务目标的行为
财富管理	易行健（2021）	财富管理机构以个人或家庭客户生命周期的金融服务需求为核心，通过资产配置、现金与债务管理、法律与税务规划等系统性金融与相关非金融服务，以财富保值、增值和传承等为目的，设计的一套全面的财务规划

资料来源：根据公开资料整理。

结合上述定义和业界实践，我们可以进一步梳理理财与财富管理的联系和区别。一方面，理财与财富管理具有相同的服务依据和资金运作形式。另一方面，理财和财富管理的本质不同、业务范围不同，如表6-2所示。根据《金融科技发展规划（2022—2025年）》中构建以用户、场景为中心的金融服务体系的发展要求，未来理财的发展将更进一步以客户为中心，提供更加系统、完备的服务。

表6-2 理财与财富管理的联系与区别

联系或区别		理财	财富管理
联系	服务依据相同	均以客户个人收入、资产、负债以及风险承受能力、心理偏好等信息为依据	
	资金运作形式相同	均由金融机构人员按照机构相关投资和风控要求进行资金的保值与增值运作（薛桢梁 等，2019）	
区别	本质不同	以产品为中心，通过客户分层，更好地销售自己的产品	以客户为中心，结合个人不同阶段的财务需求提供系统性财务规划
	业务范围不同	为客户提供储蓄、基金、信托、保险、证券等理财产品	涵盖资产配置、现金与债务管理、房地产投资规划、财富保全与传承规划、法律与税务规划等金融与相关非金融服务

资料来源：根据公开资料整理。

（二）互联网理财、数字财富管理与数字理财

接下来，在互联网理财定义的基础上，本节结合数字财富管理定义对数字技术在

产品、服务及渠道中创新性的体现，提出数字理财的定义。互联网理财与数字财富管理的定义如表 6-3 所示。

表 6-3　互联网理财与数字财富管理的定义

概念	来源	发布时间	定义
互联网理财	《中国互联网发展报告 2019》	2019 年	广义互联网理财是指利用互联网销售基金、信托、保险等传统理财产品；狭义互联网理财是指将互联网特性应用于理财产品，通过创新打破传统理财产品的门槛高、期限长等限制，使得更多中低收入人群能够享受理财服务
数字财富管理	《全球数字财富管理报告 2018：科技驱动、铸就信任、重塑价值》	2018 年	数字财富管理以数据和技术驱动的端到端的创新为价值定位；针对价格敏感、便捷性诉求高且乐于尝试技术创新的财富管理客户；提供简单易懂、信息透明、相对更标准的产品；通过互联网和移动端，以视频和机器人等为交互手段，随时随地提供高效、便捷、透明的服务

资料来源：根据公开资料整理。

广义互联网理财强调利用互联网对理财产品进行销售，既体现了理财产品销售中互联网的渠道作用，又突出了理财以产品为中心的本质。狭义互联网理财体现了互联网技术给理财产品带来的创新性影响。数字财富管理的定义更加具体地体现了数字技术在价值定位、客户、产品、服务及渠道的多方面创新。结合上述两个定义以及理财进一步以客户为中心的发展趋势，我们可以将数字理财定义为：传统金融机构、互联网企业及金融科技公司等运用数字技术，为客户提供互动式和个性化的创新型理财产品及服务的新型数字金融业态。为了深入理解数字理财的定义，下面从三个方面对数字理财的定义做进一步说明。

数字理财的从业主体包括传统金融机构、互联网企业、金融科技公司以及互联网金融信息服务提供商等。传统金融机构通过创建数字理财 App、小程序或者与互联网企业合作等方式，拓宽获客渠道并实现理财产品及服务的创新。以阿里巴巴、腾讯、百度为代表的互联网企业，与传统金融机构合作和搭建自身数字理财平台，布局数字理财业务。传统金融机构设立的金融科技子公司和其他主体设立的金融科技公司，通过提供技术支持和开展基金投顾等业务的形式，参与数字理财业务。互联网金融信息服务提供商（例如同花顺、东方财富等）通过开展数字理财业务增加资讯、客户流量等资源的变现形式，开展的数字理财业务主要包括互联网证券业务、基金代销业务等。

数字理财运用数字技术实现产品设计及服务的创新。数字理财供给方可将大数据技术应用于精准营销、产品分析、资金安全等领域；将人工智能技术应用于交易与执行的语音、图像识别环节；将区块链技术应用于客户信息的加密储存。大数据、人工智能等技术的应用可以收集、分析与处理海量多维数据，提高了数字理财产品及服务的智能化程度。与基于人工的传统理财服务相比，数字技术的应用不仅简化了客户购买数字理财产品及服务的流程，还实现了"T+0"赎回机制、消费投资账户一体化以及基金投顾产品等服务及产品的创新。

数字理财的业务内容包括用户画像、投资建议、投资者教育等。数字理财依托数字技术，在实现以产品为中心向以客户为中心的转变中逐渐丰富了业务内容。在数字理财业务开展前期，数字理财供给方通过对需求者相关数据的收集与分析完成用户画像。在数字理财业务开展中期，数字理财供给方通过用户画像获取投资者偏好信息，运用人工智能等技术与用户实现实时互动。在此基础上，数字理财供给方根据客户需求为他们提供在不同风险和收益的资产类别之间合理分配资金的建议。在数字理财业务开展后期和整个业务开展过程中，数字理财供给方通过直播、推送相关分析报告和资讯等形式开展投资者教育，与投资者保持实时沟通并为他们答疑解惑。

二、数字理财的特点

在传统理财的基础上，数字理财运用数字技术实现了产品及服务的升级。与传统理财相比，数字理财主要有三个特点：可获得性高、服务个性化强、更加注重投资者教育。

与传统理财相比，数字理财具有可获得性高的特点。从投资门槛来看，除了国债，其他传统理财方式的起投门槛都比较高，有的起投门槛甚至高达数百万元。数字理财打破了传统理财高门槛的限制，例如腾讯理财通最低 0.01 元起投。数字理财的低投资门槛为普通民众参与投资理财提供了可能，在一定程度上推动了普惠金融的发展。从时空覆盖范围来看，数字理财扩大了传统理财的时空覆盖范围。在时间上，大部分数字理财实现了每周 7 天、每天 24 小时的营业服务，极大地方便了客户。在空间上，数字理财借助移动设备打破了空间约束，业务遍及全球。

与传统理财相比，数字理财具有服务个性化强的特点。数字理财在满足服务长尾人群的同时保证了产品及服务的个性化。数字理财供给方借助大数据技术对投资者数据"足迹"进行分析，获取投资者的投资意愿和投资能力信息，并据此为投资者提供量身定制的投资方案，满足不同投资者的投资需求。此外，数字理财供给方能够定时通知投资者其投资收益变动情况，并针对每位投资者的投资情况提供专属的投资建议。

与传统理财相比，数字理财更加注重投资者教育。投资者教育是理财体系经营闭环的重要环节。同时，优质的投资者教育能够助力好的理财机构在众多产品同质化的机构中脱颖而出。数字理财在降低投资门槛、提高理财服务可得性的同时,能够有效缓解投资者知识匮乏、经验不足等问题。数字理财依托互联网,汇集时事热点解读、研讨报告等资料,并通过直播等形式提供投资者教育服务,提高了投资者教育的可得性。大部分数字理财产品在功能布局中都包含投资资讯板块,保障了投资者信息获取的及时性。智能投顾类数字理财产品更是通过人工智能、云计算、大数据等数字技术的应用,实现了对客户的实时陪伴。

第二节　数字理财生态系统

数字理财生态系统主要包括数字理财供给方、数字理财需求方、数字理财监管方以及数字理财基础设施,其相互作用关系如图6-2所示。本节将对数字理财生态系统的各组成部分展开详细介绍。

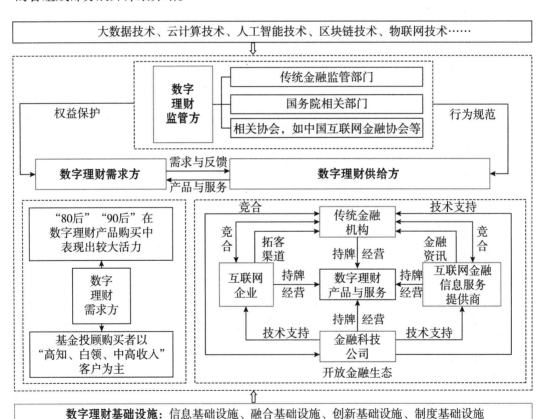

图6-2　数字理财生态系统

资料来源:根据公开资料绘制。

一、数字理财供给方

数字理财供给方主要包括传统金融机构、互联网企业、金融科技公司以及互联网金融信息服务提供商。在开展具体业务的过程中,一方面,各供给方结合自身行业特点,在多方主体竞争的环境中通过不同的战略安排,加速开展数字理财业务;另一方面,各供给方通过合作实现优势互补,共同开展数字理财业务。

传统金融机构在信誉和资本优势基础上加速数字化转型。银行、证券公司、基金公司等传统金融机构作为金融市场从业主体,在金融资产运作、金融风险管理、理财产品设计等方面经验丰富。相比于其他供给方,传统金融机构在信誉基础和资本实力方面更具优势。同时,与互联网企业、金融科技公司相比,传统金融机构在数字平台搭建、数字技术应用方面存在一定差距。传统金融机构通过持续推进数字化转型,能够弥补自身在数字化方面的不足。对于金融机构数字化转型的具体形式,王勋等(2022)对金融机构商业模式数字化转型进行定义,认为金融机构主要从渠道布局、风控模式、服务范式、运营模式及生态构建多方面进行转型升级。比如在渠道布局方面,在数字理财业务开展初期,传统金融机构主要借助互联网进行理财产品的推广和销售。这种方式不仅提高了销售效率,而且为用户提供了更加便捷的购买途径。随着与互联网企业、金融科技公司以及其他主体合作关系的搭建,传统金融机构纷纷打造集App、微博微信、短视频、直播等于一体的多媒体宣传拓客矩阵。

拓展阅读

银河证券多维宣传拓客矩阵

2014年,中国证券业协会公布首批开展互联网证券业务试点机构,中国银河证券股份有限公司(简称"银河证券")位列其中。2015年,银河证券设立互联网金融部,部门下设产品、营销、运营等6个团队。自此,银河证券连续多年将互联网金融业务写入工作计划,在引流拓客方面的工作也逐步推进。截至2021年上半年,银河证券在App、微博、微信公众号以及抖音的拓客矩阵布局如图6-3所示。除了以上提到的渠道布局,银河证券还在广告投放、线下推广以及用户裂变等方面持续发力。例如,在银河证券App中植入"视频专区",开展"银河总动员"老带新等活动,实现了用户裂变的效果。这些举措不仅提高了品牌知名度和用户黏性,也为数字理财业务的发展奠定了坚实的基础。

图 6-3 银河证券多维宣传拓客矩阵

2017 年,银河证券成立投资者教育基地,成为业内领先的投资者教育平台。在平台运营初期,公司持续对平台进行优化升级。2020 年,银河证券进一步扩大引流,在官微、官网、App 等多渠道增加访问入口,并在新华网客户端创设"中国银河证券投资者教育基地"新华号,充分利用外部媒体资源进行宣传推广。在不断完善补充拓客矩阵的同时,银河证券还注重对拓客渠道的更新升级。2021 年,银河证券在 App 端发布了 25 个新版本,推出了 23 个智能交易工具,触发交易手续费超 3 亿元。

资料来源:根据公开资料整理。

互联网企业发挥渠道和数据获取优势搭建数字理财平台。互联网企业依靠自身包括电子商务、社交以及搜索等在内的互联网产业生态体系,在获客渠道方面占据明显优势,这为互联网企业创造性地发展数字理财业务提供了广阔的空间。同时,互联网企业在客户相关数据获取方面也具备一定优势。通过分析处理客户消费、风险偏好等海量数据,互联网企业能够为客户提供个性化的数字理财产品及服务。互联网企业数字理财平台的搭建,经历了由快速增长到规范发展的过程。在数字理财爆发式增长期,互联网企业巨头纷纷推出自己的数字理财产品。例如,腾讯推出理财通一站式理财平台,为客户提供稳健理财、基金购买、工资理财等服务。百度推出的度小满理财,提供的服务主要包括活期理财、安心理财、成长理财以及智能投资管家。京东旗下的京东财富，以个人及家庭用户为服务对象，提供理财、保险等一站式服务。2015 年 7 月，中国人民银行等十部委发布了《关于促进互联网金融健康发展的指导意见》，对互联网金融市场秩序的规范提出了要求，指出互联网企业从事金融类业务，需要以获取符合其业务性质的牌照为前提。至此，互联网企业数字理财平台搭建进入规范发展阶段。以阿里巴巴、腾讯为首的互联网企业通过多种方式申请金融牌照。例如，腾讯成立了腾安基金销售（深圳）有限公司，并在该公司的基础上获得基金销售牌照。

拓展阅读

互联网企业数字理财平台——腾讯理财通

作为中国最主要的互联网企业之一，腾讯积极寻求在金融科技领域的突破。2013 年 8 月，财付通与微信合作推出微信支付。2014 年 1 月在余额宝掀起的数字理财发展浪潮下，腾讯依托微信强大的流量支持，推出理财通。上线首日，理财通资金规模即超过 8 亿元；一个月后的规模达到近 300 亿元，用户数量也突破 100 万。

理财通致力于为数亿用户带来一站式、精品化、安全、便捷的投资理财体验。依托腾讯的海量客户基础以及大数据、云计算等技术的支持，理财通与多家金融机构合作，为客户提供多样化理财服务。其主要服务内容如图 6-4 所示。

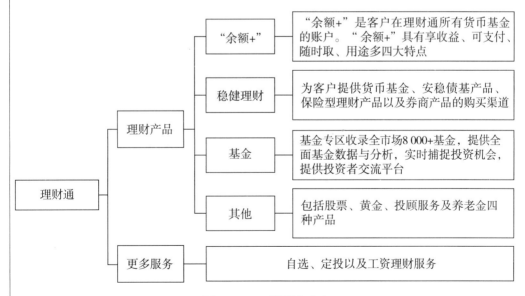

图 6-4 理财通服务内容

资料来源：理财通官网，https://www.tencentwm.com/web/v3/about.shtml，访问日期：2023-07-16。

其中保险型理财产品主要包含顶级养老管理公司、保险机构发行的个人养老保障管理产品、投连险、万能险等。除了提供以上丰富多样的理财产品，首创安全卡机制①，保证客户的资金取出安全。该机制由中国人民保险财险全额承担支付风险，保障客户的资金安全。在服务特点方面，理财通主要为客户提供投资门槛低、快捷、丰富、安全的理财服务。理财通所提供的货币基金产品最低0.01元起投，无申购赎回费用。单日单账户单产品可快速取出1万元，最快5分钟到账。

资料来源：根据公开资料整理。

互联网金融信息服务提供商通过基金销售等业务实现流量变现。作为互联网金融信息服务产业的中游，互联网金融信息服务提供商通过加工整合上交所等产业上游企业提供的金融信息，帮助产业下游机构和个人投资者做出投资决策。相比于互联网企业，互联网金融信息服务提供商在金融市场行情判断、理财产品数据信息分析处理等方面更有经验，与证券公司、基金公司等的联系更加紧密。从2007年开始，金融界、同花顺、东方财富等互联网金融信息服务提供商纷纷通过开展互联网证券业务和基金代销业务实现C端客户流量变现。在开展证券业务和基金代销业务的同时，各大互联网金融信息服务提供商开始致力于为客户打造一站式理财平台。这些平台集合了资讯、数据、交易等服务功能，其中典型的代表是同花顺的"爱基金"。

拓展阅读

互联网金融信息服务提供商——同花顺

同花顺是国内领先的互联网金融信息服务提供商。公司自2009年在创业板上市后逐步进入金融资讯和数据服务等领域。2012年，同花顺开始经营基金销售业务，成为首批取得基金代销牌照的公司。2014年至今，同花顺与证券公司广泛合作，由此证券公司的分成和分润成为同花顺的主要收益来源之一。

同花顺主要业务包括增值电信业务、软件销售及维护业务、基金销售及其他交易业务以及广告及互联网推广业务。2021年，同花顺基金销售及其他交易手续费实现收入3.12亿元，占营业总收入的8.88%，同比下降35.30%，其中基金代销

---

① 用户首次买入理财产品的银行卡会作为安全卡，理财资金只能取出到安全卡，减少了因手机丢失或微信账户被盗等意外事件而带来的资金风险。

业务收入同比增长72.94%。同花顺主要业务内容如图6-5所示。我们可以看到，除基金代销业务外，同花顺还通过向证券公司提供交易软件开发、安装、维护以及开户导流等服务，间接参与数字理财业务。

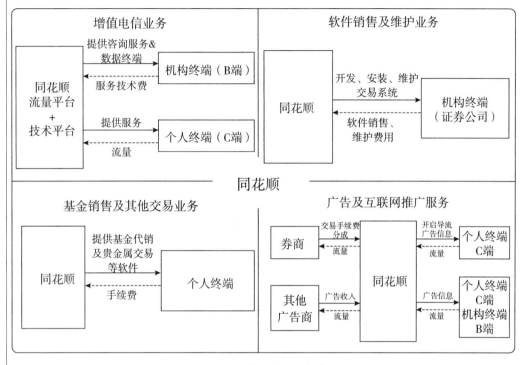

图6-5 同花顺主要业务内容

在基金销售业务领域，爱基金作为首批独立基金销售机构，是同花顺旗下的一站式基金投资平台。爱基金平台主要业务内容包括数据、资讯、交易三方面，投资者可以在爱基金平台获取基金净值、基金排行等数据以及基金研究、基金评论等资讯，进而在平台进行基金交易。爱基金充分发挥同花顺在互联网金融信息收集整理方面的优势，通过整合基金交易业务为客户提供一站式、全流程的数字理财服务。

资料来源：根据浙江核新同花顺网络信息股份有限公司2021年年度报告[EB/OL].（2022-03-01）[2023-07-16].http://file.finance.sina.com.cn/211.154.219.97:9494/MRGG/CNSESZ_STOCK/2022/2022-3/2022-03-01/7857184.PDF及公开资料整理。

金融科技公司通过技术研发为数字理财发展提供技术支撑。金融科技公司降低了传统理财的客户准入门槛和产品认购金额，进一步促进了数字理财服务下沉至长尾客户。以兴业数金、招银云创为代表的银行系金融科技子公司利用自身资本与技术优势，为母行和其他金融同业机构提供技术外包服务。其他主体也会设立金融科技公司。美信联邦作为国内首批 TAMP[①] 公司在理财业务前端为服务机构提供精准获客、用户留存等工具。在资产管理部分，美信联邦通过 SmartAsset 平台对不同类型的产品进行信息化处理，为数字理财机构提供资产交易系统。在理财业务后端，美信联邦提供便捷的投后管理和智能 CRM[②] 服务。

除了提供技术支持，以蚂蚁集团为代表的金融科技公司还在获取牌照的条件下开展基金投顾等业务。

拓展阅读

金融科技公司数字理财服务——"帮你投"

2020 年美国先锋领航（Vanguard）与蚂蚁集团联合打造推出全新理财服务——"帮你投"。2020 年 4 月 2 日，先锋领航投顾（上海）投资咨询有限公司在支付宝 App 推出"帮你投"。"帮你投"致力于通过选基、配置、调仓等功能为客户提供一站式基金投资顾问服务，其具体流程如图 6-6 所示。

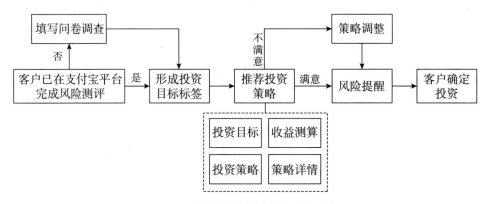

图 6-6 "帮你投"投资顾问服务流程

在进入"帮你投"界面后，首先，客户需要完成风险测评或在之前已做过风险测评的基础上授权"帮你投"获取风险测评信息。"帮你投"分析处理相关数据形成客户的投资目标标签。其次，"帮你投"会依据客户投资目标标签为客户匹配合适的投资策略，客户可根据自身情况进行策略调整。最后，系统再次提醒相关风险，客户在知悉相关风险后确定投资。"帮你投"根据投资目标预期收益率，从

---

① TAMP（Turnkey Asset Management Platform），即全托资产管理服务平台。
② CRM（Customer Relationship Management），即客户关系管理。

2.5%—11%共有10种投资策略。在每种投资策略下,"帮你投"会按照固定比例对底层资产进行股票类基金和固定收益类基金的配置。

资料来源：根据公开资料整理。

各供给方间的优势互补推进数字理财发展。例如，在传统金融机构加速数字化转型以布局数字理财业务的过程中，互联网企业等的加入虽然在一定程度上抢占了传统金融机构的市场，但与互联网企业的合作也为传统金融机构开展数字理财业务提供了便利。具体来看，互联网企业为传统金融机构提供了拓展客户渠道的机会，将传统金融机构的数字理财产品整合到互联网产业生态体系中，实现了客户消费、投资理财等场景之间的联通，从而促进了传统金融机构理财产品及服务的销售。互联网金融信息服务提供商主要通过提供金融资讯的形式与传统金融机构展开合作。这些信息服务提供商对相关信息进行加工处理，为证券公司、基金公司等传统金融机构的理财产品开发、设计和投资者教育的开展提供信息与服务。而金融科技公司为传统金融机构数字化转型和数字理财业务开展提供技术支持。

拓 展 阅 读

金融科技公司与其他数字理财供给方合作——金融壹账通

金融壹账通是首家在纽约及香港双重主要上市[①]的中国金融科技公司。该公司拥有强大的人工智能、大数据和区块链等前沿技术实力。截至2022年6月30日，金融壹账通全球专利申请数量累计达到5 805件。公司连续4年（2018—2021）入围毕马威"中国领先金融科技50企业"榜单。

金融壹账通为传统金融机构提供数字技术服务。它运用人工智能、云计算等数字技术，为银行、保险、基金公司等提供覆盖渠道、产品、风控等众多业务内容的数字金融服务，助力金融机构数字化转型。在对商业银行的服务中，金融壹账通为银行提供产品中台方案、财富管理方案以及"AI（AI银行）+T（远程银行）+OFFLINE（线下银行）的随身银行及线上投顾"解决方案。在产品中台方案中，金融壹账通通过对客户细化分层和产品体系的标准化处理，为客户提供定制化专属产品。金融壹账通的财富配置系统如图6-7所示。

---

① 指两个资本市场均为第一上市地。

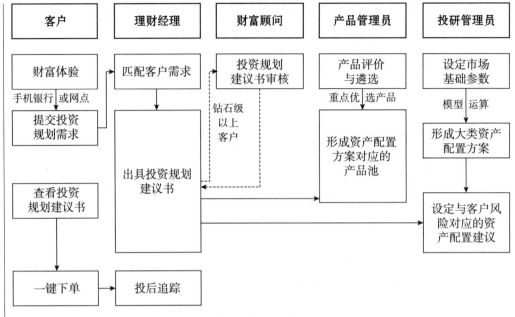

图6-7　金融壹账通财富配置系统

金融壹账通在"AI+T+OFFLINE 的随身银行及线上投顾"的实践中已挖掘并上线了上百个应用场景，重点覆盖"新客破冰、理财破冰、业务渗透、基金销售、财富诊断"等多个业务领域的场景。

资料来源：金融壹账通．弯道超车——银行数字化转型破局之道 [EB/OL].（2024-01-03）[2023-07-16]. https://book.yunzhan365.com/gwhzx/pfuy/mobile/index.html.

二、数字理财需求方

数字理财需求方指购买数字理财产品及服务的客户。从对数字产品及服务接受度和理财需求两方面来看，"80后"和"90后"是当前数字理财产品及服务的主要需求者。从数字产品及服务接受度来看，"80后"和"90后"作为受互联网影响较深的人群，经历了从信息互联到消费互联再到生产互联的过程。在这个过程中，他们逐渐提高了对数字产品及服务的接受度，成为数字时代的主要受益者。从理财需求来看，大部分"80后"肩负着赡养父母与养育子女的双重负担。他们在赡养父母、养育子女的同时尝试通过合理的理财安排实现财富的增值。进入社会的"90后"在面对理想与现实的差距时，需要进行合理的财富规划，配置适当的理财产品。除年龄特征外，部分数字理财需求方在职业、学历以及收入方面也表现出较突出的特点。例如，当前我国基金投顾客户主要以"高知、白领、中高收入"客户为主，这些客户普遍具备良好的教育背景，其中大专及以上学历客户占总客户的 97.3%，白领客户占 62.6%。[1]

三、数字理财监管方

数字理财监管方通过规范数字理财业务的开展，保护数字理财需求方的合法权益，在数字理财业务的开展中发挥不可或缺的作用。下面我们对数字理财的监管部门构架和数字理财监管方的政策法规展开说明。

（一）数字理财监管部门构架

数字理财监管部门主要包括中央金融委员会，以及国务院其他有关部门、行业自律组织等，具体部门构架如图 6-8 所示。在中央层面，中国人民银行、国家金融监督管理总局、中国证券监督管理委员会和外汇管理局共同对数字理财业务进行监管。在地方层面，地方金融监督管理局以及中央金融管理部门地方派出机构接受中央的监督和指导并对监管内容进行补充。其他有关部门对数字理财业务所涉及的电信业务、工商注册登记以及个人隐私安全等进行监管。例如，工业和信息化部负责对数字理财业务涉及的电信

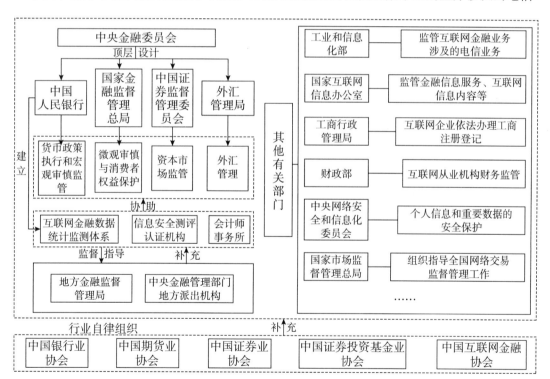

图 6-8 数字理财监管部门构架

资料来源：根据公开资料绘制。

---

[1] 中国基金投顾蓝皮书 2022[R/OL].（2022-03-18）[2023-07-16]. https://www.cafr.cn/Contents/images/Research/20220318055310.pdf.

业务进行监管；中央网络安全和信息化委员会对数字理财业务中涉及的个人信息和重要数据安全进行保护。除此之外，中国银行业协会、中国互联网金融协会等行业自律组织通过自律管理，对相关监管部门的监管起到一定补充作用。

（二）数字理财监管政策法规

数字理财监管离不开业务细分、层层递进的政策法规。在监管机构的持续推进下，数字理财细分业务的监管法规陆续出台。2018 年，《关于规范金融机构资产管理业务的指导意见》（以下简称"资管新规"）的发布为数字理财业务带来了重大变革。这一监管框架的建立使得数字理财业务更加注重风险管理、合规运作和产品本身的真实价值。银行、证券公司以及基金销售机构等陆续出台了包括经营牌照要求、行业规范等内容的政策法规。表 6-4 对这些政策法规进行了汇总。

表 6-4 部分数字理财监管政策法规

按被监管主体分类	主要监管内容	政策法规名称与发布或施行时间	内容摘要
对银行数字理财业务的监管	网上银行销售过程	《商业银行理财产品销售管理办法》2011 年	商业银行通过本行网上银行销售理财产品时，应保证销售过程有醒目的风险提示，销售过程应当保留完整记录
	销售渠道和销售机构准入	《商业银行理财业务监督管理办法》2018 年	商业银行只能通过本行渠道（含营业网点和电子渠道）销售理财产品，或者通过其他商业银行、农村合作银行、村镇银行、农村信用合作社等吸收公众存款的银行业金融机构代理销售理财产品
		《理财公司理财产品销售管理暂行办法》2021 年	明确了理财产品销售机构范围，理财产品销售机构包括销售本公司发行理财产品的理财公司和代理销售机构。互联网平台和其他专业机构暂时无法获得代销资质
对证券公司数字理财业务的监管	网上开户	《证券公司开立客户账户规范》2013 年	证券公司可以通过互联网等非现场方式为客户开立证券账户
		《证券账户非现场开户实施暂行办法》2013 年	提出见证开户和网上开户相关要求，要求证券公司在进行网上开户时，必须使用中国结算或中国结算认可的机构颁发的数字证书进行身份认证
	移动终端应用	《证券期货业移动互联网应用程序安全规范》2020 年	从移动终端安全、身份鉴别、数据安全、开发安全等多方面排查证券期货业移动互联网应用程序风险隐患并提出相应的安全规范要求

（续表）

按被监管主体分类	主要监管内容	政策法规名称与发布或施行时间	内容摘要
对基金销售机构数字理财业务的监管	基金销售业务与基金投顾业务准入	《证券投资基金销售机构通过第三方电子商务平台开展业务管理暂行规定》2013年	电子商务平台可以为基金销售机构开展基金销售业务提供辅助服务；第三方电子商务平台应当在取得基金销售业务资格的条件下开展基金销售业务
		《关于做好公开募集证券投资基金投资顾问业务试点工作的通知》2019年	批准包括银行、券商、基金在内的试点机构开展管理型基金投资顾问服务，可以代客户做出全委托型交易决策
	互联网基金销售	《证券投资基金销售业务信息管理平台管理规定》2007年	对基金销售机构通过互联网开展基金销售业务的行为规范、信息技术要求等进行了说明
		《关于进一步规范货币市场基金互联网销售、赎回相关服务的指导意见》2018年	除具有基金销售业务资格的商业银行外，任何机构不得使用基金销售结算资金为"T+0"赎回提现业务提供垫支，严格规范"T+0"赎回提现业务的宣传推介
		《公开募集证券投资基金销售机构监督管理办法》2020年	基金销售机构通过互联网或电话开展基金营销活动时，应当加强统一管理、实施留痕和监控。基金销售机构还需根据投资者意愿设置禁扰名单和禁扰期限，明确内部追责措施，以防止因电话营销等业务活动对投资者形成骚扰
		《关于规范基金投资建议活动的通知》2021年	不具有开展基金投资顾问业务资格的机构不得提供基金投资组合策略建议，不得提供基金组合中具体基金构成比例建议，不得展示基金组合的业绩，不得提供调仓建议。若机构不符合规范要求，则必须在期限内将存量业务进行规范化转型

资料来源：根据公开资料整理。

数字理财监管方对银行数字理财的监管主要围绕销售过程、销售渠道以及销售机构准入展开。在银行理财产品线上销售初期，数字理财监管方加强对其销售过程规范的制定。2011年，原银监会发布《商业银行理财产品销售管理办法》，从宣传销售文本管理、理财产品销售管理、销售人员管理、销售内部控制制度等多方面对商业银行理财产品的销售进行了规范。该办法还从风险提示、风险确认以及过程记录三方面对商业银行通过网上银行销售理财产品提出了规范要求。随着线上销售的推广，数字理财监管方不断加强对商业银行理财产品销售渠道和销售准入的管理。2018年9月，原银保监会发布了《商业银行理财业务监督管理办法》，对商业银行理财产品的销售渠道提出了更加具体的要求，规定银行只能通过本行或者规定的其他银行业金融机构销售理财产品。《理财公司理财产品销售管理暂行办法》于2021年6月27日正式实施，对理财产品销售机构准入进行了界定。根据该办法，销售机构被划分为两类：一类是销售本公司理财产品的理财公司；另一类是接受理财公司委托销售理财产品的代销机构。该办法对代销机构的定义中并未包含互联网平台，意味着第三方互联网平台还不能进行理财产品销售。

数字理财监管方对证券公司数字理财的监管主要围绕网上开户和移动终端应用展开。在网上开户管理方面，数字理财监管方在准许证券公司非现场开户后进一步完善非现场开户的相关要求。2013年3月15日，中国证券业协会出台《证券公司开立客户账户规范》，准许证券公司开展非现场开户业务，为后续网络证券业务的开展提供可能。中国证券登记结算有限责任公司在2013年发布了《证券账户非现场开户实施暂行办法》。该办法对见证开户和网上开户的要求进行了详细说明，并要求证券公司在进行网上开户时，必须使用中国结算或中国结算认可的机构颁发的数字证书进行身份认证。在移动终端应用管理方面，数字理财监管方制定证券公司移动终端应用安全管理相关规范。2020年7月10日，证监会发布《证券期货业移动互联网应用程序安全规范》，从移动终端安全、身份鉴别、数据安全、开发安全等多方面排查证券期货业移动互联网应用程序风险隐患并提出相应的安全规范要求。

数字理财监管方对基金销售机构数字理财的监管主要围绕准入门槛与销售规范展开。数字理财监管方设定基金销售业务与基金投顾业务的准入门槛。2013年3月16日，证监会公布的《证券投资基金销售机构通过第三方电子商务平台开展业务管理暂行规定》，肯定了电子商务平台在基金销售业务中的辅助作用，并且要求必须在取得基金销售业务资格后才可自行开展基金销售业务。2019年10月25日，证监会发布了《关于做好公开募集证券投资基金投资顾问业务试点工作的通知》，批准包括银行、券商、基金在内的试点机构开展管理型基金投资顾问服务，买方基金投顾业务序幕正式拉开。数字理财监管方加强对互联网基金销售规范的制定。2007年3月15日，《证券投资基金销售业务信息管理平台管理规定》发布，对基金销售机构通过互联网开展基金销售业务的行为规范、信息技术要求等进行了说明。随着互联网基金规模的增长，监管方加强对其"T+0"赎回提现业务的风险控制。2018年6月1日正式施行的《关于进一步规范货币市场基金互联网销售、赎回相关服务的指导意见》，从业务垫支以及宣传推介等方面对"T+0"赎回提现业务提出具体要求。在非现场基金营销活动方面，2020年10月1日起施行的《公开募集证券投资基金销售机构监督管理办法》，对非现场基金营销活动的留痕和监控做出要求，还要求基金销售机构设置禁扰名单和期限，防止电话营销等活动对投资者形成骚扰。随着基金投顾业务在国内的起步，监管方加强对基金投顾业务的规范化约束。2021年11月，北上广三地证监局发布了《关于规范基金投资建议活动的通知》，提出了不具有基金投资顾问资格机构的具体业务规范。若机构不符合规范要求，须在期限内将存量业务进行规范化转型。

四、数字理财基础设施

数字理财业务的开展离不开数字理财基础设施的完善与发展。数字理财基础设施[①]包括数字理财信息基础设施、数字理财融合基础设施、数字理财创新基础设施和数字理财制度基础设施。

数字理财信息基础设施是服务于数字理财业务的，包括通信网络基础设施、新技术基础设施以及算力基础设施等。以5G、物联网等为代表的通信网络基础设施将各种信息传感设备与网络结合起来，拓宽了数字理财客户信息数据获取渠道，提高了数字理财业务开展效率。以大数据、云计算、人工智能等为代表的新技术基础设施提高了数字理财智能化、个性化水平。数字理财通过运用大数据、云计算等技术对客户的多维数据进行分析挖掘，进而为客户提供个性化的投资建议。人工智能等技术在量化投资、智能客服等方面发挥巨大作用，例如基于人工智能等技术的智能客服可以与客户进行个性化对话，实现客户数字理财全程陪伴。以金融数据中心和金融算力中心为代表的算力基础设施是推动数字理财业务发展的核心力量。在数字理财业务的开展中，银行、基金公司、券商等金融机构需要随时存储和分析客户数据以及市场波动下金融资产的相关数据，金融行业比其他行业更依赖数据中心的发展。上证所金桥数据中心基地[②]承载了上海证券交易所业务系统与数据资源集中、集成、共享、分析的重要任务。作为互联网金融信息服务产业链的上游企业，上海证券交易所依托上证所金桥数据中心基地为整个产业链数据信息的流通奠定了基础。

---

① 数字理财基础设施是数字金融基础设施的子部分，数字金融基础设施的构建为数字理财的发展提供了充分的保障。关于数字金融基础设施的定义、内涵可阅读第一章和第三章，本章节着重介绍与数字理财相关的基础设施及其主要作用。

② 截至2022年12月，上证所金桥数据中心基地项目是目前亚洲金融行业规模最大的新一代数据中心。

数字理财融合基础设施是指在多方主体合作的背景下，开展数字理财业务的各类平台。从数字理财业务开展的全流程出发，数字理财融合基础设施主要包括客户交互平台、资产配置平台以及数字营销平台等。客户交互平台由数字理财供给方自身或者与其他供给方合作搭建，能够实现理财与消费、医疗等多场景的融合。资产配置平台整合了客户交互平台数据、投资理财产品数据及市场波动等信息，为客户筛选合适的理财产品并给出投资建议。数字营销平台收集多场景下客户多元化信息，建立全方位客户画像，通过细分客户需求实现精准营销。

数字理财创新基础设施是指推动整个数字理财行业科学研究、技术开发、产品研发的公益性的基础设施。数字理财创新基础设施以科研机构、高等院校等为主体，通过"政产学研"多主体间的交流合作，共同推进数字理财行业的发展。例如，国家金融与发展实验室联合腾讯金融科技智库共同构建了互联网理财指数（IWMI），该指数测度了互联网理财在居民可投资资产中的占比，为相关企业机构布局互联网理财业务和居民互联网理财投资规划提供了依据。清华大学金融科技研究院证券科技研究中心中国智能投顾评测体系研究课题组通过对行业经验的调研与总结，推出智能投顾评测体系，促进智能投顾行业健康规范发展。

数字理财制度基础设施是指保障数字理财市场稳定规范发展的制度环境，包括数字理财相关政策法规、数字理财体系标准、数字理财发展规划等。其中数字理财相关政策法规已在数字理财监管政策法规部分进行介绍。在数字理财体系标准方面，互联网金融风险专项整治工作领导小组发布的《关于加大通过互联网开展资产管理业务整治力度及开展验收工作的通知》规定了数字理财业务开展的准入条件，明确规定只有在取得中央金融管理部门颁发的资产管理业务牌照或资产管理产品代销牌照的条件下，方可通过互联网渠道公开发行、销售资产管理产品。在数字理财发展规划方面，中国人民银行会同国家市场监督管理总局、原银保监会、证监会联合印发了《金融标准化"十四五"发展规划》，提出要从金融科技标准建设、金融数据要素标准完善以及金融网络安全标准防护等多方面引领金融业数字生态标准化建设，为相关机构数字理财业务开展中的金融科技应用、金融风险防控等提供依据。

第三节　我国数字理财的发展历程、现状及影响因素

本节首先在梳理我国数字理财发展大事记的基础上，对我国数字理财发展阶段进行划分，进而介绍我国数字理财的发展历程。其次，从用户规模、供给方在竞合关系下的发展及各业务发展态势出发，对数字理财发展现状进行说明。最后，分析政策因素、经济因素及技术因素对数字理财发展的影响。

一、我国数字理财发展历程

我国数字理财发展可追溯到 2007 年互联网金融信息服务提供商线上理财购买渠道的开通。以 2007 年为起点，图 6-9 绘制了我国数字理财发展大事记。我国数字理财发展历程可以被划分为萌芽期（2007—2012）、爆发式增长期（2013—2017）与调整升级期（2018 年至今）。下面对三个时期分别进行介绍，并进一步梳理银行、证券公司及基金公司的数字理财发展历程。

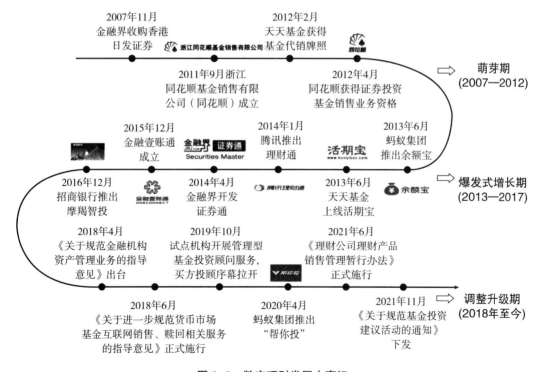

图 6-9　数字理财发展大事记

资料来源：根据公开资料绘制。

（一）我国数字理财整体发展历程

在萌芽期（2007—2012），移动互联网助力传统理财实现线上销售。传统金融机构和互联网金融信息服务提供商纷纷开通理财产品线上销售渠道。2007年11月，金融界收购香港日发证券，并将日发证券相关业务整合进自身体系，进一步扩大了金融界互联网理财产品的范围。这一举措加速了传统金融机构与互联网金融信息服务提供商之间的合作，推动了互联网理财产品销售的发展。2011年9月，同花顺成立，并于2012年4月获得证券投资基金销售业务资格，将基金交易功能融入其移动端业务板块中。客户在获取相关金融资讯后便可直接在线上完成理财产品的购买。2012年2月，天天基金获得基金代销牌照，促进了移动互联网与金融理财的结合，为客户提供了更加便利的理财服务。同时自2007年开始，客户通过手机银行App购买理财产品的形式也开始逐渐流行。在萌芽期，数字理财仅实现了理财销售的线上化，理财产品起投门槛高、内容难以理解等问题并没有得到有效解决。在此时期数字理财的发展并没有引起传统金融机构和监管机构的重视，为下一阶段的爆发式增长提供了可能。

在爆发式增长期（2013—2017），多方主体参与实现理财产品及服务创新。随着互联网企业和金融科技公司等进入数字理财领域，传统金融机构加快开展数字理财业务，数字理财产品及服务得到创新。国内数字理财快速发展的标志是2013年6月余额宝的推出。至此，中国数字理财发展进入快车道。2014年1月，腾讯紧跟蚂蚁集团推出理财通。2015年12月，金融科技公司金融壹账通成立，为传统金融机构数字理财业务的开展提供技术支持。数字技术的运用解决了传统理财起投门槛高等问题，并发展出智能投顾等创新型数字理财产品。2016年12月，招商银行作为国内最早进入智能投顾领域的商业银行，推出摩羯智投。在多方主体参与下，2014—2017年互联网理财指数（IWMI）连续四年快速增长。

在调整升级期（2018年至今），监管趋严推动数字理财朝着规范化发展。2018年资管新规出台，明确开展资管业务机构必须具备相应牌照、打破刚性兑付、对多层嵌套资产管理产品实行穿透式监管。数字理财行业的竞争由推广获客进一步向提高资产管理水平转变。随着资管新规的推出，监管机构针对数字理财行业规范和经营牌照的监管条例陆续出台。在监管推动数字理财规范化发展的同时，相关政策的出台也推动数字理财进一步发展。2019年10月，试点机构开始开展管理型基金投资顾问服务，买方投顾序幕正式拉开，体现出数字理财由以产品为中心向以客户为中心转变的发展趋势。2020年4月，蚂蚁集团推出"帮你投"基金投资顾问，旨在为客户提供个性化的理财规划。"帮你投"的服务采用了"买方代理"模式，强调为客户提供量身定制的理财规划，这对"帮你投"的专业性提出了更高的要求。2021年6月,《理财公司理财产品销售管理暂行办法》正式实施,划分销售机构为销售理财产品的理财公司和代销机构。然而,互联网平台未被包括在代销机构中,《理财公司理财产品销售管理暂行办法》规定第三方互联网平台不能进行理财产品销售。2021年11月,部分基金公司和基金销售机构接到《关于规范基金投资建议活动的通知》,该通知强调基金销售业务附带提供基金投资建议活动,应当遵循基金销售业务基本法律关系,未取得资格的机构不得提供投资建议,这一举措进一步规范了数字理财市场。

(二)我国主要参与机构数字理财发展历程

在对整个数字理财行业发展阶段划分的基础上,我们将进一步聚焦于银行、证券公司及基金公司,对其数字理财发展历程进行梳理。

银行数字理财发展经历了从线上化到智能化再到场景化的发展过程。BANK(银行)3.0阶段(2007—2017)实现了理财线上化,银行数字理财得到初步发展。各大银行借助互联网技术,将产品信息罗列至手机银行App中,用户可以随时随地获取理财产品信息并购买理财产品。在这一过程中,银行数字理财的主要服务对象是理财经验丰富、掌握一定金融理财知识的客户。BANK4.0阶段(2018年至今),随着人工智能、云计算、大数据等技术的发展,银行数字理财由线上化开始向智能化推进。早在2016年招商银行推出摩羯智投智能投顾产品后,工商银行、中国银行、浦发银行、中信银行、兴业银行等也开始布局智能投顾产品。银行在智能投顾领域的布局主要依托银行的成本和资金优势。在具体发展中,银行数字技术水平和投研能力相比证券公司及金融科技公司较弱,导致银行理财产品同质化现象较严重。目前,银行智能投顾在相关监管下处于调整整治阶段。除了智能投顾产品的布局,各大银行也开始在场景化、平台化方面不断探索,打造涵盖理财业务在内的银行体系数字金融生态圈。

证券公司数字理财发展经历了从与互联网企业合作到打造自身App以及多维拓客矩阵的发展过程。2013—2015年,证券公司数字理财进入快速发展阶段。在此阶段,证券公司加强与互联网企业的合作,标志性事件为腾讯和国金证券合作上线"佣金宝"。在快速发展阶段,传统证券公司将部分券商业务线上化,通过网上开户、网上交易等方式改善用户体验。2016—2019年,各大证券公司纷纷推出证券App。在这个阶段,券商网站和App存在流量少、获客能力不足等问题。此后,许多券商依托微信庞大的用户群,在微信服务号提供投资顾问、理财产品销售等服务。同时,部分券商开始发展智能投顾业务,例如广发证券的"贝塔牛"以股票、公募基金为底层资产,为客户提供股票和基金组合策略。2020年至今,证券公司纷纷打造集App、微博、微信、短视频、直播等一体的多媒体宣传拓客矩阵，为低理财意愿和低理财认知的人群提供相应的投资者教育服务。

基金公司数字理财发展经历了从互联网销售到买方基金投顾的发展过程。 在互联网销售方面，2013 年余额宝的诞生带动基金行业进入科技引领创新发展的阶段。此前基金公司主要依靠银行和第三方机构进行基金的互联网销售，为了摆脱对外部渠道的依赖，基金公司开始搭建自己的官方网站并创建直销 App。基金公司通过销售平台和自身 App 实现基金销售的线上化。客户通过基金公司 App 获取基金信息，并在 App 内实现基金产品的购买。随着产品同质化以及基金公司自身获客能力不足等问题的出现，近年来，各大基金公司已经建立了以 App 为核心平台，以微信公众号、抖音、头条等"品宣 + 投资者教育"端为辅助，形成了一个全方位的综合服务直销矩阵。基金公司通过 App 的不断迭代更新，在引流获客的同时，为客户提供丰富的投资者教育服务。在基金投顾业务方面，2019 年 10 月 25 日，证监会下发《关于做好公开募集证券投资基金投资顾问业务试点工作的通知》，买方基金投顾业务序幕正式拉开。基金公司加快对基金投顾业务的布局：投前，通过直播等方式为客户提供有针对性的投资者教育内容；投中，充分发挥自身投研能力，结合大数据、云计算、机器学习等技术为客户提供资产配置服务；投后，定期为客户提供调仓建议，并为客户提供与基金经理、投资顾问交流的平台。

二、我国数字理财发展现状

我国数字理财发展现状具有三大特点。

一是数字理财用户规模不断扩大。 居民财富状况的改善、互联网的普及以及国民财商教育的发展推动数字理财用户规模增长。从居民可支配收入情况来看，2021 年全国居民人均可支配收入为 35 128 元，比上年名义增长 9.1%，扣除价格因素，实际增长 8.1%。[1] 从互联网普及数据来看，截至 2021 年 12 月，我国网民规模达 10.32 亿人，较 2020 年 12 月增加 4 296 万人，互联网普及率达 73.0%，较 2020 年 12 月提升 2.6 个百分点。[2] 从国民财商教育发展情况来看，2019 年市场上新增"理财教育""理财培训"相关企业近 2 000 家。[3] 财商教育机构增多和财商教育覆盖增广将通过提高投资者金融素养，缓解投资者理财经验不足的问题，进而推动我国数字理财用户规模的扩大。截

---

[1] 2021 年居民收入和消费支出情况 [EB/OL]．（2022-01-17）[2023-07-16]. http://www.gov.cn/xinwen/2022-01/17/content_5668748.htm.
[2] 第 49 次《中国互联网络发展状况统计报告》[EB/OL]．（2022-02-25）[2023-07-16]. https://www.cnnic.cn/n4/2022/0401/c88-1131.html.
[3] NIFD. 国民财商教育白皮书（2021 年）[EB/OL]．（2021-01-29）[2023-07-16].http://www.nifd.cn/SeriesReport/Details/2519.

至 2019 年 6 月，我国购买互联网理财产品的网民数量已达 1.69 亿人，占全国网民人数的 19.9%。① 根据第 49 次《中国互联网络发展状况统计报告》数据，截至 2021 年 12 月，互联网理财应用程序用户规模达到 19 427 万人，网民使用率为 18.8%。

二是数字理财供给方通过竞合不断发展。我们将互联网企业、金融科技公司以及互联网金融信息服务提供商统称为其他数字理财供给方，主要分析它们与传统金融机构间的竞合关系。在竞争方面，传统金融机构和其他数字理财供给方在开展数字理财业务方面各有优势。因此，无论是在其他数字理财供给方的参与对传统金融机构市场份额造成威胁时，还是在互联网行业监管趋严的情况下，两者对数字理财业务的探索均未停止。随着余额宝的推出，其他数字理财供给方纷纷开发自身数字理财产品。邱晗等（2018）在探究金融科技对银行行为影响的研究中发现，数字理财产品发展会对银行负债结构造成冲击，银行通过选择更高风险的资产来弥补成本上升所造成的损失。在合作方面，传统金融机构与其他数字理财供给方充分发挥自身优势，在风险管理、渠道搭建以及产品设计等方面进行合作，具体如表 6-5 所示。

表 6-5　传统金融机构与其他数字理财供给方的合作

合作领域	传统金融机构	其他数字理财供给方	合作成果
风险管理	在客户的财务等信息处理方面具有优势	收集客户行为、消费等数据，完成客户立体画像	实现客户信息的全方位把控，提高风险管理效率
渠道搭建	通过线下网点搭建，在客户信任方面更胜一筹	依托自身互联网产业链聚集海量客户	提高数字理财客户黏性，助力数字理财服务对象下沉至长尾客户
产品设计	在理财产品设计、运营等方面具有优势	在产品创新方面更具实力	为客户提供个性化、互动式服务

资料来源：根据公开资料整理。

三是数字理财各业务发展态势良好。近年来，在新冠疫情加速线上化发展的背景下，数字理财用户规模不断扩大，供给者在竞合关系演化下不断发展，不同的数字理财业务均呈现较好的发展态势。从互联网证券发展情况来看，数据显示，与 2019 年 12 月相比，2020 年 2 月至 3 月疫情防控期间，中国证券公司非现场业务办理量增长 20.0%，App 使用率平均提升 27.9%，在线投顾付费签约客户数增长 145.5%。② 新冠疫

---

① 第 44 次《中国互联网络发展状况统计报告》[EB/OL].（2019-08-30）[2023-07-16].https://www.cnnic.cn/n4/2022/0401/c88-1116.html.
② 艾媒咨询.2021—2022 年中国互联网证券市场研究报告 [EB/OL].（2022-02-21）[2023-07-16].http://www.21jingji.com/article/20220221/herald/a26102731ade8e367d37491c88fc7d1c.html.

情暴发在一定程度上加速了互联网证券的发展进程。截至 2022 年中国互联网证券公司共拥有 App 数量 418 个、微信公众号 604 个、微博账号 139 个、小程序 138 个。① 从智能投顾发展情况来看，2017 年我国智能投顾的发展展现出惊人的速度。据统计机构 Statista 估算，2017 年我国智能投顾管理的资产达 289 亿美元，年增长率高达 261%，资产规模在全球仅小于美国。2022 年我国智能投顾管理资产规模有望超 6 600 亿美元。从基金行业技术投入数据来看，根据 iResearch 的数据，2019 年我国基金行业整体技术投入为 18.9 亿元，其中以云计算和大数据为代表的智能科技应用仍然为基金科技落地探索的主要方向，占比达 65%。

三、数字理财发展影响因素

本小节分别分析政策因素、经济因素及技术因素对数字理财发展的影响。首先，在政策因素层面分析相关促进政策对数字理财的推动作用；其次，从经济规模对居民可支配收入的影响、经济结构对居民财富配置的影响两方面，指出经济因素对数字理财发展的影响；最后，通过说明不同数字技术对数字理财发展的推动作用，指出技术因素对数字理财发展的影响。

（一）政策因素

根据政策的影响方向，我们可以将政策简单地分为促进政策和规范政策两类。在数字理财监管部分已经说明了相关规范政策，此处将重点讨论促进政策对数字理财发展的影响。表 6-6 汇总了部分有关数字理财的促进政策。促进政策对数字理财的积极影响途径主要可以归为两类：一类通过肯定数字理财的现实价值，进而推动数字理财的发展；另一类通过营造良好的发展环境，推动数字理财的发展。良好的发展环境具体包括"互联网+"行动的推广、金融与科技融合的增强以及数字化转型的推进等。

表 6-6　部分有关数字理财的促进政策

政策名称与发布或施行时间	内容摘要	侧重点
《推进普惠金融发展规划（2016—2020 年）》2015 年	发挥网络金融产品销售平台门槛低、变现快的特点，满足各消费群体多层次的投资理财需求	积极推进普惠金融发展，为数字理财发展指明方向
《国务院关于积极推进"互联网+"行动的指导意见》2015 年	鼓励互联网企业依法合规提供创新金融产品和服务，满足中小微企业、创新型企业和个人的投融资需求	鼓励"互联网+"行动发展，为数字理财创新提供良好环境

---

① 同上。

（续表）

政策名称与发布或施行时间	内容摘要	侧重点
《金融科技（FinTech）发展规划（2019—2021年）》2019年	进一步增强金融业科技应用能力，实现金融与科技深度融合、协调发展，明显提高人民群众对数字化、网络化、智能化金融产品和服务的满意度	注重金融与科技的融合，为数字理财发展提供科技支持
《关于推进证券行业数字化转型发展的研报告》2020年	鼓励证券公司在人工智能、区块链、云计算、大数据等领域加大投入，促进信息技术与证券业务深度融合，推动业务及管理模式数字化应用水平提升	鼓励传统金融机构数字化转型，为数字理财发展提供动力

资料来源：根据公开资料整理。

（二）经济因素

经济规模影响居民可支配收入，进而影响数字理财发展。近年来，我国人均GDP快速增长。在经济规模不断扩大的背景下，人均GDP增长带动居民可支配收入增长。截至2019年，我国居民总资产达574.96万亿元，全球财富市场排名第二。① 《2021中国私人财富报告》统计显示，2020年，中国个人可投资资产总规模达241万亿元，截至2020年，可投资资产在1000万元以上的中国高净值人群达262万人。随着个人可投资资产规模的持续高速增长，居民财产保值增值的意愿增强，对数字理财产品及服务的需求增大。

经济结构影响居民财富配置，进而影响数字理财发展。经济结构通过影响融资方式，进而改变居民财富配置。在以工业为主导的经济下，工业企业的融资方式以银行信贷为主，居民财富流向银行存款、房地产等。随着经济发展从工业时代向信息时代转变，产业结构由工业主导转向以知识产权、人力资本为核心资产的消费服务业主导。在缺乏可抵押资产进行借贷的环境下，社会融资开始向股权融资转变，居民资产也开始转向权益市场。随着我国经济由高速增长向高质量发展的转变，房地产短期刺激经济的作用不断减弱，央行多次重申"房住不炒"的政策立场，相关政策文件也相继发布，居民在房地产上的资产配置开始逐渐减少。相关数据显示，房产在居民总资产中的占比从2005年62.8%的高位，缓慢回落至2019年的55.2%；与此同时，居民增加了在股票、基金等金融资产上的投资。居民在股票、基金、债券等较高风险的金融资产上的投资增加，为数字理财的发展提供了更广阔的发展空间，进一步促进了数字理财技术的创新。

---

① 李扬，张晓晶. 中国国家资产负债表2020[M]. 北京：中国社会科学出版社，2020.

（三）技术因素

搜索引擎和社交网络等助力理财产品线上化销售，为数字理财发展奠定基础。搜索引擎的使用打破了传统理财时间和空间上的限制，使得用户可以随时随地通过移动设备在海量信息中获取所需信息。相比于传统理财需要理财经理对理财产品及服务的推荐介绍，搜索引擎使得客户可以结合自身偏好自主地搜集信息并选择合适的理财产品及服务。社交网络提供的沟通交流平台，拓宽了用户获取信息的渠道。投资者可通过社交网络交流分享投资经验，增加对数字理财产品购买流程、风险收益信息的了解，为购买数字理财产品提供帮助。

云计算、机器学习等技术助力数字理财服务长尾客户，进一步推动数字理财发展。云计算、机器学习等技术在理财中的应用，提高了数字理财供给方服务效率和个性化服务水平，进而更好地服务长尾客户。大数据、云计算等技术的应用实现了不同平台系统间数据的整合共享。以余额宝为例，余额宝借助云计算、大数据等技术实现了基金直销和开放式基金登记过户系统清算的整合，进而实现了二者之间的数据共享，为降低起投门槛、服务长尾客户提供可能性。人工智能中机器学习、生物识别、知识图谱等技术的应用推动了智能投顾等创新型理财产品的发展。数字理财供给方借助机器学习等技术完成客户画像，并通过对股票价格的预测为投资者提供个性化的资产配置建议。

第四节　数字理财的现实价值与发展趋势

在了解了我国数字理财发展历程和发展现状的基础上，本节进一步介绍数字理财的现实价值及未来发展趋势。

一、数字理财现实价值

数字理财通过应用数字技术实现了对传统理财的优化升级，具有更加丰富的现实价值。数字理财的现实价值体现在四个方面：促进居民消费升级、优化资源配置、助力普惠金融发展与推动实体经济发展。

第一，数字理财改变传统理财对居民消费的影响路径，促进居民消费升级。其具体作用路径如图 6-10 所示。传统理财主要通过财富传导机制和资产效应传导机制影响消费。从财富传导机制来看，数字理财提高投资者对资产价格波动的调节能力，从而提高投资收入，进而促进居民消费升级。一方面，数字理财通过实时交互与客户进行沟通，帮助投资者根据资产价格波动情况及时调整配置，从而增加财产性收入；另一方面，数字理财依托大数据、云计算等技术预估投资者所配置金融资产未来的价格，提高投资者对未来资产价格变动正确预判的概率，增强投资者的消费信心。从资产效应传导机制来看，数字理财实现资产优化配置，并提高资金流动性，进而促进居民消费升级。投资者通过在不同时期对不同类型的资产进行配置，缓解流动性约束进而提高消费平滑性。新型数字理财产品为投资者提供了更加丰富的理财产品，满足了消费者个性化的资产配置需求，实现资产优化配置。"T+0"赎回机制等创新服务提高了资金流动性，缓解了流动性约束。

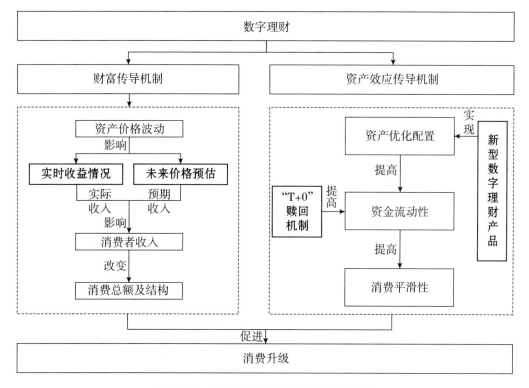

图 6-10　数字理财促进消费升级作用路径

资料来源：根据公开资料绘制。

第二，数字理财通过改变数字理财供给方的成本费用结构以及促进多主体间竞争合作，优化供给方的资源配置。一方面，数字理财能够改变数字理财供给方成本费用结构并促进各主体间的竞争，优化其内部资源配置。在成本费用结构方面，数字技术的应用减少了传统金融机构等在物理网点建设、营销人员管理等方面的费用，从而将理财业务成本来源由获客宣传转向产品开发。随着成本费用结构的转变，数字理财供给方通过优化内部资源配置，实现发展重心向投资管理能力和服务品质提升的倾斜。在各主体间竞争方面，随着产品同质化严重等问题的出现，数字理财供给者之间的竞争加剧。这种竞争促使数字理财供给者加强资源的有效配置和管理，进而提高资源利用效率。另一方面，数字理财通过促进各主体间的合作，优化各供给方之间的资源配置。在数字理财业务的开展中，传统金融机构和互联网企业等充分发挥自身优势，并且通过不同主体间的合作实现优势互补。例如，互联网企业为传统金融机构提供渠道和技术支持，传统金融机构弥补互联网企业在信誉、资产配置等方面的不足。通过合作关系实现资源在各供给方之间的合理配置，提高了资源的利用效率。

第三，数字理财缓解人民日益增长的金融服务需求和金融供给不平衡、不充分之间的矛盾，助力普惠金融发展。在居民可投资资产增加的背景下，居民对金融服务的需求日益增加。由于地理位置和投资门槛的差异，当前金融服务供给面临不平衡、不充分的问题。数字理财能够在一定程度上打破地理位置、财富水平等的限制，为长尾客户提供理财产品及服务。针对长尾客户金融素养不足的问题，部分数字理财供给方在进行产品设计时还增加了投资者教育内容，提高了居民金融服务的可得性。

第四，数字理财拉动内需并通过金融市场投资实体企业，推动实体经济增长。一方面，数字理财服务于长尾客户，能够唤醒中低收入人群手中的"沉睡"资金，增加投资者财产性收入，进而刺激消费、拉动内需。另一方面，数字理财资金通过金融市场进行投资运作，对接实体企业融资需求，可以促进实体企业生产经营的良性循环，带动经济增长。

二、数字理财发展趋势

未来数字理财的发展将继续立足长尾客户市场，通过构建数字理财生态圈，将理财融入居民生活场景，为客户提供一体化的数字理财服务。我们可以将数字理财的发展趋势归纳为三方面：提高投资者金融素养、提高客户理解度、推动构建数字理财生态圈。

数字理财继续发力投资者教育，提高投资者金融素养。居民金融素养和投资能力的提升有助于实现普惠金融的目标，从而推动金融业健康发展。随着数字理财服务对象向长尾客户的转变，投资者金融素养与金融能力成为数字理财服务的关键要素。投资者因缺乏金融素养和投资能力而做出的错误决策，不仅直接损害了自身利益，还将进一步影响金融稳定发展。在金融素养方面，如何平衡投资者长期资金需求与短期投资习惯是一个比较突出的问题。大部分数字理财供给方会通过短视频、微信公众号推送或在产品购买页面直接设计相关专栏的形式提供投资者教育服务。在提供基金投顾服务时，数字理财供给方在做好客户细分的基础上，进一步为投资者提供行为指导和全流程的陪伴式服务。依据数字理财以客户为中心的发展方向，未来数字理财供给方将继续丰富投资者教育内容，在提供理财服务的同时提高客户的金融素养，进而更好地服务于长尾客户。

数字理财将通过将技术与人工相结合，提高客户理解度。数字技术的发展将助力数字理财产品及服务的调整升级。与此同时，"算法黑箱"[①] 等问题将逐渐凸显，在一定程度上会妨碍客户对数字理财产品的选择。然而，绝对的算法透明是不存在的。因此，在技术调整和升级的过程中，结合一定的人工干预是数字理财发展的必要条件。未来智能投顾的发展方向可能是以投顾从业人员为主，智能投顾为辅。[②] 目前，我国智能投顾产品大部分采用纯技术方式。未来在人工参与设计方面，可以通过对客户进行分层，为一定资产量的客户引入人工服务。根据服务复杂度的差异，智能化扮演的角色和能够发挥的作用有所不同。对于另类投资、信托服务等较为复杂的需求，智能化很难完全替代人工，需要智能手段辅以人工来优化服务。技术与人工的结合有利于增加客户对数字理财产品的理解，及时解决客户在理财过程中的问题与困惑。

数字理财将通过多主体间的协作，推动构建生态圈。数字理财将通过多个参与主体之间的资源与信息共享，打通数字理财价值链上下游，朝着构建数字理财生态圈方向发展。例如以东方财富为代表的互联网金融信息服务提供商，通过在不同理财业务之间进行数据共享，构建数字理财生态圈。在东方财富现有的数字理财系统中，东方财富网吸引海量客户；股吧为投资者提供交流互动平台；天天基金网通过提供基金资讯为客户提供精准、专业化服务；再加上移动 App 端的布局，多个流量获取窗口实现互联互通。未来东方财富将通过"数据服务 + 基金销售 + 证券业务 + X（无限可能）"模式实现流量变现，进一步完善自身数字理财生态圈。以腾讯为代表的互联网企业，通过将金融服务与自身生态圈不断融合，构建数字理财生态圈。在理财方面，腾讯依托理财通和微保平台为客户提供体系化、顾问式的数字理财服务。理财通定位于腾讯年轻的客户，为他们提供覆盖售前、售中、售后全流程的差异化服务。微保通过微信，积极参与各地惠民保，覆盖保险的长尾客户。除此之外，工商银行跨界融合打造"API 开放平台 + 金融云平台"双轮驱动的金融云生态，通过金融理财与民生消费以及企业

---

① "算法黑箱"指算法运行的某个阶段所涉及的技术复杂且部分人无法了解或得到解释。
② 王方圆，张舒琳. 银行智能投顾模式面临转型 [N]. 中国证券报，2022-07-11（3）.

生产的融合，提高理财服务的可行性与便捷性。未来各机构将结合自身发展优势，调整数字理财业务的布局，朝着构建数字理财生态圈的方向不断发展。

素养目标

通过深入梳理与分析数字理财的相关概念、生态系统、发展历程、现状与影响因素等，培养学生的财经素养，并加强其对个人财务的管理认知。同时，通过分析数字理财发展的现实价值与发展趋势，引导学生形成积极的价值取向。

思考与练习

1. 数字理财的定义是什么？数字理财具有哪些特点？
2. 数字理财生态系统包含哪些成分？
3. 我国数字理财的发展历程与现状如何？
4. 影响我国数字理财发展的因素有哪些？
5. 数字理财的现实价值是什么？
6. 数字理财发展趋势有哪些？
7. 针对你的个人财务状况，设计一份数字理财计划，包括但不限以下方面：

数据整理分析：收集整理个人财务数据，包括月度收入、支出、资产和负债等信息。探讨如何利用这些数据更全面地了解个人财务状况。

数字理财服务选择：探讨并选择一款数字理财服务，说明该服务的特点、优势以及如何与你的财务目标相匹配。考虑该服务的风险评估、投资组合推荐等功能。

数字化监控与报告：使用数字工具实时监控投资组合的表现，并定期生成报告。探讨数字化监控对及时调整投资策略的重要性。

数据安全与隐私保护：强调数字理财中的数据安全与隐私保护问题。思考如何确保个人财务数据在智能投顾等数字理财服务中的安全性。

参考文献二维码

第七章
产业数字金融

学习目标

通过本章的学习,学生应能够:掌握产业金融、产业数字金融、数字供应链金融的概念;掌握产业数字金融的特征;了解产业数字金融的生态系统;了解产业数字金融的发展、现状与现实价值。

案例导读

中科汇智在贸易领域的产业数字金融解决方案

中科汇智(广东)信息科技有限公司(以下简称"中科汇智")打造了基于区块链的国际贸易综合服务平台,基于自主可控的区块链技术,串联贸易企业、金融机构与政府部门,实现"智能核验、智能结算、智能融资和智能风控"。该平台能够有效降低国际贸易的结算成本,推进跨境贸易数字化和监管智能化。图7-1给出了基于区块链的国际贸易综合服务平台情况。

在底层技术端,中科汇智打造了自主可控的 Repchain 区块链平台,构建包含政府机关节点、银行节点、港口节点和船舶公司节点等在内的多中心区块链生态体系,保障了交易数据的多方验证、安全可靠、可追溯与不可篡改。该区块链平台还优化了底层规则,使各节点数据上传的标准更加统一和规范,以推进多方交叉验证。此外,该区块链平台还积极探索不同区块链平台之间的数据跨链交互。

在政府端,国际贸易综合服务平台接入中国(广州)国际贸易单一窗口(以下简称"单一窗口"),成为政府服务窗口的功能之一。企业可以在单一窗口一次性获取所需公共服务。国际贸易综合服务平台还联结了国际贸易电子化结算系统、跨境贸易出口退税子系统等,便于政府进行报关单审核。国际贸易综合服务平台建设了数字驾驶舱,政府可以实时监测与分析港口、采购、退税、碳排放等数据,以便精准制定政策。

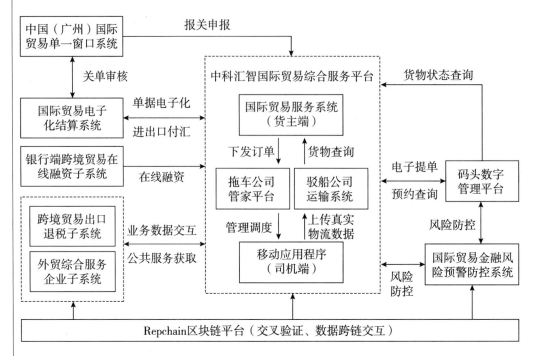

图 7-1　基于区块链的国际贸易综合服务平台

资料来源:根据与中科汇智的访谈资料绘制。

在银行端,国际贸易综合服务平台串联港口、海关、船舶、税务以及贸易企业上下游公司,实现联合风控。不同于传统供应链金融完全依靠交易凭证的做法,国际贸易综合服务平台基于射频识别等技术,追踪真实货流数据,防止企业骗汇骗贷。此外,国际贸易综合服务平台打破传统供应链金融围绕核心企业开展业务的局限,防止核心企业的危机波及整条供应链。

在贸易企业端,国际贸易综合服务平台提供港口信息查询、电子化提单以及线上退税等服务,很大程度地降低了企业的结算成本,每项交易的结算时间平均缩短1.5天,每单结算成本平均降低20元。国际贸易综合服务平台的风控技术还克服了企业融资难、融资贵的问题,截至2022年7月,已与30多家银行合作,涉及贸易风控交易额1 215亿元。

综上所述,产业数字金融突破了传统供应链金融以核心企业为中心的局限,构建了包含政府、金融机构与上下游企业的生态圈,实现了政府—产业—金融的良性互动。产业数字金融构建以多企业为节点的产业网络，而非以核心企业为核心的供应链，由此可以降低因核心企业系统重要性过高而造成的风险。

资料来源：根据调研资料编写。

数字金融发展至今，其服务对象逐渐从消费端转向生产端，产业数字金融成为全新的发展方向，有助于推动我国产业转型升级、实现经济高质量发展。那么，产业数字金融的概念是什么，有哪些特征？产业数字金融的生态系统包括哪些组成部分？产业数字金融的发展现状如何，面临什么问题？产业数字金融的现实价值体现在哪里？本章将对这些问题展开讨论。

第一节概述产业数字金融的相关概念与主要特征。第二节介绍产业数字金融的生态系统。第三节介绍产业数字金融的发展，包括我国产业数字金融的发展现状、影响因素和存在的问题。第四节介绍产业数字金融的现实价值。

第一节 产业数字金融概述

产业数字金融利用数字技术为实体产业引来"金融之水"，灌溉产业兴旺发展，是金融科技赋能实体经济高质量发展的关键抓手。原银保监会 2022 年 1 月发布《关于银行业保险业数字化转型的指导意见》，指出要积极发展产业数字金融、服务国家重大发展战略。由此可见，产业数字金融的"初心"是服务实体经济，发展产业数字金融是深化金融供给侧结构性改革的重要环节。本节将对产业数字金融进行概述，介绍产业数字金融的相关概念与主要特征。

一、产业数字金融的相关概念

我们首先介绍什么是产业金融。其次，我们将产业金融的概念引申至产业数字金融。最后，我们介绍与产业数字金融密切相关的数字供应链金融的概念，并梳理数字供应链金融与产业数字金融的联系和区别。

（一）产业金融

我们将广义的产业金融定义为：在产业政策指导下，依托特定产业，提供支付、结算、融资、投资、保险、租赁、信托等一揽子金融服务，从而促进产业转型升级的金融活动总称。产业金融的核心是依托和服务特定产业发展。国内外学者对产业金融的概念有不同的定义，具体可见表7-1。

表7-1 国内外学者对产业金融的定义

视角	来源	定义	核心观点
政策视角	Rybczynski（1984）	产业政策中的金融安排	产业金融属于产业政策
企业视角	Collins（1995）	企业外部融资渠道，包括银行借贷、资本市场融资、贸易融资等	产业金融具有融资功能
产业视角	纪敏和刘宏（2000）	依托并促进特定产业发展的金融活动总称	产业金融的本质特征是依托并促进特定产业发展
分工理论	严效民（2013）	为了调和实体产业与金融业的差异化分工和非标准依赖之间的矛盾而出现的独立分工现象	产业金融体现了实体产业和金融业的共生关系

资料来源：根据已有文献整理。

狭义的产业金融也称产融结合，在宏观层面指产业资本和金融资本的融合；在微观层面指实体企业和金融机构通过股权与人事的相互渗透，相互进入对方经营领域，形成的产业资本和金融资本相结合的新兴产融混合形态（王莉 等，2010）。根据产业资本和金融资本流动的方向，产融结合可分为"由产向融"和"由融向产"。"由产向融"指非金融企业在主营业务之外，通过股权投资、设立金融子公司等方式从事金融业务，如 GE 公司。在我国，非金融企业开展"由产向融"活动的渠道多为参股金融机构或者设立财务公司。符合一定条件[①]的非金融企业必须按规定设立金融控股公司，纳入中国人民银行监管。"由融向产"指金融机构股权投资实体企业。《中华人民共和国商业银行法》限制商业银行直接持有非金融企业股权，而基金公司等机构投资者可以通过资本市场持股实体企业，甚至成为上市公司的大股东。

产业金融与产业政策[②]有紧密联系。一方面，产业金融是政府引导社会资金投向的渠道之一，有助于落实产业政策。第一，政府可以直接通过政府投资基金、政策性专

---

① 《国务院关于实施金融控股公司准入管理的决定》规定，中华人民共和国境内的非金融企业、自然人以及经认可的法人控股或者实际控制两个或者两个以上不同类型金融机构，具有规定情形的，应当向中国人民银行提出申请，经批准设立金融控股公司。上述规定情形是指控股或实际控制金融机构的总资产或受托管理的总资产满足一定规模。
② 产业政策指一国政府为了实现一定经济和社会目标而对产业的形成与发展进行干预的各种政策的总和（韩乾 等，2014）。根据政策目标的不同，产业政策可以分为选择性产业政策和功能性产业政策。选择性产业政策指政府为扶持特定产业发展、加快产业结构演进而制定的调节产业间资源配置的各类政策。功能性产业政策指政府为了完善市场功能、弥补市场失灵、优化市场制度而制定的一系列政策（江飞涛 等，2018）。

项贷款等产业金融工具扶持战略性产业;第二,政府部门可以发挥产业金融工具的杠杆作用,通过政策性保险、政策性融资担保等为特定产业的企业增信,从而撬动更多社会资本;第三,产业金融可以通过信号机制,将产业政策作为资本市场的信号,引起资本市场价格波动,提高特定产业板块的股票收益率(韩乾 等,2014)。另一方面,产业政策引导产业发展方向,并指导产业金融投资方向。例如,为了扶持绿色环保产业发展,我国先后出台了《银监会关于印发绿色信贷指引的通知》《中国银保监会关于印发银行业保险业绿色金融指引的通知》等政策,引导社会将资金投向绿色环保产业,促进我国绿色发展。但是产业政策对产业金融的发展也有消极作用,可能导致寻租和预算软约束[①],引发企业过度投资、减少创新(徐朝阳 等,2015)。因此,各界需要正确处理产业政策与产业金融的关系,充分发挥政策激励作用,同时尽量避免产业政策的低效干预。

(二)产业数字金融

随着数字经济的发展,产业金融逐渐向产业数字金融转型。综合产业金融和数字金融的定义,本书将产业数字金融定义为:以数据为重要生产要素,利用人工智能、大数据、云计算、区块链、物联网等数字技术,使用数字化手段为特定产业提供投资融资、支付结算、财务管理、信用评估、国际业务等综合金融服务,促进产业转型升级的新型金融业态。产业数字金融利用数字技术,充分挖掘企业数据要素的价值,提高产业金融的服务效率,扩大触达范围,提升风控能力,降低金融服务成本。随着数字经济的发展,产业数字金融将依托产业互联网,为实体产业和金融业的共生共赢与价值共创奠定基础。

(三)供应链金融与数字供应链金融

供应链金融是产业金融的重要组成部分,指为了适应供应链生产组织体系的资金需要而开展的资金与服务的市场交易活动。围绕不同的参与者,国内外学者对供应链金融的定义经历了一番演变,如表7-2所示。一方面,供应链金融使金融业与实体产业的联系更为紧密。对于供应链整体而言,供应链金融降低了整条供应链的交易成本,并提高了供应链的抗风险能力(宋华,2019)。对于上下游中小企业而言,供应链金融帮助这些企业解决融资难、融资贵等问题。对于金融机构而言,供应链金融是一种服务创新,能够提高其市场竞争力。另一方面,传统供应链金融存在诸多不足。首先,传统供应链金融所依靠的交易信息的真实性有待提高,如果企业通过虚假的业务

[①] 预算软约束指当一个经济组织遇到财务困境时,借助外部组织的救助得以继续生存的经济现象。大量实证研究表明,预算软约束会降低企业投资效率与创新支出,提高企业风险承受水平。

单据和货物凭证取得融资，金融机构就可能面临较大的资金损失风险；其次，传统供应链金融模式中，金融机构需要耗费大量成本进行货物核对、监测和估值，这些成本将转嫁给融资者；最后，传统供应链金融模式中，金融机构缺乏供应链管理人才，难以实现对供应链各环节的有效整合，也难以及时应对供应链运营风险引发的信用风险。

表7-2 国内外学者对供应链金融的定义

参与者	来源	定义
供应链企业和金融机构	Timme 和 Williams-Timme（2000）	供应链上企业为了实现供应链整体目标而与金融机构开展的合作
供应链企业和外部服务商	Hofmann（2005）	供应链上两个及以上企业（包括外部服务商）为共同提高供应链价值而对供应链内企业间的金融资源进行管理和调配
全球视角的供应链企业和金融机构	Lamoureux 和 Evans（2011）	紧密结合全球供应链企业、客户、金融机构，尤其是技术提供者，减少全球供应链上的恶性成本转嫁，提高全球供应链上资金的可视性与周转效率，从而改善供应链整体效率
所有利益相关者	More 和 Basu（2013）	供应链的所有利益相关者之间有计划地管理与配置各主体的交易活动和资金流动，提高各主体的资金使用效率
金融机构	胡跃飞和黄少卿（2009）	供应链金融机构不仅要对供应链整体提供财务成本最小化的融资方案，还需要通过提供资信调查、信用管理、财务管理咨询等一系列中间服务提高供应链中企业的财务管理能力
所有利益相关者	宋华和陈恩洁（2016）	集商业经营、物流运作和金融服务为一体的管理行为，需要各参与主体的价值共创

资料来源：参考宋华（2019），结合表中文献整理。

随着数字经济的发展和数字技术应用的深化，数字供应链金融应运而生。我们采用中国人民银行等对数字供应链金融的定义：从供应链产业链整体出发，运用金融科技手段，整合物流、资金流、信息流等信息，在真实交易背景下，构建供应链中占主导地位的核心企业与上下游企业一体化的金融供给体系和风险评估体系，提供系统性的金融解决方案，以快速响应产业链上企业的结算、融资、财务管理等综合需求，降低企业成本，提升产业链各方价值的金融业态。① 与传统供应链金融相比，数字供应链金融全方位挖掘数据价值，不仅提高了业务效率，更提高了交易信息验真能力和风险管理能力，进一步加强了金融与实体产业的联系（宋华，2019）。与数字信贷相比，数

---

① 中国人民银行、工业和信息化部等部门联合发布的《关于规范发展供应链金融 支持供应链产业链稳定循环和优化升级的意见》。

字供应链金融对数据规模的需求较小（龚强 等，2021）。数字信贷依靠企业数据"上云"，采集海量生产经营数据，构建大数据风控模型对企业进行信用评级，并在授信后进行动态风险管理。而数字供应链金融主要依靠企业数据"上链"，利用区块链的共识机制与智能合约等手段，确保企业订单、货单、物流等信息在流转过程中不可篡改，使用较小规模的数据量即可进行信息验真和风险管理。

（四）相关概念的关系辨析

产业金融相关概念之间的关系如图 7-2 所示。产业金融包含供应链金融。产业金融通过数字化转型发展为产业数字金融；供应链金融通过数字化转型发展成为数字供应链金融。数字供应链金融是产业数字金融的重要组成部分。

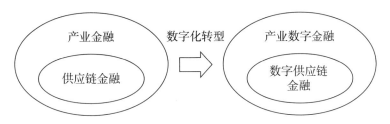

图 7-2　产业金融相关概念的关系辨析

在实践中，数字供应链金融是较为完善和常见的产业数字金融业态。不过，二者在服务对象、服务种类、服务阶段、市场化程度与理论基础等角度存在差异，如表 7-3 所示。

表 7-3　产业数字金融与数字供应链金融的差异

角度	产业数字金融	数字供应链金融
服务对象	服务特定产业发展	以核心企业为中心，服务供应链上下游
服务种类	政府投资基金、政策性融资担保、银行信贷、多层次资本市场、动产融资、租赁、保理等	动产融资、租赁、保理等
服务阶段	产业各生命周期	产业已经较为成熟，建立起较完善的供应链
市场化程度	有较强政府参与的特征，在产业政策指导下服务特定产业，根据产业政策的进入和退出调整发展战略	多由金融机构、核心企业或者第三方平台发起，其发展由市场决定，受产业政策影响较小
理论基础	产融结合理论、产业生命周期理论、产业演化理论与最优金融结构理论等	复杂网络理论、融资契约理论、供应链管理理论等

资料来源：根据公开资料整理。

二、产业数字金融的特征

产业数字金融以产业整体的长远发展为导向,为产业整体提供一揽子金融服务,构建实体产业与金融业共生共赢的良性关系。产业数字金融的特征包括综合性、多层次性、全流程性与政策导向性。

(一) 综合性

综合性指产业数字金融为产业发展提供结算、征信、信贷融资、保险、供应链融资等一揽子服务。例如,产业数字金融可以通过提供征信、信贷融资、保险、供应链融资等综合服务,促进绿色环保产业发展。征信方面,金融机构联合产业界、学术界与政府有关部门,共同研究制定与国际标准互联互通的碳核算方法与绿色信用[①]评价体系,并建立企业绿色信用数据库。信贷融资方面,金融机构对绿色企业和项目进行精确画像、智能贴标与自动评估,实现信贷自动审批、快速发放,将企业环境绩效纳入动态风控系统,监测企业环境绩效。保险方面,保险机构可以根据气候大数据评估投保人或投保企业的气候风险,提供基于使用量的保险(Usage Based Insurance,UBI),并基于人工智能等技术提高理赔效率。供应链融资方面,金融机构整合企业碳排放信息等绿色信用数据,对接动产融资统一登记公示系统,将企业绿色信用作为发放贷款与定价的重要参考依据。

(二) 多层次性

多层次性指产业数字金融为产业链上核心企业、中小企业以及个体经营者等多层次主体提供服务,实现整条产业链的协同发展(北京大学数字金融研究中心课题组,2018)。产业链上处于不同环节的企业呈现多层次的资金需求和风险特征。第一层是核心企业,通常资金需求量大,资金周转快,风险水平低,能够从传统的银行机构获得充足融资。产业数字金融主要通过流程化、自动化服务降低核心企业的业务成本。第二层是产业链上下游的中小企业,其资金需求规模小且频率高,资金周转慢,风险敞口大,抵押物不足,通常难以从传统金融机构获得低成本贷款。产业数字金融可以借助中小企业与核心企业的交易关系,并使用仓储、物流等数据进行交叉验证,为中小企业提供贸易信贷。第三层是产业链末端的小微企业与个体经营者。此类主体较为分散,其信用数据不足,多是临时性的小额融资需求,难以从传统金融机构获得融资,也难以获得核心企业的商业信用。产业数字金融为小微企业和个体经营者提供数字信贷,

---

① 绿色信用综合了企业碳排放、资源利用效率、生态保护绩效等信息,为金融机构决定是否提供绿色金融服务、政府有关部门制定环境绩效考核标准等提供依据。

利用企业主或个体经营者的个人数据构建风控模型,开展线上融资担保,并发放线上小额贷款。

(三)全流程性

全流程性指产业数字金融为某产业的产品研发、生产、流通和使用全流程提供服务。在传统金融体系中,大型企业往往能够与银行建立较为紧密的业务关系,获取量身打造的全流程金融咨询和服务。而中小企业财务管理能力不强,通常只有在遇到明确的、紧急的外部融资需求后才寻求金融服务,难以做好前瞻性财务规划。因此,中小企业获得的金融服务较为分散、滞后,不能形成流程化、体系化、个性化的金融解决方案。而产业数字金融依托产业互联网,能够掌握采购投标、生产制造、市场流通、售后服务等全流程数据,为产业链上下游中小企业提供全流程服务。例如,网商银行基于企业采购订货、中标合同、赊销赊购等场景,设计了采购贷、加盟商贷、回款宝等产品,解决中小企业各流程的融资痛点。

(四)政策导向性

政策导向性指产业政策引导产业数字金融的发展方向。在市场中,理性的金融机构能够在短期内实现可控风险下的利润最大化;但在长期,经济转型改变风险结构,原有的投资组合并非最优。因此,金融机构需要及时响应产业政策。例如,煤炭行业历史悠久,长期以来是工业用电的主要供给方,持有较多银行贷款。虽然过去煤炭行业风险低,信贷资产质量稳定,但在"双碳"目标的约束之下,传统煤炭行业发展受限,面临较大转型压力,其信贷风险急剧提升。中国人民银行货币政策委员会前委员马骏指出,由于电力产业结构调整,10年后传统煤电贷款的违约概率可能由2020年的3%升至20%以上。[①] 如果不及时响应我国工业绿色化发展的相关政策,金融机构必须承担未来煤炭行业持续扩大的风险敞口。因此,产业数字金融机构需要紧随政策导向。

第二节 产业数字金融生态系统

党和国家高度重视金融服务实体经济,强调金融与实体经济共生共赢。习近平总书记指出,"为实体经济服务是金融的天职,是金融的宗旨""金融活,经济活;金融稳,经济稳。经济兴,金融兴;经济强,金融强"。产业数字金融也须贯彻创新、协调、

---

① 马骏.煤电贷款项目10年后违约概率可能会上升到20%以上 [EB/OL]. (2020-09-06)[2023-06-14].http://finance.sina.com.cn/hy/hyjz/2020-09-06/doc-iivhvpwy5170921.shtml?cre=tianyi&mod=pchp&loc=28&r=0&rfunc=62&tj=none&tr=12.

绿色、开放、共享的新发展理念，服务实体经济高质量发展。本节从与产业数字金融有关的政府部门、产业数字金融的供给方、产业数字金融的需求方和产业数字金融的底层架构四个方面介绍产业数字金融的生态系统，如图7-3所示。

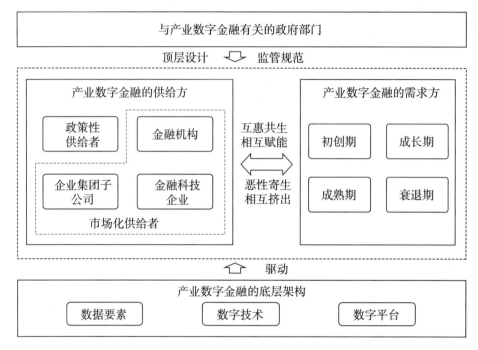

图7-3 产业数字金融生态系统

资料来源：根据公开资料绘制。

一、与产业数字金融有关的政府部门

在我国，产业数字金融有关政府部门除第一章介绍的中央金融委员会、中国人民银行、国家金融监督管理总局与证监会以及各地地方金融监督管理局外，还包括工业和信息化部、农业农村部、财政部、国有资产监督管理委员会等。

一方面，产业数字金融有关政府部门为产业数字金融的发展提供顶层设计。其中，中国人民银行指出产业数字金融的总体发展方向，即有力支撑创新驱动发展、数字经济、乡村振兴、碳达峰碳中和等战略实施。国家金融监督管理总局和证监会分别制定银行业和保险业、证券业的产业数字金融发展指导意见。财政部根据不同领域发展需要编制一般公共预算，这会影响政策性产业金融服务的资金来源。工业和信息化部、农业农村部等立足实体产业发展求，参与制定金融服务某一特定产业的指导意见。例如，我国《关于规范发展供应链金融 支持供应链产业链稳定循环和优化升级的意见》

由中国人民银行等八部委联合发布;《关于加强产融合作推动工业绿色发展的指导意见》由工业和信息化部、人民银行、原银保监会和证监会联合发布;《关于金融服务乡村振兴的指导意见》由中国人民银行等五部门联合发布。

另一方面,产业数字金融有关政府部门为产业数字金融发展制定监管规范。中国人民银行开展金融科技创新监管试点,通过监管沙盒的方式探索数字金融的可行性与合规性,其中有较多的产业数字金融项目,表7-4列举了截至2022年已经成功"出箱"的产业数字金融试点项目。国家金融监督管理总局和证监会的监管职能也面向银行业、保险业、证券业的产业数字金融业务。对金融控股公司、财务公司、国有资本运营与投资机构、类金融机构等其他金融机构的监管,则分别由中国人民银行、国家金融监督管理总局、国有资产监督管理委员会、地方金融监督管理局落实。

表7-4 截至2022年成功"出箱"的产业数字金融试点项目

名称	机构
基于物联网的物品溯源认证与供应链金融	中国工商银行股份有限公司
AIBANK Inside 产品	中国百信银行股份有限公司
基于区块链的产业金融服务	中国银行股份有限公司
基于区块链的数字函证平台	中国互联网金融协会 厦门银行股份有限公司 重庆富民银行股份有限公司 博雅正链(北京)科技有限公司

资料来源:柏亮,于百程. 金融科技创新监管试点报告(2022)[R/OL].(2022-05-01)[2023-06-14]. https://www.01caijing.com/article/323643.htm.

二、产业数字金融的供给方

产业数字金融的供给方为实体产业提供发展所需的数字金融服务。根据划分政策性金融机构与市场化金融机构的普遍做法,我们将产业数字金融供给方划分为政策性供给者和市场化供给者。政策性供给者多由政府创建,不以营利为目的,是开展宏观经济调控、建设重大项目重大工程、促进社会进步的有力工具。市场化供给者则遵循市场规律,以营利为目的。政策性供给者与市场化供给者相辅相成,既能发挥市场的资源配置功能,也能弥补公共品的市场失灵。

(一)政策性供给者

产业数字金融的政策性供给者既包括开展数字化转型的政策性金融机构,也包括提供产业数字金融相关公共服务的政府部门。政策性供给者提供政策性专项贷款、政府投资基金、政策性保险、政策性融资担保等金融产品与服务。

一方面，政策性金融机构积极开展数字化转型，提供数字化的政策性金融服务。第一，政策性银行大力推动数字化转型，为实体产业发展提供数字信贷等。例如，中国农业发展银行上线小微智贷系统，依托供应链获客，利用区块链实施穿透管理，按照封闭运行理念防控风险，构建"供应链＋区块链＋封闭运行"的线上信贷运行模式。小微智贷系统实现线上小微贷款申请当日自动审批、贷款秒级到账、贷后自动管理，并与第三方合作机构建立联合风控机制。第二，政策性融资担保机构提供数字担保，提升业务效率和风控能力。例如，国家融资担保基金牵头搭建全国政府性融资担保数字化平台，实现贷前审查、项目管理、保后监管与风险管理的数字化、标准化、智能化，推动全国政府性融资担保机构的健康发展。第三，政府产业投资基金公司通过数字化转型提升基金管理的效率、准确性和透明度，从而更好地实现基金的投资目标并服务于产业发展。具体而言，政策产业投资基金公司构建资金池数字管理平台，为基金管理者提供全面的数据分析支持，助力基金管理者发现投资机会，更好地预测市场走向，做出更准确、有依据的投资决策。数字管理平台还可以提高基金的透明度，使投资者和利益相关者可以随时访问，了解基金的投资情况和绩效，提高基金管理效率。

另一方面，政府有关部门积极推动数字化转型，建立产融公共服务数字平台，以数字化手段提供产业数字金融所需的公共服务。例如，浙江省大力推动产业大脑建设，联动消费端、政府端和产业端数据，为政府招商引资、产业园区评价考核与政府产业投资基金管理等提供数据驱动的闭环支持。此外，下文案例介绍了长三角产融公共服务平台如何提供合约签订、数字政务等公共服务，参与构建产业数字金融生态。

拓展阅读

长三角产融公共服务平台高效服务实体产业

长三角产融公共服务平台（下文简称"产融平台"）以区块链、5G、物联网、人工智能等数字技术为底座，联结供应链核心企业、上下游企业、物流企业、金融机构和政府部门，整合信息流、物流与资金流，为产业链供应链提供系统化解决方案。产融平台集成了线上授信、验真追溯、数字政务等功能，克服传统供应链金融的痛点，为金融服务实体产业提供创新示范。

产融平台通过线上服务，克服企业采购、融资等业务面临的时间和空间阻碍。核心企业和供应商双方可以放心在产融平台上实时签署电子采购合同。相比传统线下询价、传真合同等方式，产融平台将合同签署时间缩短了 0.5 天左右，资金周转时间平均可缩短 3 天。同时，金融机构通过线上远程授信，可实现"T+0"快速放款。

产融平台引入物流监测系统，实现货物运输、仓单流转的全程数字化。区块链技术能够确保物流数据和票证数据可分析、可追溯且不可篡改，确保交易的真实性。这一验真能力能有效避免传统供应链金融的虚假交易风险，还能节省金融机构监管货物的成本，提高小微企业获得融资的能力，降低融资成本。

产融平台还为政府、企业和金融机构对接提供了互通渠道。政府可以通过产融平台积累的数据，获取地方经济活动晴雨表，精准制定财政政策与产业政策。相应地，政府工商部门、税务部门和司法部门的数据也可用于金融机构授信，实现数据共享共通。此外，产融平台也可以作为政务窗口，使企业可以"零跑腿"获得政府服务。

综上所述，产融平台实现"政银企"的高效对接，通过数字技术和平台化服务助力金融精准服务实体产业。

资料来源：长三角产融公共服务平台官网，https://devhtk.ntmaorong.com/#/home，访问时间：2023-06-23。

（二）市场化供给者

产业数字金融的市场化供给者包括传统金融机构、企业集团金融子公司和金融科技公司三类。三者依据各自的比较优势，提供差异化产品与服务。

传统金融机构利用其丰富的金融业务经验与牌照优势，为产业链上企业提供一站式数字金融服务。例如，华夏银行高度重视产业数字金融，将相关内容写入战略规划——《华夏银行 2021—2025 年数字科技转型行动方案》。华夏银行构建核心企业类、产业园区类、产业直通类三类产业数字金融获客模式，创设了数字保理、数字产品池、数字物流贷与基于数字仓单的委托贷款四类产业数字金融产品（陈璐，2022）。

企业集团金融子公司利用自身优势，为集团上下游企业和消费者提供全场景的金融服务[①]或数字化解决方案。例如，立白集团子公司宝凯道融投资控股有限公司立足立

---

① 金融子公司以及下文的金融科技公司所能提供的金融服务类型取决于所持金融牌照的种类。

白集团的供应链网络，建立立客融平台。立客融根据市场淡旺季周期、核心企业生产销售策略、上下游企业盈利模式与融资需求，设计定制化产品。立客融通过准入筛选和智能匹配，帮助中小微经销商对接资金方，获得无须抵押、无须外部担保、利率优惠的信用贷款，可满足中小微企业不同发展阶段的资金需求。除融资外，立客融还为中小企业提供业务分析、客户营销等多方位的供应链运营服务，如图7-4所示。

图7-4 "立客融"的供应链金融运营服务体系

资料来源：根据公开资料绘制。

金融科技公司发挥其技术与数据优势，与传统金融机构合作提供产业数字金融服务，或通过取得金融牌照自行提供金融服务。例如，百信银行聚焦养殖场景，创新推出"养殖贷"，持续优化养殖产业数字金融服务模式，如图7-5所示。首先，百信银行联合百度智能云搭建养殖产业金融服务平台，整合百度生态数据、养殖场景数据和第三方公共数据，动态评估养殖行业风险与养殖贷款风险。其次，百信银行与中国进出口银行合作，获得专项低息政策性资金支持，作为"养殖贷"资金来源。最后，百信银行使用数字人民币向养殖户发放"养殖贷"，利用可追溯的数字人民币实现政策性资金的定向投放。图7-5描述了"养殖贷"的运作模式。此外，百信银行拥有银行牌照，能够为小微企业提供低成本的小额票据贴现、小额贷款发放等服务。

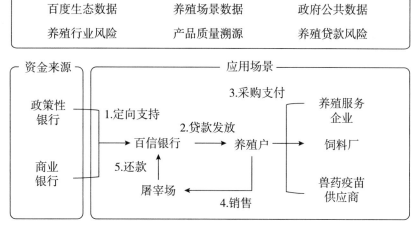

图 7-5　百信银行"养殖贷"运作模式

资料来源：根据百信银行和安永发布的《产业数字金融研究报告（2021 年）》绘制。

三、产业数字金融的需求方

处于不同生命周期的产业，对产业数字金融的需求不同。表 7-5 总结了不同生命周期产业的特征与融资渠道，并提出了各生命周期中产业数字金融的服务重点。

表 7-5　不同生命周期产业的特征与融资需求

产业生命周期	特征	融资渠道	产业数字金融的服务重点
初创期	企业数量少 技术不成熟 产品种类少、质量低 市场规模小 产业利润低 竞争不激烈	以风险投资基金、私募股权基金、政府产业发展基金等直接融资渠道为主； 有财政专项资金支持	大数据技术赋能企业信用评价和风险识别，产融平台联结资金供需双方与政府，扩大金融服务范围
成长期	大量厂商进入 技术日渐成熟 产品种类增多、质量提高 市场规模扩大 产业利润快速增长 竞争较激烈	以银行和非银行机构信贷融资为主，出现投贷联动、银税互动等模式； 以债券融资为辅； 风险投资逐步退出	扩大金融服务范围，并通过人工智能、流程机器人等技术优化流程管理，降低金融服务成本

（续表）

产业生命周期	特征	融资渠道	产业数字金融的服务重点
成熟期	产业集中度高 技术比较成熟 产品差异小、质量高 市场规模增长放缓 产业利润降低 竞争激烈	资本市场融资、银行信贷融资、债券融资等并存； 有投资、并购等需求	利用物联网、区块链等技术，串联产业链上物流、商流、信息流和资金流，提供信贷、租赁、保险等综合性金融服务
衰退期	企业数量减少 市场规模萎缩 产业利润降低 替代品出现 竞争力下降	以资本市场融资为主； 以信贷融资为辅； 资本市场可能主导夕阳产业企业重组	利用智能风控模型及时识别产业内企业的转型风险

资料来源：根据公开资料整理。

值得注意的是，产业数字金融供需双方的共生关系存在双面性，二者之间形成健康的共生关系对于经济高质量发展至关重要。如果双方互惠共生，就能够实现金融业与实体经济的双向赋能。但是，如果双方恶性寄生，金融业与实体产业就会相互挤出。一方面，实体产业挤出金融业会导致资本积累不足，经济增长停滞。金融业本身是附加值和价值链地位较高的产业，具有资本积累、资源配置等功能，能够推动经济发展。理论研究表明，培育现代化金融业、提高资本广度和资本深度是一国经济发展的必经之路，抑制金融发展不利于经济长期增长（毛盛志 等，2020）。另一方面，金融业挤出实体产业会导致经济脱实向虚，提高经济脆弱性。金融业具有高流动性和高收益率的特征，这些特征可能导致实体经济资源流入金融系统，滋长金融泡沫。例如，金融寡头哄抬金融资产价格，引发经济空心化，掀起席卷全球的金融危机。因此，我国不仅要建立现代化金融业，更要引导金融业与实体产业形成健康的共生关系。

四、产业数字金融的底层架构

产业数字金融的底层架构多由第三方数字技术服务商搭建，部分由政企共建、企业集团子公司自建或金融机构搭建，为产业数字金融的业务开展提供数据要素、数字技术与数字平台支持。

数据是产业数字金融的关键生产要素。产业数字金融的底层架构汇集了企业生产经营、仓储物流、销售等数据要素，满足供应链金融对真实交易背景的需求。此外，底层架构还实现了实体产业、金融机构和政府部门数据的互联互通，通过汇集工商、税务、司法、水电、质检、排污等公共数据，开展更为完善的信用评级与风险建模工作。

数字技术提高产业数字金融业务效率和风控能力。产业数字金融底层架构融合应用物联网、人工智能、区块链、云计算、大数据、边缘计算等数字技术，提高风险建模、智能识别、自动处理、智能预警、数据追溯、数据保护等能力。例如，中科汇智凭借自主可控的 Repchain 技术，实现了数据多方验证、可追溯、不可篡改与跨链流通。在未来，元宇宙等新兴数字技术的运用，会进一步加强金融机构与实体产业的交互。①

数字平台集成产业数字金融各参与方，是产业数字金融需求方获取服务的关键渠道。例如，长三角产融公共服务平台为各参与方提供便捷服务。需求方可以获得产业政策和相关金融服务资讯的精准推送，并在线上享受公共服务，与金融机构完成线上签约，降低成本。供给方可以通过数据可视化，实时监测需求方的单据流转和生产经营情况，并获得智能风险预警，及时调整合约。相关政府部门可以构建产业图谱，掌握产业运营情况，识别产业链断链风险，及时出台或调整产业政策。

第三节　产业数字金融发展

随着数字金融的发展和产业数字化转型的不断推进，产业数字金融也得到蓬勃发展。但是，产业数字金融的发展也面临数据流通受限、中小企业数字化转型程度不深等问题。本节梳理了我国产业数字金融的发展现状，介绍了我国产业数字金融发展的影响因素，并分析了目前产业数字金融发展面临的主要问题。

一、我国产业数字金融的发展现状

目前，我国产业数字金融的发展可以概括为数字化、资本化、垂直化与生态化。产业数字金融深入应用数字技术，积极通过股权投资拓展版图，深耕产业细分市场，并积极打造良性共赢生态。

（一）数字化：数字技术提高效率

产业数字金融深入应用数字技术，形成数字资产，实现精准获客、精准定价、智能审查、电子签约、智能风控和智能理赔等。表 7-6 梳理了产业数字金融应用的数字技术。

---

① 李亚达，姚泽宇，钱凯．中金｜金融 × 元宇宙：虚实交融共进下的金融体系 [EB/OL]．(2022-07-19) [2023-06-14]．https://mp.weixin.qq.com/s/-jmM4VxO7ZX-568DYHoNsw．

表 7-6 产业数字金融中应用的数字技术

技术	主要用途	在产业数字金融中应用举例
物联网	数据全流程实时采集与传输	汽车保险公司在核保、理赔、反欺诈等关键环节融入物联网技术，精准定价，优化客户体验，降低欺诈风险
人工智能	突破人力限制智能预测	通过人工智能技术在项目智能贴标、贷款自动审批、智能风控、金融预测与反欺诈、智能客服、安全监控预警等领域为各类型客户提供智能化服务
区块链	多方共识机制	构建区块链共享平台，实现信息共享，在企业的信用排查、商业尽调等方面提供科技赋能
云计算	优化数据存储支持高速运算	构建云服务平台，为产业链上下游企业提供生产与贸易信息存储、离线计算、云计算等服务，以数据驱动企业日常业务及经营活动
大数据	数据驱动	赋能精准营销：精准识别产业数字金融潜在客户； 提供风控保障：建立征信风控模型
边缘计算	快速高效安全节能	通过边缘计算，结合 5G 与物联网，可实现对数据分析的快速反应，提升计算效率的同时，保护金融客户数据安全

资料来源：根据公开资料整理。

（二）资本化：股权投资拓展版图

产业数字金融积极运用股权投资这一资本运作工具来建立合作关系、完善产业链布局、支持新兴产业发展。第一，产融集团通过股权投资建立合作伙伴关系。投资方为被投资方提供管理培训、技术导入、渠道共享和产品互通等服务，与被投资方形成产融协同，产生"1+1>2"的协同效应。第二，股权投资是产融集团完善产业链的高效方式。例如，2020年8月，阿里巴巴全资收购第三方物流企业心怡科技，并将心怡科技整合入菜鸟供应链网络。心怡科技被收购之前就已经布局全球供应链网络，累计管理超过 200 万平方米的仓储面积，日订单处理量最高达到 4 000 万件。① 这次收购加速了阿里巴巴全球跨境供应链的布局。第三，股权投资成为政府推动战略性新兴产业发展的重要手段。例如，广东省人民政府印发《广东省金融改革发展"十四五"规划》，指出要发挥政府产业投资基金的引导作用，吸引社会资本，支持新一代电子信息、绿色石化、智能家电、汽车、先进材料等战略性产业。

（三）垂直化：深耕产业细分市场

部分产业深耕细分市场，带动产业数字金融垂直化、专业化发展。国际分工格局愈加深化，产业不断向垂直化、专业化、精细化发展，涌现一大批专业化、精细化、特色化和新颖化的中小企业（即"专精特新中小企业"）。我国"十四五"时期计划培

---

① 杨霞. 快看 | 阿里完成对心怡科技全资收购，并入菜鸟供应链体系 [N/OL]. 界面新闻，2020-08-11[2023-06-14]. https://baijiahao.baidu.com/s?id=1674733384694973460&wfr=spider&for=pc.

育 10 万家专精特新中小企业、1 万家专精特新"小巨人"企业、1 000 家制造业单项冠军企业,推动中小企业专精特新发展。① 产业数字金融纵深挖掘产业细分市场,为产业内专精特新中小企业提供精细服务。例如,上汽集团针对汽车产业链,布局 8 家各司其职的金融子公司,向上游供应商提供应收账款融资服务,向下游企业和政府客户提供融资租赁服务,向下游个人客户提供零售信贷和保险服务,还建立海外投融资平台为海外业务提供投融资服务。上汽集团通过产业数字金融培育了汽车零部件、新能源汽车能源工艺等行业的多家专精特新中小企业。

(四)生态化:利益各方价值共创

产业数字金融的生态系统不再是单向流动的价值链,而是能促使多方共赢的生态圈。一方面,政府部门基于产融公共平台,联结金融需求方、金融供给方与技术供给方,构建集公共服务与金融服务为一体的区域性产业生态圈。中科汇智在贸易领域的产业数字金融解决方案便是典型体现。另一方面,产融集团携手产业链上下游企业,构建所从事产业的产融生态圈。例如,海尔金控搭建起产业链金融平台、家庭金融平台、信用生态平台、产业生态平台和社群共享平台,提供采购交易、仓储物流、信息服务、融资服务等一系列服务。海尔金融累计为海尔产业链中超过 2 500 家上游供应商、3 万家下游中小微企业、160 万位创业者提供资金、数据、渠道与管理等支持,与集团利益相关方共创共享价值。

二、产业数字金融发展的影响因素

下面从政策因素、经济因素与技术因素三方面,分析产业数字金融发展的影响因素。政策因素包括促进政策与规范政策;经济因素包括经济规模、经济结构与经济波动;技术因素包括技术普及性与技术类别。

(一)政策因素

影响产业数字金融发展的政策因素可以分为促进政策和规范政策。促进政策影响产业数字金融的发展方向、路径、基础和技术手段等。规范政策从实践出发,规范财务公司、金融控股公司② 等主体的发展秩序。

---

① 专精特新"小巨人"企业指专注于细分市场、创新能力强、市场占有率高、掌握关键核心技术、质量效益优的排头兵企业。制造业单项冠军企业指长期专注于制造业某些特定细分产品市场、生产技术或工艺国际领先、单项产品市场占有率位居全球前列的企业。资料来源:王政. 我国已培育专精特新"小巨人"企业约 9 000 家 [N/OL]. 人民日报,2022-09-04[2023-06-14].http://news.sina.com.cn/gov/2022-09-04/doc-imqmmtha5892273.shtml.
② 财务公司属于产业数字金融供给方中的"企业集团子公司";金融控股公司本质上是企业集团。对金融控股公司的规范即为对供给方中"企业集团子公司"的规范。

1. 促进政策

促进政策对产业数字金融发展的影响主要体现在五个方面。第一，在新旧动能转换的背景下，我国积极通过产业政策推动产业结构转型，这影响了产业数字金融的发展方向。第二，我国通过相关政策大力推进产业数字化转型，为产业数字金融奠定基础。第三，我国通过相关政策推动相关数字技术发展，丰富了产业数字金融的技术手段。第四，我国相关政策提出要利用数字金融为产业转型提供动力，指导了产业数字金融的发展路径。第五，我国明确提出要发展产业数字金融，肯定了发展产业数字金融的重要性与必要性。表7-7梳理了部分有关产业数字金融的促进政策。

表7-7 部分有关产业数字金融的促进政策

政策名称与发布时间	内容摘要	侧重点
《中华人民共和国国民经济和社会发展第十四个五年规划和2035年远景目标纲要》2021年	加快发展现代产业体系、巩固壮大实体经济根基；实施"上云用数赋智"行动，推动数据赋能全产业链协同转型	推动产业结构转型，影响产业数字金融发展方向
《关于规范发展供应链金融支持供应链产业链稳定循环和优化升级的意见》2020年	加强供应链票据平台的票据签发、流转及融资相关系统功能建设；建立统一的动产和权利担保登记公示系统	推动相关数字技术发展，丰富产业数字金融的技术手段
《金融科技发展规划（2022—2025年）》2022年	提供海量物联网数据支撑；充分发挥区块链技术，为供应链金融、贸易金融等金融场景提供底层基础支撑	推动相关数字技术发展，丰富产业数字金融的技术手段
《金融标准化"十四五"发展规划》2022年	加快完善绿色金融标准体系，有效推进普惠金融标准建设，加强产业链供应链金融标准保障	推动相关数字技术发展，丰富产业数字金融的技术手段
《关于加强产融合作推动工业绿色发展的指导意见》2021年	加快应用数字技术，对工业企业与项目进行绿色数字画像和自动化评估；使用数字技术开展碳核算、碳足迹认证服务，提供基于行为数据的绿色保险	鼓励数字金融为产业转型提供动力，指导产业数字金融的发展
《关于银行业保险业数字化转型的指导意见》2022年	积极发展产业数字金融。打造数字化的产业金融服务平台，围绕重大项目、重点企业和重要产业链，加强场景聚合、生态对接，实现"一站式"金融服务	明确提出要发展产业数字金融

资料来源：根据公开资料整理。

2. 规范政策

为了防范企业集团脱实向虚与关联交易，填补对融资担保公司等类型的金融机构的监管空白，我国逐渐加强对产业数字金融的监管与规范。产业数字金融的规范政策主要面向国有资本投资运营公司、金融控股公司和企业集团的金融子公司（多为财务公司和类金融机构）等，表 7-8 梳理了部分有关产业数字金融的规范政策。

表 7-8 部分有关产业数字金融的规范政策

政策名称与发布时间	主要内容	侧重点
《企业集团财务公司管理办法（征求意见稿）》2022 年	调整准入标准和扩大对外开放；优化业务范围和实施分级监管，增设监管指标和加强风险管控，区分财务公司对内基础业务和对外专项业务；加强公司治理和股权监管	规范企业集团财务公司管理
《关于实施金融控股公司准入管理的决定》2020 年	明确对金融控股公司实施许可的范围、条件和程序；授权中国人民银行制定设立金融控股公司的条件、程序和实施细则，实施监督管理	规范金融控股公司发展秩序
《金融控股公司监督管理试行办法》2020 年	坚持分业经营为主的原则，从制度上隔离实体产业业务和金融业务；加强公司治理和资本管理，要求股权结构明确清晰等	规范金融控股公司发展秩序
《中央企业投资监督管理办法》2017 年	中央企业投资应当服务国家发展战略，坚持聚焦主业，大力培育和发展战略性新兴产业，严格控制非主业投资，遵循价值创造理念	国有资本投资运营机制改革
《中华人民共和国国民经济和社会发展第十四个五年规划和 2035 年远景目标纲要》2021 年	要深化国有资本投资和运营公司改革，科学合理界定政府及国有资产监管机构、国有资本投资运营公司等的权利边界	国有资本投资运营机制改革
《地方金融监督管理条例（草案征求意见稿）》2021 年	对小额贷款公司、融资担保公司、区域性股权市场、典当行、融资租赁公司、商业保理公司和地方资产管理公司七类类金融机构提出明确的监督管理规定	规范类金融机构相关业务

资料来源：根据公开资料整理。

（二）经济因素

经济规模影响产业数字金融的市场规模。产业数字金融需求方的规模受数字经济规模，尤其是产业数字化转型规模的影响。2021 年，我国数字经济规模达到 45.5 万亿元，同比名义增长 16.2%，高于同期 GDP 名义增速 3.4 个百分点，占 GDP 的比重达到 39.8%。数字经济作为国民经济"稳定器""加速器"的作用更加凸显。其中，产业数字化规模达到 37.18 万亿元，同比名义增长 17.2%。[①] 数字经济的发展一方面为产业数字金融提供海量数据资产；另一方面提供丰富的使用场景。

产业数字金融供给方的规模受数字金融市场规模影响。我国数字金融市场规模不断扩大，到 2022 年，整体规模预计将超过 5 432 亿元。[②] 截至 2022 年 7 月，我国开展

---

① 中国信通院. 中国数字经济发展报告（2022 年）[R]. [出版者不详], 2022.
② 观研报告网. 中国金融科技行业发展现状研究与投资前景预测报告（2022—2029 年）[R]. [出版者不详], 2022.

了四批金融科技创新监管试点，有 156 项试点项目参与其中。[①] 数字金融市场规模的扩大意味着更多金融机构或金融科技公司在探索数字金融，为产业数字金融的发展奠定了坚实基础。

经济结构影响产业数字金融的市场趋势。当前，我国经济结构正在转型升级，出口导向型经济格局向双循环发展格局转变，劳动密集型产业向技术密集型产业转变，粗放发展模式向高质量发展模式转变。在经济转型阶段，不同产业演变更迭，融资需求结构随之改变。近年来，企业科技创新投资不断增加（见图 7-6），新兴产业融资需求逐年提高，但夕阳产业和泡沫型产业的融资受到限制。例如，国家多次限制高污染、高耗能和产能过剩的"两高一剩"产业融资。由此可见，经济结构转型改变了产业数字金融的市场趋势，开展产业数字金融的机构需要根据经济转型的方向积极调整发展战略，主动发掘未来增长点，防范转型风险[②]。

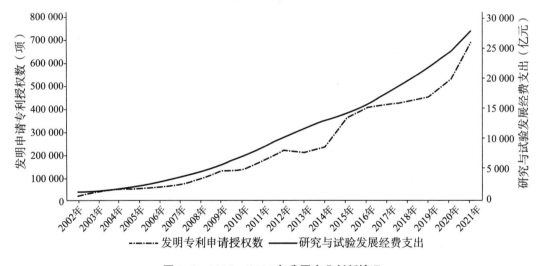

图 7-6　2002—2021 年我国企业创新情况

资料来源：国家统计局。

经济波动增强产业数字金融发展的紧迫性。在新冠疫情冲击下，我国产业链供应链面临断链威胁。图 7-7 显示了 2019 年 10 月至 2022 年 6 月我国制造业采购经理指数、新订单指数与新出口订单指数的变动趋势，可以发现疫情暴发和多次复发对制造业信心造成较大冲击。在此背景下，我国亟须发展产业数字金融，加强动产融资统一登记公示系统等基础设施建设，规范发展供应链存货、仓单和订单融资，及时满足产业链

---

① 零壹财经. 金融科技创新监管试点报告（2022 年）[R]. [出版者不详], 2022.
② 转型风险指金融机构转型步伐慢于经济社会结构转型，从而引发的风险。

上下游企业的流动性需求，从而增强产业链供应链的抗风险能力。

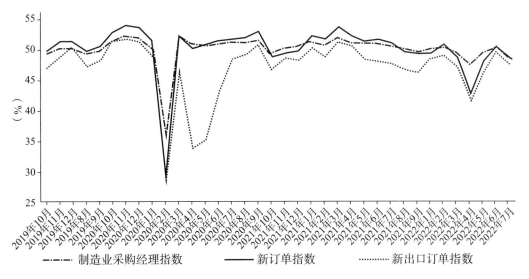

图 7-7 2019 年 10 月—2022 年 6 月相关指数变动情况

资料来源：国家统计局。

（三）技术因素

技术普及性影响产业数字金融的发展基础。例如，产业互联网[①]的广泛应用使更多企业激活数据要素价值，有能力进入产业数字金融生态系统。产业互联网的深入应用使产业数字金融深入供给与需求的具体场景，提供定制化、个性化金融服务。具体到工业互联网，2021 年我国已培育较大型工业互联网平台超过 150 家，服务工业企业超过 160 万家，应用范围涵盖原材料、消费品、装备等 31 个工业重点门类，覆盖 41 个国民经济大类。工业互联网的应用环节从设备管理和生产管控等延伸至产品研发设计、制造与工艺优化、产业链供应链管理等复杂环节。我国规模以上工业企业关键工序数控化率达 55.3%，数字化研发工具普及率达到 74.7%。[②]

技术类别影响产业数字金融的具体业务模式。数字信贷以大数据、云计算、人工智能技术为核心，依靠海量数据进行联合建模，开展风险管理。而数字供应链金融以物联网、区块链技术为核心，不一定需要海量数据，只需多方交叉验证，防范虚假交易风险即可。下文"可信数字仓单"案例介绍了如何应用物联网、区块链技术防范仓单融资中的欺诈风险。随着数字技术的不断创新，新技术的应用也为产业数字金融提

---

① 产业互联网运用物联网等数字技术，以数据为关键要素，基于农业、工业或服务业的应用场景形成数字生态，驱动产业链供应链重构和新型经济形态优化。

② 中国信通院. 中国数字经济发展报告（2022 年）[R]. [出版者不详], 2022.

供了新的发展方向。例如，恒丰银行的"好牛快贷"产品应用数字孪生技术，在虚拟空间中构建与活体牛相互映射的"数字牛"，无须线下考察即可进行抵押存证与实时监测。

拓展阅读

可信数字仓单

随着物联网、区块链等数字技术与应用场景的深入融合，可信数字仓单为金融机构开展仓单融资、服务中小企业开辟了道路。

首先，金融机构可基于物联网技术建立可信数字仓库。一方面，通过监控摄像机、激光雷达、电子标签等物联网设备，锁定仓位上对应的货物，开出可信数字仓单，在贷前确保货单一致。另一方面，通过设备之间的技术对接与交叉验证，对货物的入库、出库、移库等动态作业过程进行实时监控，并实现对库存数量、仓储环境等状态的监测，解决贷后监管难题。

其次，金融机构可基于区块链塑造可信贸易流程。利用区块链上数据不可篡改、可追溯的特性，把购销合同、付款凭证、发票等票证数据和物流仓储等数据上传至有公信力的分布式联盟链，再结合大数据和人工智能技术，为金融机构查证贸易真实性和货物最终权属提供有效途径。此外，将关键数据、单证及指令同步至政府司法链存证，进一步保证贸易流程的真实可信。

最后，金融机构可构建可信仓单管理平台。平台的一端对接可信数字仓库，另一端对接可信贸易流程，提供仓储方开立、存货方确认、监管方验证、资金方验真、核价、质押、放款、提货、背书转让等全生命周期服务。

资料来源：根据公开资料整理。

三、产业数字金融发展面临的主要问题

产业数字金融涉及多方主体，应用复杂技术，其发展还面临一些问题。产业数字金融发展面临的主要问题有顶层设计不完善、发展基础不牢固和产融协同难度大。

（一）顶层设计不完善

产业数字金融顶层设计不完善主要体现在以下几方面：

一是产业数字金融的发展规划尚未明确。截至 2022 年 9 月，只有原银保监会于

2022年1月发布的《关于银行业保险业数字化转型的指导意见》明确提出发展产业数字金融。虽然我国产业政策、金融政策都包含发展产业数字金融的相关内容，但是仍未明确产业数字金融的业务范围，也未专门规划产业数字金融的发展路径。这导致产业数字金融的供给方难以将产业数字金融业务纳入自身的发展战略，难以确定产业数字金融的业务规模、发展目标与管理方法。

二是产业数字金融有关数据流通标准、确权、定价等制度尚未完善。一方面，金融机构、实体产业、政府之间的数据流通、数据权属尚未明确。实体产业的生产经营数据由谁采集、属于谁、存放在哪里、谁有权调用、如何定价等都是关乎实体产业与金融机构能否就产业数字金融达成顺利合作、权利能否得到保障的关键。但是目前我国数据治理相关法律法规还不完善，难以解决上述问题。此外，跨境数据流通机制不健全，限制了跨境贸易类产业数字金融的开展。另一方面，产业链各主体之间存在天然的数据流动壁垒，数据难以跨企业流动。产业链上下游多为中小企业，其数据管理的规范性和科学性相对不足，对于数据资源的重视程度也较低，难以满足核心企业和金融机构的数据质量要求。

三是产业数字金融的监管制度尚不完善。虽然我国已经将金融控股公司纳入监管范围，规范非金融企业设立金融子公司开展金融业务的行为，但是截至2022年9月，申请成为金融控股公司、接受《金融控股公司监督管理试行办法》监管的企业只有寥寥几家，多数产融集团还游离于监管之外，极易产生关联交易、脱实向虚等问题。此外，我国产业数字金融有关监管制度主要围绕公司治理、准入门槛、业务合规等方面，算法监管、数据安全监管与反垄断监管等制度建设有待加强。数据安全监管制度不到位导致数据泄露事故频发。据Ponemon和IBM Security发布的《2022年数据泄露成本报告》，2022年有83%的受访企业发生了不止一次数据泄露事故。①

（二）发展基础不牢固

产业数字金融发展基础不牢固主要体现在以下几方面：

一方面，产业数字金融发展的实践基础不牢固。目前，中小企业数字化转型不足，导致产业数字金融难以大规模惠及中小企业。相关资料表明，中小企业数字化转型还处于办公和销售环节的数字化转型阶段，在研发生产、仓储物流和产业链协同等环节的数字化转型程度不深。79%的企业仍处于数字化转型的初步探索阶段，12%的企业处于应用践行阶段，而达到深度应用阶段的企业占比仅为9%。中小企业最为普遍的数

---

① Ponemon, IBM Security. 2022年数据泄露成本报告 [R]. [出版者不详], 2022.

字化应用是移动办公网络,平均覆盖率为89%。在生产研发领域,中小企业的数字化率普遍低于50%。其中,关键工序的数字化装备应用比例为45%、生产过程信息系统覆盖占比为40%、设备联网率为35%。[①]由此可见,中小企业数字化转型程度有待提高,为产业数字金融提供基础数据的能力尚未充分显现。

另一方面,产业数字金融发展的理论基础也较为薄弱。目前的学术研究主要从单一视角出发研究某一金融科技公司,较少以全局视角研究整个产业数字金融生态,部分重要问题尚未被解决。例如,产业数字金融供给方与需求方如何进行竞合决策?产业数字金融如何开展风险测度与管理?产业数字金融如何赋能实体经济?金融业与实体经济之间的真正健康关系是什么?因此,产业数字金融的发展还缺少理论基础的支持。

(三)产融协同难度大

我国有超过半数的全国500强企业开展产融结合活动(杨涛,2020),但是多数企业的产融结合只停留在降低结算成本、丰富融资渠道等方面,尚未实现产融协同发展。

第一,产业数字金融涉及实体产业和金融业两大业务板块,但是不同业务板块之间的业务协同水平不高。金融机构对实体产业运行情况了解不深入,难以满足产业专业化发展的需求。产融结合可能导致风险在实体产业和金融业之间相互传染,使得风险管理要求更为复杂。

第二,产业数字金融容易导致脱实向虚。部分企业开展产融结合后,不仅没有实现产融协同发展,反而导致其主营业务被金融业务"侵吞",企业过度金融化。企业过度金融化会导致实业投资率和全要素生产率下降,收入差距扩大,还会导致资金过度流入房地产市场,推高房价泡沫。

第三,产业数字金融可能产生垄断问题。产业数字金融多由大型企业集团牵头建设,企业集团有可能借助金融杠杆放大其市场和资金优势并不断扩张,最终造成市场垄断。市场垄断会降低上下游中小企业的议价能力,抑制市场创新活力,还可能导致垄断企业"太关联而不能倒"[②]。

---

① 中国电子技术标准化研究院. 中小企业数字化转型分析报告(2021)[R/OL].(2022-05-07)[2023-06-13]. https://mp.weixin.qq.com/s/x2h-affnsHqB4X_tMK1A8w.

② "太关联而不能倒"指某一企业与大量其他企业存在贸易、信用、股权等关联,一旦发生财务危机,可能导致关联网络中大量企业受到波及,因此政府不得不对这类企业持续纾困,浪费大量资源。

第四节　产业数字金融的现实价值

金融是市场经济中配置资源的重要手段。只有把更多金融资源配置到经济社会发展的重点领域和薄弱环节，才能更好地满足人民群众和实体经济多样化的金融需求。产业数字金融以数据为基、金融为链，构建金融业与实体产业共生共赢的价值生态，对于金融业与实体产业的发展都具有宝贵现实价值。本节分别从金融业、实体产业与产融生态的角度，从变革金融服务模式、推动产业结构转型与促进产融生态合作三方面介绍产业数字金融的现实价值。

一、变革金融服务模式

对于金融业，产业数字金融的现实价值主要体现在变革金融服务模式，推动金融业高质量发展。产业数字金融推动金融服务群体、风险管理方法与金融竞合关系的变革，从而拓宽金融市场，化解系统性风险并重构行业格局。

产业数字金融变革了金融服务群体，拓宽了金融市场。在产业数字金融兴起以前，数字金融主要面向消费端客户，基于消费互联网采集个人行为数据，对客户进行精确画像与信用评级，提供线上化、个性化、场景化的个人信贷、理财与保险等产品。随着产业互联网的发展，生产端的企业数据被采集起来，金融机构对这些企业的数据进行分析和挖掘，就能将生产端引入数字金融生态，从而开辟新的市场。产业数字金融能将产业链末端的广大中小企业与个体经营者等长尾客户纳入金融机构的客户范围，拓宽金融业市场规模。

产业数字金融变革了风险管理方法，有助于化解系统性风险。数字金融的其他业态以单个客户为中心，其风险管理也通常是考虑单个客户的风险敞口。而产业数字金融多获取整条产业链的数据，其风险管理不仅针对产业链各个节点，还关注各节点构成的复杂网络中风险的传染。此外，产业数字金融的风险管理是去中心化的，不围绕核心企业，而是针对每个节点各自的贸易网络展开。去中心化的风险管理可以削弱核心企业经营不善引发的系统性风险，防范核心企业"太关联而不能倒"。

产业数字金融变革了金融竞合关系，重构了行业格局。产业数字金融能够推动传统金融机构和金融科技公司之间的紧密合作与价值共创，提高社会福利。在数字金融发展的初期，金融科技公司与传统金融机构存在激烈的竞争关系，导致传统金融机构成本增加、风险敞口扩大、信用创造能力受创。而产业数字金融促成二者的合作，形成互补共赢的行业格局。例如百信银行的"养殖贷"，金融科技公司获取农户数据并与农户对接，而传统商业银行则作为资金方提供资金。双方的合作既发挥了金融科技公司的场景与风控优势，又利用了商业银行的低成本资金，达成了共赢。

二、推动产业结构转型

对于实体产业而言，产业数字金融推动产业数字化、绿色化转型，培育新兴产业，助力我国建立现代化产业结构。第一，产业数字金融能够助推实体产业数字化转型。产业数字化转型是产业数字金融能够实施的必要条件。但是，广大中小企业资金和人才有限，仅靠自身实力难以开展数字化转型；同时，中小企业独立进行数字化转型会导致数据标准不统一，难以实现产业链协同。因此，中小企业需要加入产业互联网，联合开展数字化转型，实现"同一产业同一标准"。产业数字金融能够串联起产业链上的所有企业，将这些企业纳入数字化转型的协同生态，克服上述问题。以下案例介绍了上海小硕数据科技有限公司（以下简称"小硕数科"）如何通过产业数字金融推动产业数字化转型。

> **拓展阅读**
>
> **小硕数科推动产业数字化转型**
>
> 小硕数科以业务中台、金融中台与数据中台三轮驱动，构建"管理咨询＋产品技术＋运营服务"的服务模式，助力产业链上下游企业协同实现数字化转型。小硕数科为产业链上下游企业布局数字化基础设施，打通各企业间、企业内部数据孤岛，在此基础上布局三大中台：业务中台、金融中台和数据中台。业务中台获取产业链上企业的客户、商品、价格、订单、库存、配送等数据。金融中台对企业采购、生产、仓储、销售、物流、财务和售后等环节实现融资赋能。数据中台对数据进行清洗、挖掘与应用，形成可视化图谱与智能解决方案。在三大中台的驱动下，产业链上企业实现了产销协同、仓配协同与产融共赢，产业数字化程度明显提升。图7-8梳理了小硕数科的数字化赋能模式。

图 7-8 小硕数科的数字化赋能模式

资料来源：根据公开资料绘制。

第二，产业数字金融助推产业绿色化转型。根据联合国的相关报告，为实现 2030 年联合国可持续发展目标，全球每年需要投入 5 万亿至 7 万亿美元。2016 年，在中国的倡议下，G20 峰会将绿色金融纳入核心议题，大力发展能产生环境效益[①]、支持可持续发展的投融资活动。然而，传统的绿色金融存在五大问题：一是缺乏合适的量化工具将环境外部性风险内部化，使得绿色投资项目回报率低；二是存在期限错配问题，绿色基础设施和技术研发项目周期长，但银行的负债端期限较短，难以维持长周期的绿色信贷；三是绿色项目、活动和产品的标准有待统一和完善；四是存在信息不对称，金融机构难以识别企业真实环境绩效；五是环境风险分析不足，缺少环境风险管理工具。产业数字金融综合各部门数据，建立企业的绿色信用档案，量化其环境风险与环境绩效，助力金融机构克服上述问题。目前，业界已积极展开产业数字金融赋能产业绿色化转型的应用。以下案例介绍湖州市绿色金融综合服务平台如何打通各方数据，降低企业绿色融资成本。

---

① 这些环境效益包括减少空气、水和土壤污染，减少温室气体排放，提高资源使用效率等。

> **拓展阅读**
>
> **湖州市绿色金融综合服务平台满足绿色企业融资需求**
>
> 　　湖州市绿色金融综合服务平台搭建了"绿贷通""绿融通""绿信通"三大服务平台（马骏 等，2021），分别为中小微企业提供绿色贷款、绿色股权融资和绿色信用评价服务，支持中小微企业绿色可持续发展。
>
> 　　"绿贷通"平台汇集了湖州市36家银行300余款信贷产品，使中小企业与银行之间的对接更为紧密，截至2021年已累计帮助2万余家绿色小微企业获得银行授信，授信总额超过2 000亿元。此外，"绿贷通"平台还接入了湖州市工商、税务、环境等31个部门的公共数据，辅助金融机构审查企业资质。"绿融通"平台把投资机构和企业股权融资信息进行对接，拓展企业的股权融资渠道，提高融资效率。截至2021年"绿融通"平台已经帮助90个项目获得超过86.44亿元融资。"绿信通"平台帮助小微企业进行绿色资质自动认定与ESG自动评级，有效破解小微企业"绿色识别难"的问题。此外，湖州市还将司法部门的智慧法院接入"绿贷通"平台，建立绿色金融纠纷调解中心，高效、便捷、低成本地防范和化解银行与企业间的融资纠纷。
>
> 　　总而言之，湖州市绿色金融综合服务平台打通金融机构、企业与政府部门数据，对接各方需求，打破各部门之间的信息壁垒，从而提高绿色企业的评定效率，更高质量地满足绿色企业融资需求，助力绿色企业创新发展。
>
> 　　资料来源：保尔森基金会绿色金融中心，北京绿色金融与可持续发展研究院. 金融科技推动中国绿色金融发展：案例与展望（2021报告）[R/OL].（2021-06-18）[2023-06-14]. https://paulsoninstitute.org.cn/wp-content/uploads/2021/06/CH-2021-Fintech-Report_Final_0618_s.pdf.

　　第三，产业数字金融助力科创企业发展，培育新兴产业。《2020中国科创企业展望》的调查数据显示，中国科创企业融资环境存在的问题更加严峻，企业成功融资的比例只有32%，相对美国和加拿大等国的同期水平偏低；获得银行贷款的占比仅为18%，低于美国和加拿大等国的同期水平。[①] 究其原因，科创企业技术研发投资高、有形资产占比低，虽然具有高成长和高收益的特征，但是不满足银行的风险偏好，难以从银行获得融资。同时，由于技术创新具有保密性和专业性，资本市场投资者难以评估科创企业技术投资的风险与价值，不敢轻易参与风险投资。另外，部分科创企业诈骗事件

---

① 浦发硅谷银行. 2020中国科创企业展望[R]. [出版者不详], 2021.

也使科创企业的融资环境更为恶劣。产业数字金融针对科创企业不同时期的资金需求与风险水平，积极创新科技金融产品，为科创企业提供全生命周期的融资方案。以下案例介绍兴业银行如何助力科创企业各阶段的发展。

拓展阅读

兴业银行的科创企业服务方案

  兴业银行根据科创企业在初创、成长、拟上市三个阶段的不同需求，综合应用商业银行和投资银行两大门类的金融工具，提供一揽子专业化金融服务。针对成长早期企业，兴业银行结合借款企业纳税申报数据以及相关评价，建立科创差异化线上审批模型。针对成长中期企业，兴业银行积极探索知识产权质押融资，创新开展知识产权证券化。针对拟登陆"新三板"的企业，兴业银行推出股债联动、投融结合的产品，助力科创企业发展壮大。

  资料来源：根据公开资料整理。

三、促进产融生态合作

  产业数字金融能够成为联结金融业和实体产业的桥梁，帮助二者形成共生共赢的良性生态。一方面，产业数字金融借助数字技术，能够更加深入产业场景、洞察产业痛点，既能为实体产业提供更契合其需求的金融服务，也能降低金融机构的风险敞口。例如下文拓展阅读介绍的智慧金农平台，深入生猪场景，为生猪养殖户和相关金融机构赋能。另一方面，产业数字金融是实体产业拓宽业务矩阵、扩大产业链协同效应的有效手段。对于集团企业而言，开展产业数字金融能够提高集团内资金结算效率，优化集团内各部门的资源配置，还能够将集团积累的渠道资源、知识资源等共享给上下游中小企业，丰富其商业模式。对于产业链上下游企业而言，产业数字金融能够加强其信息交互，产生"订单制造"等新型模式。中小企业可以先拿订单后生产，其生产管理能力能够获得有效提升。总而言之，产业数字金融通过满足实体产业金融需求与提高实体产业效率两种渠道促进产融生态合作。

拓展阅读

智慧金农促进生猪产业产融生态合作

联通（广东）产业互联网有限公司调研发现，广东省新兴县生猪产业具有较高市场潜力，但是面临农户养殖效率低、抗风险能力弱、金融机构不愿贷款的痛点。基于此，联通产业互联网公司与生猪养殖户合作，在生猪养殖场部署智慧监控系统，监控生猪头数、均重、出栏数等生产数据，通过大数据、人工智能等技术实现精准投放饲料、及时补栏调栏等功能。在此基础上，联通产业互联网公司还搭建了智慧金农平台。保险公司可以基于智慧金农平台的数据，更精准地评估养殖户风险，设计个性化的保险产品，还能通过"猪脸识别"等技术防范骗保。养殖户获得保险后，银行就更有动力为养殖户提供低成本信贷。而政府部门则可以通过智慧金农平台监测生猪产业市场行情与环保情况等，从而精准调整生猪产业政策。总的来看，智慧金农平台使得金融机构更加深入生猪养殖场景，为养殖户提供低成本、个性化的金融服务，并实现贷后/保后的实时监测，有效深化金融业与实体产业的联系。

资料来源：根据调研资料编写。

素养目标

通过学习产业数字金融的基本概念、生态、发展及现实价值，引导学生辩证看待金融与实体经济之间的关系，启发学生正确认识金融服务实体经济的本质要求，指引学生将理论知识与"做好科技金融、绿色金融、普惠金融、养老金融、数字金融五篇大文章"及建设金融强国的实践需要相结合，提高学生的职业道德素养和专业技能。

思考与练习

1. 产业数字金融是什么？有什么特点？
2. 产业数字金融与数字供应链金融的区别与联系是什么？
3. 产业数字金融生态由哪些部分构成？
4. 产业数字金融的发展现状是什么？面临哪些问题？
5. 产业数字金融的现实价值有哪些？

6. 基于 2023 年中央金融工作会议中有关"坚持把金融服务实体经济作为根本宗旨，坚持把防控风险作为金融工作的永恒主题，坚持在市场化法治化轨道上推进金融创新发展，坚持深化金融供给侧结构性改革，坚持统筹金融开放和安全，坚持稳中求进工作总基调"的论述，分析目前我国产业数字金融发展面临的机遇和挑战，并提出促进产业数字金融健康发展的建设性意见和建议。

参考文献二维码

第八章 数字金融治理

学习目标

通过本章的学习,学生应能够:掌握数字金融治理的相关概念和模式以及数字金融治理的生态系统;了解数字金融治理的国内外发展历程以及数字金融治理的发展趋势。

案例导读

中国(浙江)自由贸易试验区杭州片区探索数字金融治理

中国(浙江)自由贸易试验区杭州片区(以下简称"杭州片区")2020年9月24日正式挂牌成立。经过三年多的发展,杭州片区形成了以数字贸易、数字产业、数字金融、数字物流、数字金融治理为重点的数字经济高质量发展示范区。数字金融治理方面,杭州片区根据数字金融的新发展、新需求、新痛点,借助数字之力重塑治理思维,从"数据基础—治理规则—业务模式"三个方面探索数字金融治理,实现了从跟跑到领跑的跨越。

第一,杭州片区打造数字金融治理的核心基础:数据安全实验室和数据交易平台。杭州片区一方面积极开展数字金融数据传输试点,谋划数据要素高效流通的实现路径;另一方面设立全省首个数据安全实验室和省级数据交易监管与服务平台,为后续制定数字金融治理规则和创新业务模式奠定基础。

第二,杭州片区探索数字金融治理的新规则。在数字金融治理前端,杭州片区依托省级和市级数据交易平台,参与编制《数据交易平台架构指南》等数字金融治理标准。此外,杭州片区作为首批成员机构加入国家级数字文创规范治理生态矩阵,为其他地区开展数字金融治理提供具体参考依据。

第三,杭州片区创新数字金融治理的方式。杭州片区在传统的税务监管体系下,创新试点"9810"出口退税新模式①,降低了金融交易的成本和出口退税管理风险,解决了跨境电商企业的后顾之忧。

资料来源:根据公开资料整理。

数字金融发展背景下的金融模式不断变化,使得传统金融治理转向了数字金融治理。数字金融治理是什么?数字金融治理的生态系统具体包括哪些内容?数字金融治理的结构要素和治理方式有哪些?数字金融治理的国内外发展历程是怎样的?数字金融治理的发展趋势是什么?本章将对这些问题展开讨论。

第一节概述数字金融治理的定义、特征和典型案例。第二节详细阐述数字金融治理生态系统的主要内容。第三节回顾国内外数字金融治理的发展历程,分析数字金融治理的发展趋势。

第一节 数字金融治理概述

金融行业普遍将2013年(余额宝于该年上线)视为中国数字金融发展元年。数字金融治理虽然发展了近十年,但仍属于一个较新的领域,尚未有统一的概念。在学习数字金融治理的相关内容之前,本节先厘清数字金融治理的定义和特征,介绍数字金融治理的典型案例。

一、数字金融治理的定义

金融治理的概念由来已久,传统金融治理涵盖金融机构治理、金融市场治理、金融监管以及金融制度建设等,是一个相互衔接、相互支撑的过程(陈四清,2020)。金融治理的本质是为了实现金融健康和可持续发展、更好地服务实体经济而做出的关于金融发展的重大事项、问题的前瞻性和应急性的制度安排。金融治理的概念和特征也随着金融市场的不断完善而逐渐清晰。自20世纪90年代以来,一些重要的国际组织

---

① "9810"模式是"跨境电商出口海外仓"模式的简称("9810"为海关监管代码),指境内企业将出口货物通过跨境物流送达海外并通过跨境电商平台实现销售后,可按文件规定申报出口退税。传统模式因退税成本过高等,制约了规范化经营的品牌跨境电商的发展。新模式采用共享节点数据、数字管理流程,可以使税务退税进度由原来的平均3个月缩短至10余天。

开始界定"金融治理"这一概念。例如，1989年世界银行发布的《撒哈拉以南的非洲：从危机到可持续增长》(Sub-Saharan Africa:From Crisis to Sustainable Growth) 认为，金融治理就是行使政治权利来管理一个国家的金融事务。1994年世界银行发布的《治理：世界银行的经验》(Governance: The World Bank's Experience) 认为，金融治理是一个国家为了促进经济和社会资源的发展而运用的一种管理方式。2008年金融危机后，金融治理逐渐成为在规则、理念、制度和体系的基础上，对经济事务和金融活动进行统筹管理的总称。

随着数字金融的发展，数字金融治理的概念逐渐明晰。数字金融治理既包括"数字化的金融治理"，也包括"对金融数字化的治理"。"数字化的金融治理"即将数字化作为治理工具应用于现有治理体系。"对金融数字化的治理"是针对数字金融领域各类数字新业务的创新治理。从治理范围来看，数字金融治理涵盖从宏观经济、中观产业到微观企业的全范畴，包括数据要素、数字技术和数字基础设施等，涉及数字理财、数字支付、数字保险、数字信贷等各类数字金融业态。但是，关于数字金融治理尚没有一个权威、公认的定义。结合数字金融和金融治理的概念，我们给出数字金融治理的一般性定义：**数字金融治理是为了使数字金融能够系统地、可持续地服务实体经济而提出的关于数字金融发展的重大事项、前瞻性策略和应急性制度等问题的解决方案与监管规则。**

传统的金融治理以金融机构和金融市场为对象，主要以政府监管和行业自律为手段。而数字金融治理与传统金融治理的区别主要体现在监管的实施方式，具体包括治理理念、治理模式、治理重点、治理手段四个方面，如表8-1所示。治理理念方面，相较于业务属性和边界清晰的传统金融，数字金融的业务属性和边界较为模糊，因此其治理理念更强调划定治理边界和控制监管力度。治理模式方面，传统金融治理的各监管部门相对独立；数字金融更多是跨部门展业，因此，数字金融的治理模式需要实现跨部门协作治理。治理重点方面，传统金融治理以监管法规规定的内容和行业标准等为重点；而数字金融治理以信息披露、数据治理、技术应用等为重点。治理手段方面，传统金融治理主要根据相关制度和政策实施监管，但易导致"发现不及时、治理不及时"等问题；而数字金融治理的手段具备数字化、智能化特征，可以有效解决上述问题。

表 8-1　数字金融治理与传统金融治理的区别

区别方面	数字金融	传统金融
治理理念	金融业务的属性和边界较为模糊。治理理念更强调划定治理边界和控制监管力度	金融业务的属性和边界清晰。治理理念聚焦于银行、证券和保险等金融机构的风险治理
治理模式	实行各监管部门之间的跨部门协作治理，包括行政监管与行业自律互补的治理模式、监管和科技部门之间的协调管理模式	各监管部门的职责相互独立，各自监管各自的领域
治理重点	以业务规范、信息披露、资金存管、数据治理、技术应用为重点	以监管规定、行业标准、自律规则为重点
治理手段	更具数字化、智能化特征。通过数字技术与数字化治理平台优化治理流程；通过监管沙盒（金融科技创新监管试点）对金融创新产品进行测试	主要依赖制度和政策实施监管，包括经济政策约束、经济立法；监管机构通过命令、规定等对金融市场进行直接的干预和管理；以行业协会的形式进行自治管理

资料来源：根据公开资料整理。

二、数字金融治理的特征

金融的本质并没有随着数字金融的发展而改变，仍是人与人之间基于信任的资源跨时空配置。然而，由于金融创新形式不断增多，各类跨行业、跨机构的新业态、新产品层出不穷，传统分业监管模式的局限性逐步显现，产生监管缺位问题。数字金融治理根据金融机构实际从事业务的性质，将不同的业务分配给具有不同功能的监管机构进行功能监管。具体而言，数字金融治理包含以下三个特征（廖福崇，2022）：

第一，数据是数字金融治理的关键要素。数据不仅是数字金融治理的基础，也是数字金融治理的对象。2020 年 3 月 30 日，中共中央 国务院发布了《关于构建更加完善的要素市场化配置体制机制的意见》，明确将数据资源作为金融市场要素的重要组成部分。数据是数字金融治理中数字技术、数字业务、数字平台的底层关键要素，有效利用金融数据是实现数字金融治理的重要环节。传统金融治理主要包括三个基本对象，即金融市场主体、金融市场客体和金融市场价格。但随着数字金融的不断发展，数据已经成为一种重要的金融市场要素，数据安全成为治理的重要内容之一。例如，新浪数科在金融数据安全与隐私保护领域率先出击，将"以网络攻防为中心的安全"和"以数据保护为中心的安全"相结合，全方位保护金融数据安全。

第二，数字技术是数字金融治理的主要工具。大数据、人工智能、区块链、云计算等数字技术正在不断推动数字金融治理创新。面对数字金融业态主体多元、长尾客户众多、集团混业经营、多重风险叠加等新特征、新变化，数字金融治理相关主体逐渐注重运用数字技术提升监管水平和金融业治理水平，管控数字经济时代金融业务的新风险。例如，大数据抓取技术可以对长尾客户的信用风险进行监控识别，通过大数据技术跟踪和识别分散且难以观察的风险点。

第三，跨部门协作治理是数字金融治理的核心。监管机构、行业协会、数字平台公司等都是数字金融治理的主体。不同部门之间协同合作，共同推进数字金融治理的现代化进程。监管机构和行业协会合作探索数字金融治理体系，可以在一定程度上避免监管空白。数字平台公司基于强大的技术能力不断为监管机构数字化基础设施的运营和维护提供重要力量支持。2021年，深圳市政法系统尝试运用跨部门金融大数据平台办案，执法过程实现了由过去的内部监督变为跨部门之间的监督，由事后监督变为全程监督。①

三、数字金融治理的典型案例

数字金融治理方式主要包括两类：内控合规和外控监管。内控合规是对数字金融业务和其他新风险来源的风险管理，主要由金融机构实施。外控监管围绕数字金融的新业务和新风险特征制定相应的监管模式和监管政策，主要由监管部门实施。关于内控合规和外控监管的具体内容，本章第二节将详细介绍。我们先分别从数字金融治理中风险管理和数字金融监管视角学习两个典型案例。

（一）从青岛银行"智能化全面统一授信"看数字金融治理中的风险管理

2021年以来中国人民银行推出《金融科技发展规划（2022—2025年）》等数字金融治理的规范性引导文件。中国人民银行青岛市中心支行在此基础上，启动了金融数字化治理转型提升工程，引导辖区金融机构充分发挥数字技术和数据要素的双轮驱动作用，全方位提升数字金融治理的核心竞争力。

在上述背景下，青岛银行在风险控制数字化方面积极探索，通过"全面统一授信"解决数字信贷风险管理中的数据和系统"孤岛问题"，实现统一授信，全面提升风控水平。具体而言：

第一，强化业务管理，实现数字化"全面统一授信"。青岛银行利用API技术，以客户为中心，从收集单一客户数据过渡到整合银行并表机构内的所有数据信息。此外，青岛银行为单一客户在并表机构内构建唯一标识，打通客户数据链条，为客户授信提供准确、可靠的数据来源。

---

① 张玮玮.深圳率先打造政法跨部门"九个一"大数据办案平台[EB/OL].(2023-06-04)[2023-07-18]. https://baijiahao.baidu.com/s?id=1767742691391361829&wfr=spider&for=pc.

第二,规划组织流程建设,统一授信流程。青岛银行基于微服务,采用多层级应用设计模式,从授信主体角度,统一授信作业流程的管理要求。青岛银行还统一并表机构内企业金融类业务、投行与金融市场类业务、非标准债权投资类业务的授信管理要求,搭建高效、标准的统一授信管理体系。此外,青岛银行利用大数据技术,基于客户、授信等多维度数据,构建统一的额度管控模型。

第三,加强数据能力建设,实现数字金融治理的协调统一。青岛银行建立了统一的数据标准,对银行并表机构全资产口径的业务数据进行整合和加工,实现全资产的数据统一存储和管理。数据资产也同时应用在客户统一授信风险画像等方面,为数字金融治理提供全面的数据支撑。

上述案例中,青岛银行在数字金融治理中依托统一授信额度管控平台,实现了全集团、全客户、全资产、全产品的统一授信管理,使得银行风险管理水平明显提升,并有效助力业务开展。

(二)数字金融监管时代的序幕:数据质量标准化

2022年3月25日,原银保监会公告称,近期严肃查处了一批金融机构数据质量标准化领域违法违规案件,并对21家政策性银行、国有大型银行、股份制银行等银行依法做出行政处罚决定,处罚金额合计8 760万元。

这些银行涉及的主要问题是相关业务数据漏报、数据错报、与其他上报数据交叉核验存在偏差,还有部分机构出现理财产品登记不规范的问题。值得关注的是,据行政处罚通报,在上述21家银行中,工商银行、农业银行、中国银行、建设银行、交通银行、邮储银行、光大银行7家银行已经重复出现此类问题。[①]

监管数据的真实性和准确性是实施外控监管的必然要求,更是贯彻落实政策部署和监管要求的具体体现。银行机构要切实承担保证数据质量的主体责任,对照监管数据标准化规范的相关要求,提升数据治理能力,强化数据质量管控,持续提高数据报送的准确性和全面性。但是实践中,金融机构仍存在数据不规范行为,表8-2列举了数字金融监管下的数据不规范行为的具体分类。

---

① 宋亦桐.合计罚款8 760万元!银保监会依法查处21家银行机构监管数据质量违法违规行为[N/OL].北京商报,2022-03-25[2023-08-17]. https://baijiahao.baidu.com/s?id=1728264181746183947&wfr=spider&for=pc.

表 8-2 数字金融监管下的数据不规范行为分类

问题分类	处罚具体事项	问题分类	处罚具体事项
数据漏报	漏报不良贷款余额数据	数据错报	错报信贷资产转让业务数据
	漏报融资融券业务数据		错报跟单信用证业务数据
	漏报贷款核销业务数据		错报保函业务数据
	漏报债券投资业务数据		错报贷款承诺业务数据
	漏报权益类投资业务数据		EAST 系统《对公信贷业务借据》表错报
	漏报贷款承诺业务数据		EAST 系统《个人信贷业务借据》表错报
	漏报分账户数据	核验偏差	信贷资产转让业务数据存在偏差
	漏报授信信息数据		银行承兑汇票业务 EAST 数据存在偏差
	未报送公募基金投资数据		贸易融资业务 EAST 数据存在偏差
	未报送本行理财产品间相互交易数据		贷款核销业务 EAST 数据存在偏差

注：EAST 指 Examination and Analysis System Technology，即检查分析系统技术。
资料来源：根据公开资料整理。

上述案例反映出数字金融监管手段不断升级和数据标准化势在必行。一方面，我国数字金融监管手段不断升级。表 8-2 中的 EAST 系统是原银保监会在 2008 年自主开发的监管分析工具应用平台，具有银行标准化数据提取、数据模型生成、数据模型发布与管理等功能。2020 年 5 月，EAST 系统首次出现在公众视野并取得切实的监管成效。工商银行、农业银行、中国银行、建设银行、交通银行、邮储银行、中信银行、光大银行 8 家商业银行因 EAST 系统数据报送存在违规行为被原银保监会罚款共计 1 770 万元。另一方面，监管数据关乎监管效率和监管质量，监管数据的标准化势在必行。2020 年 5 月 20 日，原银保监会发布《中国银保监会办公厅关于开展监管数据质量专项数据治理工作的通知》，要求银行保险机构充分认识提升监管数据质量的重要意义，将数据质量、源头数据质量治理、数据质量主体责任作为有效监管的未来工作重点。

第二节 数字金融治理生态系统

数字金融治理的生态系统包含数字金融治理的结构要素和治理方式：结构要素是治理方式的基础；治理方式是结构要素的应用载体。数字金融治理的结构要素主要包括数据、监管机构以及基于数据构建的数字金融业务平台。数字金融治理方式主要包括内控合规与外控监管两个方面。数字金融治理的生态系统如图8-1所示，其中，反垄断是近年来数字金融治理最重要的内容之一，本节将反垄断作为一个专题进行说明。

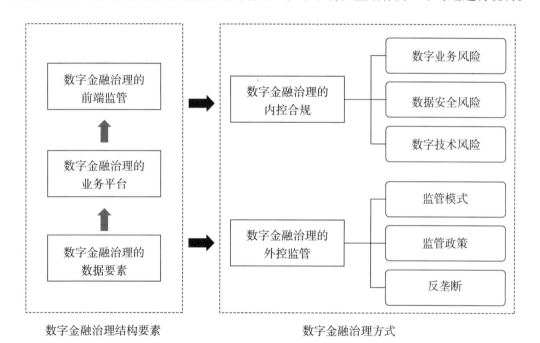

图8-1 数字金融治理的生态系统

一、数字金融治理结构要素

基于数字金融治理的业务范畴，参考《"十四五"推进国家政务信息化规划》，数字金融治理结构要素包括数字金融治理的数据要素、数字金融治理的业务平台和数字金融治理的前端监管。数字金融治理结构要素的具体分类如图8-2所示。

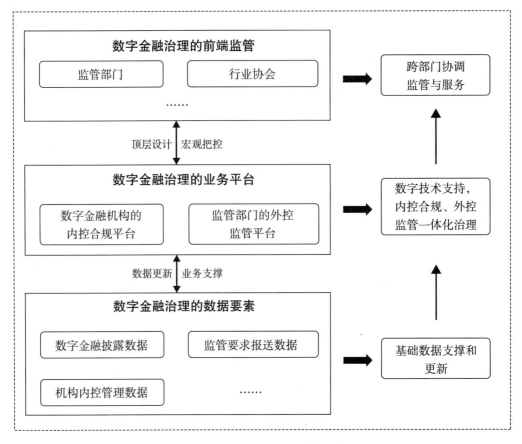

图 8-2 数字金融治理结构要素

资料来源：根据公开资料绘制。

数据要素是数字金融治理结构要素的基础。数字金融治理的数据要素来源主要包括数字金融机构需要向市场公开披露的数据、央行和原银保监会等监管机构要求报送的数据、数字金融机构内控合规自身产生的数据等。从数字金融治理的结构要素角度看，数据能够为数字金融治理业务平台提供支撑；业务平台也能够对相关数据库进行数据更新，保障数据的有效性和准确性。

业务平台是数字金融治理结构要素的执行载体。数字金融治理的业务平台包括数字金融机构的内控合规平台和监管部门的外控监管平台，二者分别聚焦于数字金融治理的内控合规和外控监管。内控合规平台主要根据数字金融业务的风险来源，对数字金融机构和数字金融业务进行相应的风险管理。外控监管平台根据监管部门和行业组织的宏观监管准则，构建跨部门的统筹监管平台。两个平台功能互补，实现了前端监管和数据要素之间的联结。

前端监管是数字金融治理结构要素的重要保障。数字金融治理的前端监管机构是国家监管部门和行业协会等监管服务机构。开展数字金融业务的机构在发展过程中会面临治理不达标、整改要求模糊等问题。此时，监管部门和行业协会作为数字金融治理的主要实施者，既能通过数字金融治理的业务平台帮助金融机构及时发现问题，又能通过具体政策和行业规范引导支持金融机构解决问题，及时防范数字金融发展过程中的重大风险。数字金融治理的前端监管还具有顶层设计和宏观把控的作用。此外，监管机构应当组织和引导科研院所协同开展数字技术金融应用前沿探索，推进形成共建、共享、共治的数字金融治理创新生态。

二、数字金融治理方式

数字金融治理方式主要包括数字金融治理的内控合规和外控监管。数字金融的内控合规和外控监管共同作用才能保障数字金融治理的有效性与可行性。此外，反垄断监管在外控监管政策中占据重要地位，本小节最后将对反垄断进行专题讨论。

（一）数字金融治理的内控合规

由于数字金融业务和风险种类不尽相同，内控合规的相应治理方式也会有所区别。本小节根据数字金融业务和风险种类的不同，对数字金融的业务风险、数据安全风险和技术风险进行具体分析，并针对不同数字金融风险的治理提出建议。

1. 数字金融业务风险及其治理

数字金融业务主要包括数字信贷、数字保险、数字理财、数字支付等。因数字保险、数字理财等业务的数字金融治理结构尚未成熟，而数字信贷的数字治理框架体系已见成效，故本部分重点探讨数字信贷风险及治理方式。

数字信贷风险相较于传统信贷风险，主要是指数据信息泄露、虚假交易、违约等导致个人或企业的财产、信用评级等受损的风险。数字信贷风险治理的难点包括多个方面。从需求端来看，第一，数字金融治理对象多而复杂。随着数字消费场景的兴起，小额且分散的贷款需求日趋普及，客户需求变得多元而复杂，使得数字金融治理对象多而复杂。第二，数字金融治理场景更加多元化。随着数字技术的发展，客户希望享受全流程无接触的高效服务，导致数字金融治理场景更加多元化。

从供给端来看，第一，我国数字金融信用体系不够完善。数字经济时代，放贷者难以采用"面对面"的可靠信用评估方式，无法或很难准确评估小微企业和个人的信用状况，信用风险在长尾聚集。第二，数字金融市场具有信息不对称性，且数字化特有的虚拟性和距离感更加剧了信息不对称程度。此外，数字金融产品的复杂性和隐蔽性逐渐提高，产品和服务的嵌套严重影响了金融机构的内部风控与外部监管的有效性和准确性。第三，我国数字金融行业竞争激烈，推动了数字金融创新加速发展，但在数字金融治理方面的监管不够到位。例如，过度追求放款速度可能会在一定程度上放松信贷审核标准，过度依赖人工智能进行信用评估也会造成一定程度的审批漏洞，给信用风险的防范带来较大挑战。

目前，国内外金融机构对数字信贷风险的治理主要体现在以下五个方面：

第一，建立完善的风控体系。建立包括数据管理、交易审核、风险控制等环节的风控体系，能够及时识别和预警潜在风险，减少信用风险。

第二，采用可信认证技术。如采用数字签名、加密算法、生物识别等数字技术，确保数字信息的真实性和完整性，减少信息泄露的风险。

第三，加强数据安全保护。加强对数据的存储、传输、处理等环节的安全保护，包括数据加密、访问控制、数据备份等，防止数据被非法获取和篡改，保障个人和企业的信息安全。

第四，强化合同约束。建立合同约束机制，明确交易双方的权利和义务，防止交易过程中出现虚假交易和违约行为，提高信用风险的防范能力。

第五，增强信用意识。通过加强信用宣传和培训，增强个人和企业的信用意识，降低信用风险。

数字信用风控体系是防范数字信贷风险的重要手段。数字信用风控主要通过数字技术重塑信用风控系统和流程，实现流程自动化、决策自动化、智能监测与风险预警，提高风险管理的效率。对金融机构而言，数字信用风控体系的基础设施是数据、数字技术、数字平台，三者环环相扣。

第一，数字技术是数字信用风控实现的基础和持续演进的保障。数字技术的日益成熟和广泛应用为金融机构的数字信用风控提供了不可或缺的支撑。数字技术提高了金融机构数据获取的便捷性、准确性、敏感性与实时性。此外，银行等金融机构借助数字技术不断改进信用风险评估方法，构建更适应中国金融发展的数字金融信用风险评估模型。数字技术的应用提高了金融机构的风控能力，规范了数字金融治理的标准化流程。例如，数字身份认证正是利用数字技术来确保用户身份的真实性和安全性，防止身份冒用和欺诈行为的技术工具。具体而言，数字身份认证包括基于生物特征识别（如指纹、面部识别）的身份验证技术和多因素身份验证等。这些技术使得用户能够在金融交易时进行安全的身份验证，防止身份冒用和欺诈行为。

第二，数字平台是推进数字信用风控成功实施的融合剂和助推器，其核心是提升信用风险量化的深度和广度，对各风控环节进行数字化重塑。数字经济时代，金融机构不能用传统的信用风险管理方式运作，需要运用数字技术，通过平台化管理降低数字信用风险，使用平台功能集合数字技术和模型算法，同时提高风险管理的覆盖范围，进而提高识别数字金融信用风险的能力。随着数字货币的兴起，数字货币交易平台也成为数字金融治理的重点对象。监管机构对数字货币交易平台进行监管，以确保交易平台的合规性、风险防控和用户资产安全。监管要求包括 KYC（Know Your Client，了解你的客户）/AML（Anti-Money-Laundering，反洗钱）规定、安全防护措施、交易信息披露等，以保护用户权益和防范非法活动。

第三，数据是构建数字信用风控体系的基础要素。一方面，要做好数据治理，在合法合规的前提下，高效采集客户购买习惯、消费记录、信用情况等方面的数据。同时，对一些需要保证隐私安全的数据，做到数据互联互通，但不能识别数据背后的主体。对关键数据应做好数据的交叉验证，确保数据的真实性。另一方面，面对呈指数增长的风控数据，金融机构应提高数据处理能力，构建实时监控和反馈的数字信用风控系统。

2. 数据安全风险及其治理

数据安全主要是指监管部门和公司企业采取必要措施，确保数据处于有效保护和合法利用的状态，以及具备保证持续安全状态的能力。近年来，数据规模不断增长，数据安全问题也层出不穷。2021 年 3 月，美国知名在线券商 Robinhood 遭到黑客恶意攻击，致使超过 700 万位用户的数据被泄露，泄露的数据中包括超过 500 万位用户的电子邮件地址、200 万位用户的姓名以及 310 位用户的具体身份数据。2021 年 3 月 19 日，原银保监会消费者权益保护局公布的罚单显示，中信银行因数据泄露问题被处以 450 万元罚款。数据安全问题不仅会造成企业、用户的损失，甚至会扰乱社会秩序、影响公众信心。在此背景下，为加强工业和信息化领域数据安全风险信息获取、分析和预警工作，工业和信息化部于 2021 年年底起草《工业和信息化领域数据安全风险信息报送与共享工作指引（试行）》，文件内容包括但不限于数据泄露、数据篡改、数据滥用、违规传输、非法访问、流量异常等数据安全风险的定义，如表 8-3 所示。

表 8-3 数据安全风险的分类与定义

数据安全风险种类	定义
数据泄露	包括但不限于数据被恶意获取，或者转移、发布至不安全环境等导致的相关风险
数据篡改	包括但不限于造成数据破坏的数据修改、增加、删除等导致的相关风险
数据滥用	包括但不限于数据超范围、超用途、超时间使用等导致的相关风险

（续表）

数据安全风险种类	定义
违规传输	包括但不限于数据未按照有关规定擅自进行传输等导致的相关风险
非法访问	包括但不限于数据遭未授权访问等导致的相关风险
流量异常	包括但不限于数据流量规模异常、流量内容异常等导致的相关风险
其他风险信息	包括由政府相关部门组织授权监测的暴露在互联网上的数据库、大数据平台等数据资产风险信息，以及有关单位掌握的威胁数据安全的其他风险信息

资料来源：《工业和信息化领域数据安全风险信息报送与共享工作指引（试行）》，2021年12月工业和信息化部发布。

除《工业和信息化领域数据安全风险信息报送与共享工作指引（试行）》文件发布的上述风险外，数字金融领域中的数据安全风险还包括网络攻击风险和技术风险等。第一，网络攻击者利用网络漏洞、恶意软件和社交媒体等，入侵数字金融系统，获取用户资金和交易数据等敏感信息。第二，数据泄露可能是由内部人员的意外失误、故意泄露、黑客攻击等造成的，泄露的数据可能包括用户个人信息、交易数据、资金信息等重要数据。第三，技术风险主要涉及数字金融系统的软件开发、运维等方面，包括代码漏洞、系统故障等可能对系统安全造成的影响。概括而言，目前我国数字金融机构在数据治理中主要遇到以下三大难题：

第一，被动式治理为主，协同治理动力不足。目前，我国金融机构多采用"先建设后治理"的被动式数据治理方式，往往在关键系统建成后才尝试元数据管理和数据质量管控平台建设。这导致金融机构普遍存在数据台账建设混乱、数据治理模式低效、责任主体不明晰的现象，职能部门在数据治理方面多方推诿，数据质量问题难以得到有效解决。比如，在处理某数字金融业务的数据指标管理问题时，某金融机构的业务管理部门、系统研发部门、统计部门互相推诿，使得一份事实确认书出具了三份不同的情况说明，严重影响金融机构的风险管理。

第二，数据标准化程度低，治理根基较弱。以银行数据标准为例，目前，银行数据管理内容庞杂，主要分为四类科目：中国人民银行金融统计数据、反洗钱数据和金融基础数据，银保监1104报表数据和客户风险数据，银行财报和业务数据，其他外部数据。基于上述四类科目，不同的监管机构对报送数据的要求标准不同。此外，各金融机构在数据来源、模糊程度、数据关系、统计口径等维度的统计标准差异极大。

第三，数据"确责"不易，治理体系不完善。目前，银行机构数据治理归口部门多为信息科技、计划财务、风险管理等报表填报部门，但基础数据全生命周期管理却涉及多条业务线。银行等机构在日常管理中如果没有通过技术手段对各部门进行职责分工和绩效考核，而只是片面强调归口管理部门的职责，那么在治理过程中即使受到外部处罚、内部问责，也很可能无法产生治理效果。

依据上述问题可知，数据安全治理是一个"制度化"过程，其本质是构建并执行一个高度标准化的数据安全治理体系。该体系应包括明确的价值目的、必须遵从的规范和落实治理责任的组织机构。未来数据安全风险及其治理应从以下方面入手：

第一，加强数据安全管理。数字金融机构应该建立完善的数据安全管理制度，包括数据分类、权限控制、备份和恢复等方面的管理制度，确保数据的安全性和完整性。

第二，建立完善的数据安全监控机制。数字金融机构应该建立完善的数据安全监控机制，包括实时监控、漏洞扫描、事件响应等方面的监控机制，及时发现和处理数据安全事件。

第三，提高员工数据安全意识。数字金融机构应该加强员工的数据安全教育和培训，提高员工的数据安全意识和防范能力，防止内部人员出现数据安全问题。

第四，采用数据安全技术措施。数字金融机构应该采用安全技术措施，包括加密技术、网络隔离、防火墙、入侵检测等方面的技术措施，提高数字金融系统的安全性。

第五，加强法律法规监管。政府部门应该加强对数据领域的监管，完善法律法规制定，保障用户权益和数字金融市场的健康发展。

3. 数字技术风险及其治理

针对个人和企业，数字技术风险主要包括数字技术应用的伦理性风险、数字技术应用的合法性风险、数字技术应用的安全性风险。①

第一，数字技术应用需要警惕伦理性风险。 数字技术在给金融业带来极大便利的同时，一些负面效应也逐渐浮出水面。例如，大数据、人工智能等技术在分析和决策过程中展现出的超理性、无视人类情感的特性，可能使个人在海量数据信息面前丧失自我决策的能力。人们在运用数字技术的同时，也会逐渐依赖数字技术，成为受数字技术控制的"奴隶"。

第二，数字技术应用需要考虑合法性风险。 随着数字技术全方位介入人们的日常生活，人们在被动使用数字技术的同时，技术也在潜移默化地影响着人们的生活。比如，各种数字金融平台过多收集公民个人的有关信息，可能侵害公民隐私权及有关信息权益。此时，数字技术无约束地介入人们的生活，其合法性值得商榷。因此，在数

---

① 陈龙. 积极应对数字技术的社会风险 [R/OL]. (2022-01-04)[2022-08-21]. https://baijiahao.baidu.com/s?id=1720988181692028543&wfr=spider&for=pc.

字金融治理的过程中，监管机构必须明确规定技术的应用边界。

第三，数字技术应用需要防范安全性风险。 基于数字技术的金融活动行为日益暴露在公众视野中，遥感通信技术、大数据、云计算等数字技术的应用和推广，可能使个人的身份、位置、行为等信息置于风险之中。人们在享受着数字技术为金融业务带来便捷的同时，也可能需要面对数字技术带来的侵犯隐私的问题。这就导致在数字金融治理的过程中，监管机构必须对技术带来的安全性风险设置防火墙。

针对数字技术风险的治理，国内外均没有可借鉴的成功经验。目前，我国仅仅通过立法的方式进行治理。但是，立法的治理方式显然具有较强的滞后性，并没有从风险的来源和传播角度去防范。

（二）数字金融治理的外控监管

数字金融治理的外控监管主要是指国家监管部门或行业协会针对从事不同数字金融业务的机构进行不同模式的监管。在数字金融发展尚未成熟之前，外控监管主要集中在反垄断监管和不同数字金融业务的监管政策上。

1. 数字金融治理中的外控监管模式

面对已经开启的数字经济时代，我们有必要准确认识数字金融治理的本质，设计监管的总体框架，推行基于风险承担节点的审慎管理和基于算法的行为监管。数字金融中的监管模式主要有分业监管、功能监管、混业监管、双峰监管与行为监管等。

分业监管 是根据金融业内不同机构主体及其不同业务范围而分别进行监管的机制。在我国的分业监管模式中，多个金融监管机构共同承担监管责任。一般情况下，银行业和保险业由中国人民银行和国家金融监督管理总局负责监管，证券业由证券监督管理委员会负责监管。各监管机构既分工负责，又协调配合。

功能监管 是按照金融业务的性质来划分监管对象的金融监管模式。例如将金融业务划分为银行业务、证券业务和保险业务，监管机构针对各类业务进行监管，而不论从事这些金融业务的机构性质如何。功能监管相比分业监管更加具体，突出金融业务的属性。

混业监管（综合监管） 是指由一家监管机构对所有金融机构的全部金融业务进行全面监管，对多类监管机构进行整合，形成一元监管体系。为了适应金融混业经营的需要，避免监管真空和重复监管，提高监管效率，鼓励金融创新，2004年原银监会、证监会、原保监会发布分工合作备忘录，监管三方达成了信息共享和重大事件通报以及每季度召开一次监管联席会议的共识，开始了混业监管的尝试。但是，即便到现在，对于金融混业监管的试点，还没有明确的机构审批部门。

双峰监管 是根据监管目标将监管机构分为两类：一类监管机构负责金融体系和

机构的宏微观审慎监管，以确保金融体系的安全与稳固；另一类监管机构负责金融机构发展业务过程中的行为监管。这种模式最早在澳大利亚实践运行，2008年金融危机之后英国也转向双峰监管模式。英国的双峰监管实践中，由英格兰银行内设的金融政策委员会（Financial Policy Committee，FPC）和审慎监管局（Prudential Regulation Authority，PRA）负责宏微观审慎监管，金融行为监管局（Financial Conduct Authority，FCA）则负责金融机构的行为监管和消费者权益保护。

行为监管是政府通过特定的机构（如我国的人民银行、原银保监会、证监会等）对金融交易行为主体进行的某种限制或规定，是关于金融产品交易者以及市场交易方面的政府规制（陆雄文，2013）。由于金融机构的资本构成比较独特，大股东的监管动力较弱，因此政府基于企业行为的外部监管十分必要，可以防止金融机构利用资金优势操纵市场。

数字金融治理下的监管模式主要是综合监管和功能监管。2017年，全国金融工作会议上首次提出"强化综合监管，突出功能监管"的要求。为落实这一要求，国务院确立"一委（国务院原金融稳定发展委员会）一行（中国人民银行）两会（原银保监会和证监会）"的综合监管顶层架构，金融监管近年来持续在多个细分领域按照"实质重于形式"原则，推动同类业务监管规则统一，国内金融监管模式也逐步从机构监管向功能监管转型。数字经济时代，随着金融与数字技术的进一步融合，金融市场各类机构专业化分工、协同发展的趋势走强，功能监管模式的价值日益凸显。此外，2022年5月原银保监会就《银行保险机构消费者权益保护管理办法（征求意见稿）》（以下简称《管理办法》）公开征求意见。总体来看，《管理办法》体现出对银行、保险等金融机构的多元化业务的管理，涉及各个环节的全流程管理，推动了工作机制长效化和监管措施功能化的提升。

2. 数字金融治理的监管政策

我国曾有的"一行三会"①监管模式在面对日渐复杂的金融体系和纵横交错的金融业务时，容易出现监管空白。而原银监会和原保监会的合并，也预示着分业监管模式已不适合当下时代，混业监管、功能监管和行为监管模式逐渐走上舞台。然而，对于金融风险多元化的特征，监管政策的难点在于识别和定义错综复杂的数字金融业务，以归入不同监管部门的管理领域，确保功能监管部门之间不存在重叠和盲点。

随着数字金融的不断发展，为了整顿行业、清除监管盲区，2018年中国人民银行

---

① "一行三会"是2018年国家机构改革前国内金融界对中国人民银行、中国银行业监督管理委员会、中国证券监督管理委员会和中国保险监督管理委员会这四家金融监管部门的简称。

等多部门联合出台了《关于规范金融机构资产管理业务的指导意见》，提出了以功能监管理念为核心，从多个方面整合了理财、基金、信托等多种形态、多种类型资管产品的监管标准。上述法规的落实为资管行业的稳定和发展奠定了基础，也为其他数字金融业务提供了功能监管转型的成功案例。对于一些正在为功能监管转型蓄力的行业，监管机构常常缺乏足够的监管能力，在人员编制、专业知识储备和监管工具等诸多方面都存在不足。一个可行性较强的方案是建立监管沙盒，在一定区域内公平、公正、公开地遴选出一部分金融科技机构，为其创新提供空间，并不断调整既有监管框架，探索新的监管边界。此外，监管机构对纳入监管沙盒的企业进行要实时动态跟踪观察，建立合理的监管框架，为行业建立标杆和规范。建立监管沙盒的最终目的是引导企业正向发展，促进行业自律，使行业长久健康发展。表8-4总结了2021年以来我国数字金融治理的主要政策。

表8-4 2021年以来我国数字金融治理的主要政策

日期	文件、法规名称	主要内容
2021年6月10日	《中华人民共和国数据安全法》	强调了企业需要制定相关制度来保障数据安全，补救数据安全风险，上报数据安全事件
2021年6月29日	《深圳经济特区数据条例》	率先就数据保护和利用进行地方立法，规范数据要素市场化行为，推动数据的有序流动
2021年9月30日	《上海市数据条例（草案）》	在《中华人民共和国数据安全法》等上位法的框架下，结合上海实际，建立了全面的数据安全治理体系
2021年9月30日	《工业和信息化领域数据安全管理办法（试行）（征求意见稿）》	旨在加快推动工业和信息化领域数据安全管理工作的制度化、规范化水平，提升工业、电信行业数据安全保护能力，防范数据安全风险
2021年11月1日	《中华人民共和国个人信息保护法》	立足于数据产业发展实践和个人信息保护的迫切需要，更全面地保障个人权利
2021年11月16日	《网络安全审查办法》	将网络平台运营者开展数据处理活动影响或者可能影响国家安全等情形纳入网络安全审查
2022年1月30日	《中国银保监会银行业金融机构监管数据标准化规范（2021版）》	从宏观视角到业务实操的微观层面，原银保监会对商业银行的数据治理提出了细致的要求
2023年8月16日	《2023公共数据金融应用白皮书》	国内首部聚焦公共数据面向金融领域开放和应用的白皮书，辨析了公共数据、公共数据开放、授权运营等公共数据金融应用领域的核心概念

3. 数字金融治理中的反垄断监管

反垄断监管是数字金融治理中重要的内容，数字金融的扩张具有极强的规模性和网络效应,所以我们有必要为反垄断监管设立一个专题进行讨论。2022年6月,十三届全国人大常委会第三十五次会议表决通过了关于修改《中华人民共和国反垄断法》的决定。新法通过调整"安全港"规则,完善了数字经济、平台经济的监管制度。创新的数字技术带来了更大的市场不透明度,使得垄断利润远超传统产业的平均水平。此外,垄断者往往在很短时间内就从竞争者变身为市场权力的超级掌控者,继而进行无序扩张,导致妨碍公平竞争、抑制创业创新、扰乱经济秩序、损害消费者权益等问题。

平台经济具有双边市场①、网络效应②、锁定效应③等特点,目前对平台垄断的认定在理论上存在一定分歧,各地司法判决也时有争议。我国大型互联网平台在数字金融领域已显露出一定的垄断特征,例如,利用平台用户数量优势进行金融产品导流,相关经营行为不但妨碍了公平竞争、损害了消费者合法权益,还可能带来系统性风险。表8-5给出了我国主要大型互联网平台的基本业务类型。

表8-5 我国主要大型互联网平台的基本业务类型

平台	金融类业务					
	信贷	基金	保险	支付	征信	金融产品导流
腾讯	微众银行 财付通	无	和泰人寿 众安保险	财付通	百行征信	是
阿里巴巴	网商银行 蚂蚁消费 蚂蚁小贷	天弘基金	信美人寿 国泰产险 众安保险	支付宝	芝麻信用 百行征信 钱塘征信	是
百度	百信银行 满易小贷	无	无	度小满	度小满征信	是
京东	京小贷	金顺东投资 东家铂睿	安联财险	网银在线	朴道征信 恒先君展	是
美团	亿联银行 重庆三快小贷	无	无	钱袋宝	无	是
滴滴	杭银消费金融 西岸小贷	无	现代财险	滴滴支付	无	是

资料来源:深圳银保监局课题组.大型互联网平台金融领域反垄断初探[J].中国银行业,2022(3).

从表8-4中可以看出我国数字金融发展存在互联网大平台集中发展趋势,已形成

---

① 双边市场也被称为双边网络,是有两个互相提供网络收益的独立用户群体的经济网络。
② 网络效应指某种产品对一个用户的价值取决于使用该产品的其他用户的数量的现象。
③ 锁定效应指两个相同意义上的科学技术产品,较先进入市场的产品积累了大量用户,用户已产生依赖,后进入市场的产品由于这种依赖很难再积累到用户。

两个方面的特征。一方面，经过多年发展，部分大型互联网平台实质上已成为综合金融集团，但在公司治理、风险管理等方面却处于"黑箱"状态。这种黑箱状态使得集团内不同实体之间是否得到有效隔离、关联交易是否合理、资本是否充足、风险是否准确计量与有效管控等问题尚待解决。另一方面，平台渠道引流的实质是从事征信或金融产品销售，而实际情况是很多平台并未取得相关业务牌照。

监管部门作为数字金融治理的实施者和市场的监督者，应该结合数字金融的垄断特征，分类"瓦解"垄断行为。（1）谨防网络的无序扩张。网络效应是平台经济最大的特点，也是数字金融治理的关键点。对数字金融市场而言，网络效应使平台规模越来越大，市场力量越来越强，导致市场竞争效率低下、竞争状况恶化。（2）遵循"同样业务，同样监管"的原则，确保大型科技公司参与金融活动与传统金融机构受同样监管规则的约束。科技公司进入金融业，必须持牌经营，切实履行信用评估、风险管理、反洗钱等合规要求和义务。（3）明确数字金融市场边界。在数字金融市场，不同的平台差异非常大，它们有不同的用户、不同的平台属性、不同的规模和不同的商业模式，更需要我们明确数字金融市场的边界。（4）引入新的反垄断监管工具。数字经济时代下，垄断的形式和技术含量将会越来越丰富，传统的反垄断工具（例如数据监测、行业监管等）很难满足市场发展现有的需求，而人工智能、区块链等工具的使用能够及早识别垄断、发现垄断和治理垄断。

第三节　数字金融治理的发展历程与趋势

数字金融治理的发展促进了数字金融在理论和应用领域的不断发展。系统梳理数字金融治理的发展历程，有助于我们了解数字金融治理的发展脉络和分析数字金融治理的发展趋势。基于此，本节将从国内外视角出发，分别介绍数字金融治理的发展历程。

一、外国数字金融治理的发展历程

本小节主要介绍美国和英国数字金融治理的发展历程。美国实行总统任期制，其政策延续性较弱，故我们以历届政府为时间轴分析美国数字金融治理的发展历程。

（一）美国数字金融治理的发展历程

美国数字金融治理是一部沿着"金融自由化—金融危机—强化监管—放松监管—金融自由化"螺旋式发展的历史。具体来看，20世纪末至2008年金融危机前和2017

年至今属于"金融自由化时代",而 2009 年至 2017 年奥巴马政府执政期间(奥巴马于 2017 年 1 月 20 日卸任)属于"强化监管"时代。美国数字技术和金融市场都十分发达,数字金融的各个领域起步很早,但美国成熟完善的传统金融市场也阻碍了数字金融的发展。特朗普(Donald Trump)执政期间,美国回归"金融自由化时代",放松了对区块链技术应用的限制和加密货币的监管,在数字金融领域争夺国际领先地位与市场优势。图 8-3 给出了美国数字金融治理发展历程中的标志性事件。

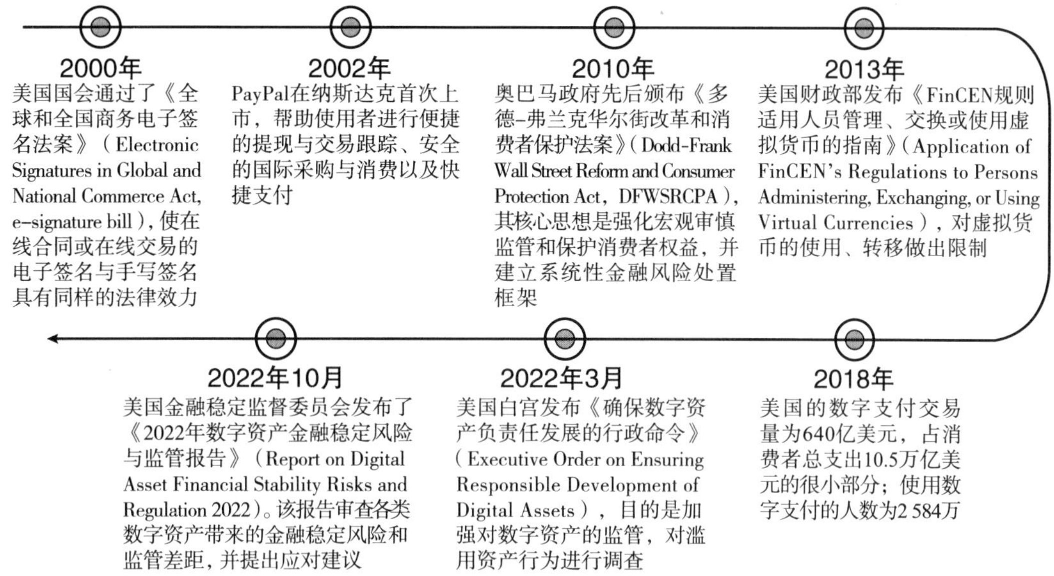

2000 年
美国国会通过了《全球和全国商务电子签名法案》(Electronic Signatures in Global and National Commerce Act, e-signature bill),使在线合同或在线交易的电子签名与手写签名具有同样的法律效力

2002 年
PayPal 在纳斯达克首次上市,帮助使用者进行便捷的提现与交易跟踪、安全的国际采购与消费以及快捷支付

2010 年
奥巴马政府先后颁布《多德-弗兰克华尔街改革和消费者保护法案》(Dodd-Frank Wall Street Reform and Consumer Protection Act, DFWSRCPA),其核心思想是强化宏观审慎监管和保护消费者权益,并建立系统性金融风险处置框架

2013 年
美国财政部发布《FinCEN 规则适用人员管理、交换或使用虚拟货币的指南》(Application of FinCEN's Regulations to Persons Administering, Exchanging, or Using Virtual Currencies),对虚拟货币的使用、转移做出限制

2022 年 10 月
美国金融稳定监督委员会发布了《2022 年数字资产金融稳定风险与监管报告》(Report on Digital Asset Financial Stability Risks and Regulation 2022)。该报告审查各类数字资产带来的金融稳定风险和监管差距,并提出应对建议

2022 年 3 月
美国白宫发布《确保数字资产负责任发展的行政命令》(Executive Order on Ensuring Responsible Development of Digital Assets),目的是加强对数字资产的监管,对滥用资产行为进行调查

2018 年
美国的数字支付交易量为 640 亿美元,占消费者总支出 10.5 万亿美元的很小部分;使用数字支付的人数为 2 584 万

图 8-3 美国数字金融治理的发展历程

资料来源:根据公开资料绘制。

20 世纪末至 2008 年金融危机前阶段,美国金融自由化运动盛行,为数字金融发展和治理提供了良好的市场环境。以美联储前主席格林斯潘(Alan Greenspan)为代表的监管者们奉行"最少的监管就是最好的监管"理念,一定程度上忽视了政府干预的重要性和必要性。与此同时,美国分业监管模式的弊端不断显现,监管部门之间存在交叉和重复监管的现象。这种自由的金融监管体制一方面为次级贷款的扩张推波助澜,最终导致次贷危机爆发;另一方面也为美国数字金融提供了发展的土壤。

奥巴马政府时期,《多德-弗兰克华尔街改革和消费者保护法案》推出,美国金融市场进入"强化监管"时代。基于金融危机的惨痛教训,从 2009 年奥巴马总统上任至 2017 年卸任期间,奥巴马政府先后采取多项措施,积极推动金融监管改革。《多德-弗兰克华尔街改革和消费者保护法案》是其中最重要的立法,其核心思想是强化宏观审慎监管和在数字金融中保护消费者权益。《多德-弗兰克华尔街改革和消费者保护法案》的主要内容包括：（1）重构监管体系，宏观审慎监管和微观审慎监管并重；（2）新设相关金融监管机构，加强对金融消费者和投资者的保护；（3）引入沃尔克规则（Volcker Rule），严格限制银行从事高风险业务。如图8-4所示，2008年金融危机后美国的金融监管体系主要以联邦政府和州级监管机构为主，通过联邦的储蓄监管机构、证券监管机构、金融稳定监督委员会等机构，联合州级金融监管机构对金融行业进行联合管理。

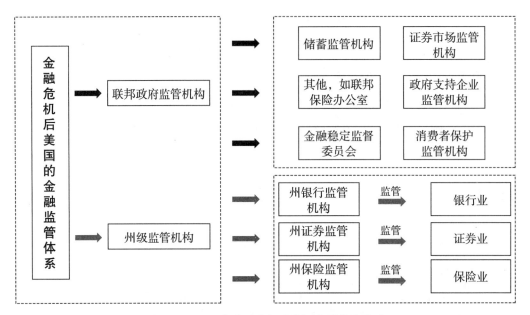

图8-4　2008年金融危机后美国金融监管体系

资料来源：根据公开资料绘制。

特朗普政府强烈批判过去严格的监管体系带来的金融低效和滞涨，并迅速启动监管放松进程，主要方式有行政手段和法律改革。 特朗普政府改革金融监管的核心内容包括：（1）提高系统重要性金融机构的资产认定门槛；（2）大幅放松对大型银行的监管标准，较大程度放松对中小银行的监管标准。在数字技术发展方面，美国政府和美联储都承认数字金融领域的相关技术是未来基础设施的重要部分，但一直对其发展持谨慎态度，更多地关注个人数据保护、反洗钱和反恐怖主义融资等方面。

拜登（Joseph Biden）政府执政以来致力于以元首外交、峰会外交和多边联盟等方式完善符合美国国家利益的数字金融政策。 总体来看，由于缺乏国内数字金融立法支持，美国引领全球数字金融治理的难度较大。但是在数字货币的治理方面，拜登政府发布了首个关于美国加密资产监管框架的指令，其内容包括金融服务业应如何发展以简化无边界交易，以及应如何打击数字资产领域的欺诈行为。此外，我们还梳理了美国不同类别的数字金融治理机构的职责：

（1）储蓄监管机构（Depository Regulators）：负责监管吸收客户存款。

（2）证券市场监管机构（Securities Markets Regulators）：负责监管证券产品、市场和市场参与者。

（3）政府支持企业监管机构（Government-Sponsored Enterprise Regulators）：负责监管及促进抵押贷款、房地产信贷市场和农业信贷市场。

（4）消费者保护监管机构（Consumer Protection Regulator）：负责金融活动中的消费者保护。

美国金融治理中的不同监管机构的监管对象和权力分配如表8-6所示。

表8-6 美国数字金融治理的主要监管机构、监管对象和权力分配

监管机构	监管对象	部分重要权力
储蓄监管机构		
美联储	• 银行控股公司、金融控股公司、证券控股公司、储蓄和贷款控股公司； • 选择成为其会员的州级银行以及外资银行办事处	• 通过执行其政策和法规行使监管权力，包括签发终止令、免去银行和控股公司高管的职务、征收罚款、取消银行的成员资格等 • 规划央行数字货币的实施进程
货币监理署 (Office of the Comptroller of the Currency, OCC)	• 国民银行、外资银行的美国联邦分支机构和联邦特许储蓄机构	• 授予国民银行经营权、审查机构设立及合并的申请、发布终止令等 • 依法监管稳定币的发行、赎回和储存等使用过程 • 推进数字技术在稳定币使用领域的发展
联邦存款保险公司 (Federal Deposit Insurance Corporation, FDIC)	• 联邦保险储蓄机构、非联邦储备系统成员的州银行的基层联邦监管机构以及州特许储蓄机构	• 有权审查所有在FDIC投保的银行 • 充当破产银行的接管人以及管理存款保险基金 • 识别和监控存款产品中的风险，为金融数字化的广度提供支持
全国信用社管理局 (National Credit Union Administration, NCUA)	• 联邦特许或联邦保险的信用合作社	
证券市场监管机构		
证券交易委员会 (Securities and Exchange Commission, SEC)	• 证券交易所、经纪自营商、清算结算机构、投资基金、投资顾问以及投资公司 • 国家许可的评级机构 • 向公众出售证券的公司	• 保护投资者的权益以及维护市场交易的公平、有序和有效进行 • 限制证券活动中的欺诈、操纵、过度投机和内幕交易等活动，减少数字化的信息不对称性带来的风险
商品期货交易委员会 (Commodity Futures Trading Commission, CFTC)	• 期货交易所、期货经纪商、大宗商品经营者、结算机构	• 对在美国境内交易的"大宗货物权益"拥有专属管辖权

（续表）

监管机构	监管对象	部分重要权力
政府支持企业监管机构		
联邦住房金融局 (Federal Housing Finance Agency, FHFA)	• 房利美、房地美和联邦住房贷款银行	• 控制住房贷款的利率和基准贷款限额
农业信贷管理局 (Farm Credit Administration, FCA)	• 农场信用系统、联邦农业房贷公司	
消费者保护监管机构		
消费者金融保护局 (Consumer Financial Protection Bureau, CFPB)	• 非银行抵押贷款相关公司以及由 CFPB 决定的"消费者金融实体" • 资产超过 100 亿美元的银行	• 制定规则并为所有银行服务的消费者提供保护

资料来源：根据公开信息整理。

（二）英国数字金融治理的发展历程

英国数字金融治理仍处于起步阶段。目前，英国的数字金融治理体系以英格兰银行为核心，形成了金融行为监管局 (FCA) 和审慎监管局 (Prudential Regulation Authority, PRA) 的双峰监管体系，两者都受金融政策委员会 (Financial Policy Committee, FPC) 指导。英格兰银行的主要任务是按照政府要求制定国家金融政策，其职能分为政策和市场、金融结构和监督、业务和服务三个部分。金融政策委员会的主要作用是识别、监控以及采取措施以避免数字金融市场产生系统性金融风险，其主要监管对象是商业银行以及其他债权公司的数字金融业务。审慎监管局的主要监管对象是商业银行、信用合作社、保险公司和大型投资公司，并对宏观审慎监管和微观审慎监管负责。金融行为监管局完全由受它监管的公司资助，其三大主要功能是把控适当程度的政策以保护数字金融市场中的消费者、保护和提高英国数字金融体系的完整性、营造数字金融治理的良好竞争氛围并避免操控市场的行为。

在英国脱欧的大背景下，英国正在逐步废除数百条欧盟法律，英国的金融监管架构将再次由英国的专家和独立的监管机构决定，这将进一步刺激伦敦金融城的发展。未来，英国数字金融治理的目标包括：（1）增强英国在数字货币市场的影响力，推广数字货币的使用场景，使英国成为全球加密资产技术和创新中心；（2）放松部分监管条款，鼓励金融改革；（3）推进金融监管的数字化转型，通过"金融监管推送"等数字监管计划,减少政策文件带来的程序化压力,提高金融效率。

二、我国数字金融治理的发展历程

我们先对我国数字金融治理的发展历程及大事件进行了梳理,如图8-5所示。我国的数字金融治理发展历程可大致分为四个阶段:20世纪末至2007年为我国数字金融治理发展的种子期;2008—2015年为萌芽期;2016—2021年为探索期;2022年以后为成长期。

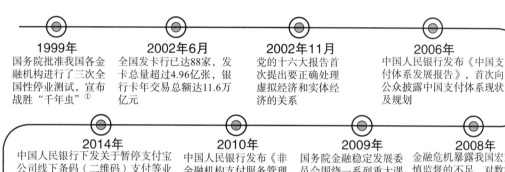

图 8-5　国内数字金融治理的发展历程

资料来源:根据公开资料绘制。

1. 种子期

20世纪末至2007年是我国数字金融治理发展的种子期。 2000年前后,我国互联网正处于飞速发展期,国内的金融机构充分利用互联网技术带来的普惠性进行业务模式更新。第一,发行存折、信用卡等产品,提高了货币等金融资产的流通性;运用数字技术,大幅降低了金融服务的获取门槛。第二,在业务创新方面先后建成了电子联行、资金清算等支付结算系统,开办了通存通兑、银联通、外汇买卖等新业务,并向

---

① "千年虫",又称"计算机2000年问题",是指在某些使用了计算机程序的智能系统中,由于其中的年份只使用两位十进制数来表示,因此当系统进行(或涉及)跨世纪的日期处理运算时,就会出现错误的结果,进而引发各种各样的系统功能紊乱甚至崩溃。

电子货币、基金托管、财务顾问、家庭银行等方面延伸。第三，金融机构先后开展数据集中的金融信息化工程，确保客户在任何时间、任何地点享受到全功能的服务；开始构建客户关系管理系统，深度挖掘客户需求，并有针对性地提供服务。

然而，新兴事物往往伴随着巨大的潜在风险。在此时期，我国数字金融治理主要面临技术缺陷、法律滞后等风险。同时，在适应金融市场、完善监管体制和培养数字化人才方面仍然存在一系列问题。

（1）数字技术本身固有的缺陷带来较大风险。高科技并非完美无瑕，其互联互通的特性容易带来系统性风险，例如机构为解决"千年虫"不得不投入巨额资金用于计算机的升级改造。

（2）数字金融创新面临法律滞后问题。关于数字金融的法律体系仍不健全，数字化的证据、信息的公信力仍未取得共识，在电子签名、密码、指纹等信息的使用范围和法律效力方面可能产生纠纷。

（3）传统管理体制与数字金融创新不适应。数字金融的兴起使金融机构的业务、服务范围更广、业务边界更模糊，然而传统的监管模式容易出现监管漏洞，在信息管理、市场管理、金融服务创新等方面出现一定的监管滞后。

（4）缺乏数字金融复合型人才。我国金融体系中缺少既懂计算机专业技术，又掌握金融业务知识和管理科学知识的复合型人才。

2. 萌芽期

2008—2015 年是我国数字金融治理发展的萌芽期。历经 2004 年连续发生的"假冒网站""网络大盗"等事故、2006 年"熊猫烧香"事件后，我国加强了网络安全的建设，数字技术的安全性得到重视。然而，数字金融的法律、道德风险尤为凸显，监管体制落后的问题仍未得到解决，主要体现在：

（1）监管部门注重控制技术风险、安全风险的同时，忽视了对网上银行等数字金融机构发展的战略风险和法律风险的监控。由于缺乏自上向下的标准化规章制度，某些监管工作很难落到实处，监管措施流于形式；在法律方面，我国监管法律法规体系不健全，部分法律存在重复和交叉等问题。

（2）金融危机暴露了我国宏观审慎监管的不足。不同于微观审慎监管，宏观审慎监管更关注金融系统的整体性风险，目的是避免金融机构之间负面作用的冲击导致金融系统不稳定。我国监管部门需要储备足够的金融工具、挖掘更深层次的宏观审慎监管工具，以应对金融系统的不稳定。

（3）低效的"金字塔"形监管信息系统。以银行业为例，央行监管形成了从中国人民银行总行到各县区支行的层级分明的架构。从当时的信息生成系统来看，监管信息主要来自各监管层级的直接监管对象和下一级监管层级，横向监管部门之间几乎没有建立起有效的信息交流网络；纵向部门之间主要是下层为上层单向地提供数据信息，而下层很少能得到来自上层的信息。

（4）缺乏对监管信息质量的具体要求和严格的法规约束、监管机构与监管对象之间具有信息不对称性，造成监管信息存在一定程度的失真。由于缺乏一套标准统一的金融业会计制度和信息披露制度，监管对象或出于粉饰自身经营业绩的目的，对报表数据的准确性、及时性、真实性没有引起足够的重视，向监管机构提供失真的信息，从而带来信息质量风险。

3. 探索期

2016—2021年是我国数字金融治理发展的探索期。在此期间，我国金融监管体系逐渐向适应数字化金融市场的方向发展，具体有以下特征：

（1）监管分工细化，从机构监管转向功能监管和行为监管。2018年3月，国务院整合原银监会和原保监会职责，组建中国银行保险监督管理委员会，使得我国从机构监管到功能监管的过渡率先在银行业和保险业实现，有助于集中整合监管资源，提高监管质效。

（2）从微观审慎监管转向宏观审慎监管。宏观审慎监管以维护金融体系稳定为首要任务，核心目标是防止金融系统风险波及整个经济系统。2018年9月《关于完善系统重要性金融机构监管的指导意见》指出要重点解决重要金融机构"大而不倒"的问题，通过科学认定重要金融机构、加强监管和建立特别处置机制，降低重要金融机构发生重大风险的可能性，并确保在发生重大风险时其关键业务和服务不中断。

（3）数据安全风险逐渐从数据技术的安全风险转变为相关法规不健全引致的风险。技术漏洞导致经济损失的技术风险在不断减少，取而代之的是侵犯隐私导致的法律风险。数字金融的发展离不开大数据技术，然而发展大数据的过程中可能会侵犯个人隐私，二者之间必须取得平衡。此外，与大数据相关的金融基础设施不足，是新金融业态存在新风险隐患的主要原因之一。

4. 成长期

2022年以后是我国数字金融治理发展的成长期。2022年1月，原银保监会发布《关于银行业保险业数字化转型的指导意见》，要求以数字化转型推动银行业和保险业高质量发展，构建数字金融新格局。从总体来看，未来金融业数据治理应更加健全，数据管理能力、数据质量控制能力、数据应用能力应进一步提高；大幅提升科技能力，优化数据基础设施布局，全面提升网络安全、数据安全和风险管理水平；加强业务合规性管理和数字化环境下的流动性风险管理,加强组织保障和监督管理。例如2022年度浙江省检察机关充分执行"数字赋能监督,监督促进治理",督办了医保诈骗监督类案、虚假司法确认监督类案、涉企"挂案"监督类案等各类案件。2023年3月,国家金融监督管理总局在中国银行保险监督管理委员会的基础上组建成立,成立当月发文称要以科技赋能数字化监管,进一步强调数字治理的重要性。

三、数字金融治理的发展趋势

未来数字金融发展主体应以持牌机构为主,所以未来数字金融治理将会在一个高标准化的行业背景下进行。本小节将从数据和数字技术两方面介绍数字金融治理的发展趋势。

(一)数字金融治理中的数据应用趋势

对数字金融而言,数据的重要性不言而喻。随着数字金融的不断发展,未来无论是数据规模、数据种类还是数据来源都将面临挑战,所以数据是数字金融治理未来发展的重要内容之一。数据应用趋势根据数据的应用流程又分为生态治理、标准治理和中台治理。①

1. 金融数据的生态治理

在数字技术不断发展和创新的背景下,传统金融机构开始寻求数字技术的支持。金融机构利用其场景广泛的数据以及由此形成的多样化的模型方案来提升数据治理能力,而拥有数字技术的科技公司有着多场景、多维度、多结构的大数据优势,双方在数据层面的合作,将有利于传统金融机构扩大授信范围、关注到更多长尾人群、减少授信风险,进而提高数字金融服务能力。例如,蚂蚁科技是一家兼具金融和数字技术的公司,其创新模式建立在丰富的大数据和风控技术上。蚂蚁科技的核心竞争力不仅在于其领先的数字技术,更在于其依靠数字技术和场景建立起来的数字金融生态。由于掌握着大量商户和个人的数据,蚂蚁科技可以根据不同客体的资产状况、风险偏好、价格敏感度等采取差异化的价格策略和产品战略,提高数字金融的普惠性。所以,未来金融数据的生态治理将会决定数字金融治理的广度和深度。

2. 金融数据的标准治理

在数字技术日新月异的发展趋势下,数据成为驱动数字金融发展的核心引擎。然而因为在复杂环境中产生,金融数据天生带有"不统一性",从而容易产生数据孤岛、数据管理分散、数据安全等问题。金融数据治理难度高、必要性强,为完善数据治理,

---

① 刘元兴,王好好. 金融数据治理的特征与趋势——金融科技观察[J/OL]. 银行家杂志,2018(24)[2023.06.21].https://baijiahao.baidu.com/s?id=1620062481041264850&wfr=spider&for=pc.

建立健全法律法规体系势在必行。

近年来，国家相继颁布金融数据的相关标准，主要包括数据安全和数据规范两方面。（1）数据安全标准方面。2017年6月实施的《中华人民共和国网络安全法》和2021年9月实施的《中华人民共和国数据安全法》分别聚焦网络层面的安全规范、主权与合法协议、全生命周期的数据处理规范和数据安全，维护国家主权和安全。2020年和2021年中国人民银行分别发布《金融数据安全分级指南》和《金融数据生命周期安全规范》，对我国数据安全管理提出新的要求，促使金融行业数据的保护朝着规范化方向发展。（2）数据规范标准方面。2018年9月，证监会发布了《证券期货业数据分类分级指引》《证券期货业机构内部企业服务总线实施规范》《期货市场客户开户数据接口》和《证券发行人行为信息内容格式》四项金融数据标准，从金融数据安全管理、企业服务总线、客户信息数据传输、证券发行人信息数据披露等方面，规定了证券期货从业机构的金融数据标准化治理规范。未来金融数据治理的安全保障和标准规范必将推动数字金融治理的发展。

3. 金融数据的中台治理

金融数据中的中台治理主要是在数据中台技术底座的基础之上，构建元数据管理、数据标准管理、数据质量管理和数据安全管理等数据管理功能，以支持实现数据中台的业务数据化、数据资产化、资产价值化，使金融机构能巧借"中台治理"提高数据的利用价值。数字经济时代下，对金融机构反应能力和创新能力的要求越来越高，金融机构需要强大的数据决策能力支撑。简单的前后台划分，无法充分发挥金融数据的"水库效应"，①因此金融数据中台治理逐渐成为金融机构数据治理的最佳选择。北京农商银行自建大数据平台进行数据结构化转换和碎片化数据整合等金融数据治理工作，正是利用第三方提供的"数据中台"解决方案。②金融科技服务商TalkingData聚焦打造"数据中台"的解决方案，为金融机构的数据标准、数据采集、数据管理、数据使用等一系列过程提供深层次的数据赋能方案。

（二）数字金融治理中的数字技术发展趋势

数字金融的发展本质上是通过不断加深数据、金融和技术的融合程度创造新的业务、流程和产品，并提高金融市场运行效率。纵观历史，金融行业发展初期仅借助传统IT的软硬件应用来实现办公的无纸化和自动化。在数字金融创业公司快速发展时期，

---

① 金融数据的"水库效应"是指将数据资料提炼出有价值的数据并进行集中存储、管控和分发，以支持在"以客户为中心"的经营理念的基础上所进行的金融数据创新。
② 王金山.北京农商银行：创新引领高效协同 数字化转型赋能高质量发展 [R/OL].（2022-06-17）[2023-01-22]. https://baijiahao.baidu.com/s?id=1735809402190029389&wfr=spider&for=pc.

金融行业利用互联网或移动终端的渠道汇集海量用户和信息，为开展金融业务开拓更大的市场。如今，人工智能、大数据等数字技术改变了传统金融信息采集模式和风险管理模式，甚至改变了投资决策模式，大幅提高了效率。因此，数字技术的应用也必将是数字金融治理发展的趋势之一。

数字技术是未来数字金融治理发展的重要推手。**一方面，数字技术对数字金融治理的重要性不言而喻**。目前对我国金融市场而言，完善网络安全管理迫在眉睫。监管机构不仅要加强金融数据领域的监管协调，深入应用监管沙盒等金融科技创新监管工具，推动金融科技跨境政策协调，还要从科技应用视角推动金融科技伦理治理体系建设。**另一方面，数字技术的应用引发的金融科技伦理问题需要未雨绸缪**。对于数字技术发展带来的金融科技伦理问题，我国监管部门已组织启动金融科技伦理指引、金融行业标准的研究工作，探索适宜的伦理原则和落地标准。中国人民银行在《金融科技发展规划（2022—2025年）》中明确提出，要加强金融科技伦理建设，促进创新与防范风险相统一、制度规范与自我约束相结合。2022年10月中国人民银行又下发《金融领域科技伦理指引》。在未来，监管部门应注重将金融科技发展速度控制在合适区间内，最大化发挥其普惠性和向善属性；还应该从社会承载能力、反垄断、消费者权益等多方面完善金融科技伦理治理体系建设。

素养目标

通过梳理与分析数字金融治理的相关概念和模式，以及数字金融治理的生态系统，结合数字金融治理的国内外发展历程和趋势，培养学生的数字治理思维，引导学生在未来数字金融发展中树立正确的金融价值观和职业道德观。

思考与练习

1. 数字金融治理的定义是什么，具有哪些特征？
2. 数字保险、数字支付等业务未来的数字治理方向是什么？
3. 数字金融治理的生态系统主要包括哪些方面？请简要描述。
4. 请简述国内外数字金融治理的发展历程。
5. 数字金融治理的未来发展趋势主要集中在哪些方面？
6. 请分析未来数字金融治理中的数据应用趋势。
7. 数字金融治理的实施体现了"四个自信"中的那些具体内容，请简要描述？

参考文献二维码

第九章
数字金融消费者权益保护

学习目标

通过本章的学习,学生应能够:掌握数字金融消费者权益保护的相关概念;理解数字金融消费者权益保护的相关理论;熟悉数字金融消费者权益保护体系;了解数字金融消费者权益保护的国外经验和国内实践;掌握数字金融消费者权益保护的基本原则和发展趋势。

案例导读

"Plus Token 平台"网络传销案

"Plus Token 平台"网络传销案作为公认的数字货币传销第一案,影响之广、涉案人数之多、涉案金额之大至今仍然令人瞠目结舌。2019 年 3 月,"Plus Token 平台"招揽投资者的广告出现在中国许多地方。不久,美国纽约时代广场的广告牌上也播放了"Plus Token 平台"的广告。之后,一张"Plus Token 平台"联合创始人 Leo 参加日内瓦世界数字经济论坛的照片流传开。然而实际上,所谓的谷歌高级工程师 Leo 的真实身份是湖南长沙一所大学的外籍留学生,其对外身份完全是由有关团队包装出来的。

"Plus Token 平台"缺少可以盈利的经营项目,但它以数字货币增值的名义,对外宣称可以通过"智能狗搬砖"① 功能来获得收益。平台要求每个会员至少缴纳 500 美元的门槛费,并将会员分为创世、大神、大咖、大户和普通会员五个等级,名义上会员可以通过高管收益、链接收益② 和智能搬砖收益三种形式获得收益。

---

① "智能狗搬砖"是一个能在不同交易所之间进行套利交易,从而赚取差价的系统。
② "链接收益"俗称"拉人头",即通过发展下级会员来获取返利。

但实际上,"Plus Token 平台"将发展会员、收取会费作为直接或间接的返利来源。

2020年3月,公安部将涉案成员全部抓获,一个币圈神话就此谢幕。该案的主要犯罪嫌疑人共有109人,涉及超过200万人,层级关系高达3 293层,涉及的货币总额超过400亿元。"Plus Token 平台"成立仅一年多时间,会员注册账号数量就达到293.3万个,收取的比特币高达31万余个,其他数字货币更是多达917万个。"Plus Token 平台"案件主犯被逮捕归案后,比特币价格狂跌30%。

这起案件也引起政府和企业对数字金融消费者权益保护工作的广泛关注。为什么有这么多数字金融消费者信任这种"人造神话"?如何避免这种事情再次发生?这些问题值得我们深入思考。

资料来源:杨天意.做数字货币钱包的 Plus Token,怎么就做成了传销?[EB/OL].(2021-06-11)[2023-8-28].https://www.360kuai.com/pc/962ecf67427d58d89.

数字金融给人们的生活带来了很大的便利,同时也带来了很多问题,数字金融消费者也面临更多风险。那么,数字金融消费者权益保护的概念是什么?数字金融消费者权益保护体系包含哪些内容?数字金融消费者权益保护的国外经验和国内实践如何?数字金融消费者权益保护的基本原则和发展趋势有哪些?本章将围绕这些问题展开探讨。

第一节概述数字金融消费者权益保护的相关概念、基本权益和理论依据;第二节阐述数字金融消费者权益保护体系;第三节介绍数字金融消费者权益保护的国外经验和国内实践;第四节梳理数字金融消费者保护的基本原则及发展趋势。

第一节　数字金融消费者权益保护概述

近年来,国家金融监管机构、数字金融从业机构及行业协会围绕数字金融消费者权益保护进行了大量的探索。包括2015年中国人民银行等十部委发布的《关于促进互联网金融健康发展的指导意见》等一系列政策文件指出,数字金融消费者基本权益保护是数字金融行业健康发展的重中之重。本节将介绍数字金融消费者、数字金融消费者权益保护和数字金融消费者的基本权益等相关概念。

一、数字金融消费者权益保护的相关概念

本节先厘清数字金融消费者的定义,并将金融消费者与数字金融消费者、金融消费者权益保护和数字金融消费者权益保护等概念进行对比。

在我国,"金融消费者"一词于 2006 年 12 月在原银监会发布的《商业银行金融创新指引》中出现,但是该指引并未明确金融消费者的概念和范畴。此后有学者认为金融消费者进行金融交易是"为了个人和家庭的生活需要"(陈文君,2010)。近年来,中国人民银行明确了金融消费者的概念,认为金融消费者进行金融交易的目的并不局限于"个人和家庭的生活需要",还可能是出于投资目的。2017 年 11 月,天津市互联网金融协会印发的《关于加强互联网金融消费者权益保护工作的指导意见》对"互联网金融消费者"的概念做出详细定义,这也是"互联网金融消费者"的概念首次被明确。表 9-1 梳理了部分机构与学者对金融消费者和互联网金融消费者的概念界定。

表 9-1　金融消费者和互联网金融消费者的概念

概念	机构/学者	时间	定义
金融消费者	陈文君	2010 年	为了个人和家庭的生活需要而购买金融产品或接受金融服务的自然人
	中国人民银行	2020 年	购买、使用金融产品或接受金融服务的自然人
互联网金融消费者	天津市互联网金融协会	2017 年	购买互联网金融产品或者接受互联网金融服务的自然人

资料来源:根据公开资料整理。

目前尚没有权威机构对"数字金融消费者"的概念做出解释。根据"金融消费者"和"互联网金融消费者"等概念,可以将**"数字金融消费者"定义为通过互联网等信息化手段购买数字金融产品或者接受数字金融服务的自然人**;将**"数字金融消费者权益保护"定义为数字金融供给方、行业协会以及政府相关部门对数字金融消费者在数字金融交易中的基本权益所采取的保护手段**。

二、数字金融消费者的基本权益

数字金融消费者的基本权益指数字金融消费者在数字金融交易过程中需要受到保护的基本权益,包括**财产安全权、知情权、自主选择权、公平交易权、依法求偿权、**

受教育权、受尊重权及个人信息权。① 具体内容参考表9-2。

表9-2 数字金融消费者的基本权益

权益	解释
财产安全权	数字金融消费者在购买数字金融产品以及接受数字金融服务过程中应当拥有财产不被非法侵犯的权利,是数字金融消费者的核心权利
知情权	数字金融消费者在购买数字金融产品或者接受数字金融服务时拥有知悉产品和服务真实信息的权利
自主选择权	数字金融消费者在购买数字金融产品和服务时应当享有自主挑选相关产品和服务的权利
公平交易权	数字金融消费者在购买数字金融产品或者服务时享有和数字金融供给方在权益和义务上的公平(各国对公平交易权均非常重视,例如国际上有"公平数字金融"等计划致力于保护该项权利)
依法求偿权	数字金融消费者在购买数字金融产品或者服务后受到人身、财产等方面的损害时,有获得合理赔偿的经济性权利
受教育权	也称求教获知权,是指数字金融消费者享有获得有关数字金融消费和数字金融消费者权益保护相关知识的权利
受尊重权	数字金融消费者在进行数字金融交易的过程中应当享有人格尊严和民族风俗得到尊重的权利
个人信息权	数字金融消费者对个人信息享有支配、控制并且排除他人侵害的权利。个人信息权分为信息查询权、信息删除权、信息封锁权、信息决定权、信息保密权、信息更正权和报酬请求权七种权利

拓展阅读

公平数字金融计划

公平数字金融(Fair Digital Finance)计划是国际消费者联盟(简称"国际消联")在2022年针对数字金融消费者的公平交易权所提出的。该计划呼吁全球消费者组织利用自身的影响力,支持所有数字金融消费者享有公平的数字金融服务。

国际消联将"公平数字金融"定义为不排斥任何数字金融消费者,同时能保障数字金融消费者个人信息安全的数字金融产品或服务。国际消联指出,数字金融在为数字金融消费者带来便利时,也衍生出新的风险。例如基于人工智能等数字技术的运用,各种不平等的合约条款、隐性费用以及诈骗等行为可能对数字金

---

① 2015年国务院办公厅印发的《关于加强金融消费者权益保护工作的指导意见》。

融消费者产生不公平的结果。鉴于此,国际消联建议加快建立对所有人都相对公平、安全、私有、可持续且具有完善的数据保护制度的数字金融市场。

资料来源:富子梅. 国际消联 2022 年关注"公平数字金融"[EB/OL]. (2022-03-14)[2023-8-28]. http://hm.people.com.cn/n1/2022/0314/c42272-32374469.html.

三、数字金融消费者权益保护的理论依据

数字金融消费者在数字金融交易中往往无法实现最优选择,其八大基本权益容易受到侵害。数字金融消费者无法实现最优选择的原因可以用三大现象进行阐述,分别为**信息不对称现象、格式合同现象和冲动消费现象**。

（一）信息不对称现象

信息不对称现象是指在数字金融交易中,数字金融供给者相比数字金融消费者能够掌握更多的信息,在交易过程中处于更为有利的地位的现象。[①] 信息不对称现象出现的主要原因有三。其一,**数字金融交易双方对数字金融产品信息所投入的成本不同**,这是产生信息不对称的根本原因。数字金融供给方比消费者投入更多成本用于搜寻信息,导致数字金融消费者获取的信息质量相对数字金融供给方的较差。其二,**数字金融供给方的不诚实信息披露行为会导致信息不对称现象**。数字金融供给方在披露产品信息时若存在隐瞒、虚报等情况,会导致数字金融消费者收集的信息质量较差。这些不诚实信息披露行为往往很难被数字金融消费者察觉,最终导致数字金融消费者的基本权益受损。其三,**产品愈发专业化**。随着数字金融产品越来越专业化、复杂化,数字金融消费者对数字金融产品质量和可靠性的甄别愈发困难,不具备一定专业知识的数字金融消费者很难甄选出合适的产品。

（二）格式合同现象

格式合同现象是指部分数字金融格式合同因阅读不易和暗含各类不公平条款,使数字金融消费者处于更加不利的境地,由此引发的侵害数字金融消费者权益问题愈发突出的现象。[②] 格式合同在我国也被称为附从合同、定式合同或标准合同,这种合同往往是制式的,即针对所有的数字金融消费者,合同内容部分相同或者完全相同。在数字金融交易中,数字金融供给方可以利用格式合同将风险转嫁给数字金融消费者。部

---

① 尹优平. 互联网金融消费者权益保护 [J]. 中国金融. 2014(12):75-76.
② 孙天琦. 消费者保护的法理分析 [J]. 中国金融. 2016(03):15-17.

分数字金融消费者并不理解格式合同的内容,认为被其他数字金融消费者普遍接受的合同不存在问题。在数字金融交易过程中,数字金融消费者需要授权的程序往往较多,较难耐心细致地阅读和分析合同具体内容。一些数字金融供给方往往会利用这种心理,利用晦涩难懂的专有名词对相关合同进行修改,使得看似没问题的合同深含套路。有时,即使数字金融消费者发现格式合同有不公平的条款,也因经济权衡或者投机心理而索性接受不公平条款。格式合同往往会对数字金融消费者的公平交易权、自主选择权、知情权以及依法求偿权造成侵害。

(三)冲动消费现象

冲动消费现象是指数字金融消费者因为冲动消费而在数字金融交易中无法进行最优选择的现象。[①]与传统经济学模型中假设的理性经济人不同,数字金融消费者在数字金融交易过程中容易产生虚荣心、侥幸心理与赌博心理等不理性心理,最终选择不适合自身的数字金融产品或服务。此外,数字金融消费者往往会接触到种类丰富的数字金融产品或服务,但理解产品或服务相关信息的速度较慢。由于数字金融消费的成交速度相对较快,数字金融消费者更容易产生冲动消费的倾向,在购买数字金融产品时很难做出最优选择。

第二节 数字金融消费者权益保护体系

本节通过梳理学界和业界现有观点,得到数字金融消费者权益保护体系,具体如图 9-1 所示。我们将从数字金融消费者权益保护机构、数字金融消费者权益保护的主要目标和数字金融消费者救济机制三个方面来介绍数字金融消费者权益保护体系。

一、数字金融消费者权益保护机构

数字金融消费者权益保护机构作为执行数字金融消费者保护的主体,主要包括数字金融供给方、数字金融消费者权益保护相关协会以及政府相关部门。

(一)数字金融供给方

数字金融供给方是指为数字金融消费者提供数字金融产品的机构,在进行数字金融消费者权益保护时通常采取**数字金融消费者教育、完善咨询与投诉体系**等方式。

---

① 尹优平. 互联网金融消费者权益保护 [J]. 中国金融. 2014(12):75-76.

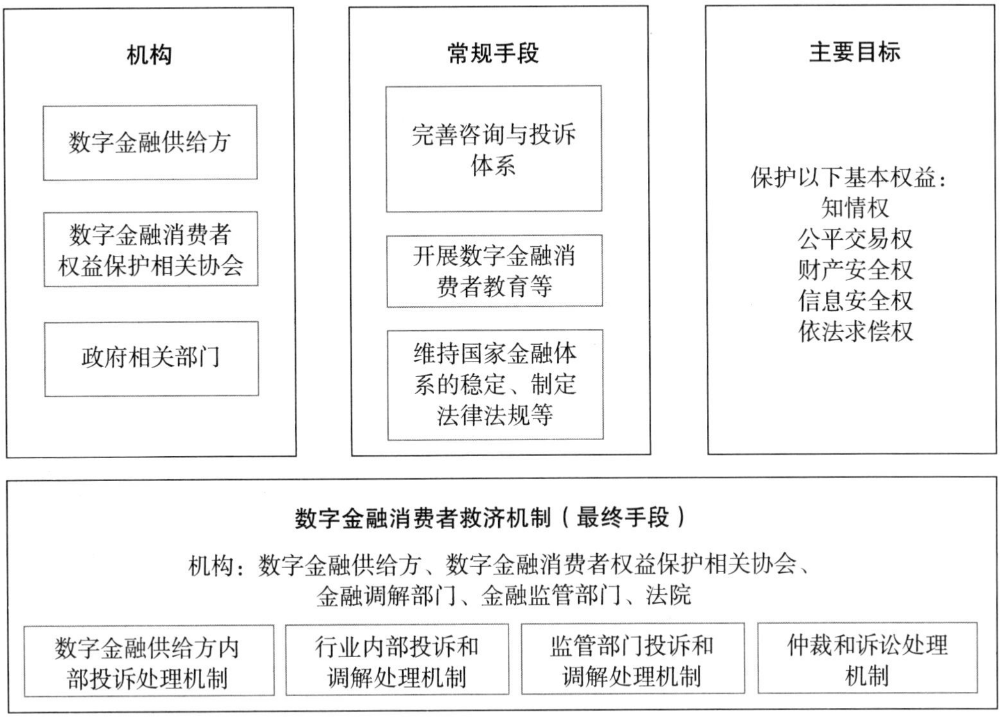

第九章
数字金融消费者权益保护

图 9-1 数字金融消费者权益保护体系

资料来源：根据公开资料整理。

数字金融供给方通过开展数字金融教育，加强对数字金融消费者受教育权的保护。数字金融供给方往往会通过官方网站宣传、App宣传、线下教育的方式介绍相关知识。我国七成左右的数字金融供给方会每年定期地进行金融消费者权益保护活动，三成左右的数字金融供给方还会专门针对农民、残障人士、下岗失业人群等弱势群体开展金融知识普及活动。[①]

数字金融供给方通过完善咨询与投诉体系，保障数字金融消费者的依法求偿权。我国部分数字金融供给方采用人工智能、云计算和大数据技术，对已有的咨询与投诉系统进行了智能化升级，从而优化了处理咨询和投诉任务的效率。例如，平安银行就曾推出AI智能系统用于处理咨询与投诉问题，提高了平安银行处理咨询与投诉任务的效率，详细内容可参见以下案例。

---

① 中国互联网金融协会金融消费权益保护与教育培训专业委员会. 数字金融消费者权益保护实践与探索（2020）[M]. 北京：中国金融出版社，2020.

拓展阅读

平安银行的AI智能系统

平安银行的AI智能系统是将人工智能等数字技术应用于数字金融消费者权益保护的典范之一。AI智能系统主要由AI智能咨询与投诉平台和AI精准宣教平台两部分组成。

（一）AI智能咨询与投诉平台

银行如何处理消费者的咨询问题是数字金融消费者权益保护工作中的重要一环，这关系到数字金融消费者的依法求偿权。平安银行运用人工智能技术全面升级其传统咨询系统，创建了具有"智能化、数字化、标准化"特点的AI智能咨询与投诉平台。

AI智能咨询与投诉平台对消费者咨询与投诉的全过程进行了梳理和优化，全面提升了用户体验以及咨询与投诉效率，实现了咨询与投诉环节的降本增效。AI智能咨询与投诉平台会在消费者询问后0.5秒内通过弹窗提供服务指引。在问题处理环节，AI智能咨询与投诉平台依据"客户画像"分析和2万多条真实投诉案例，成功汇编了"最佳处理案例"智能匹配系统。在客户诉讼管理环节，AI智能咨询与投诉平台通过"热力图"，实现了客诉问题的"投诉原因、办理渠道、业务部门、业务类别、机构排名"等多维度管理，覆盖了客户投诉的全过程。如今，AI智能咨询与投诉平台的智能预警功能已经上线，可以对已发现或者预测到的异常事件进行及时的警告、预防和处理。

（二）AI精准宣教平台

平安银行高度重视老年人、农民等群体在数字金融交易中的弱势地位所带来的权益损失。平安银行对客户进行人群细分，通过开展线上AI精准宣教项目来降低信息不对称程度。

平安银行利用AI智能系统在网银、App、网点等线上平台，针对不同人群匹配相应的宣教材料，实现有针对性的宣教工作。通过大数据、客户标签以及人工智能等手段，平安银行实现内容的精确宣教。针对在校大学生，网页或App会弹出"警惕非法校园贷"的窗口；针对城市务工人员，网页或App会弹出"守住钱袋子，别向陌生账户转账"的窗口；针对老年人，网页或App会弹出"存好养老钱，拒绝高利诱惑"的窗口。通过系统的迭代优化，平安银行逐渐构建出针对重点人群的AI消费者保护宣教平台，针对更多消费群体进行精准宣教。

资料来源：根据公开资料整理。

（二）数字金融消费者权益保护相关协会

数字金融消费者权益保护相关协会主要指参与数字金融消费者权益保护的各类协会，包括中国互联网金融协会、数字人民币产业联盟、中国保险协会及部分地方金融协会等。上述机构通过开展数字金融消费者教育、发布风险提示、畅通举报路径、完善基础设施、出台文件等方式开展数字金融消费者权益保护工作。

数字金融消费者权益保护相关协会通过线上、线下开展数字金融消费者教育的方式来普及金融知识。在线上，相关协会通过官网、社交软件、博客等途径来宣传数字金融知识。在线下，相关协会通常在公园、学校、银行以及农村居委会等数字金融弱势群体较多的地方宣传数字金融知识。例如，中国互联网金融协会就曾给全国多地的大学生开展"互联网金融知识进校园"系列讲座，向大学生群体普及互联网金融知识。

拓展阅读

中国互联网金融协会开展"互联网金融知识进校园"系列讲座

中国互联网金融协会为了持续推动互联网金融知识的普及、开展互联网金融消费者教育以及提高互联网金融消费者的风险防范意识，多次在天津、武汉等地开展"互联网金融知识进校园"系列讲座。该系列讲座通过不断创新宣传模式，帮助大学生理性地认识互联网金融、树立正确的投资观和消费观、增加法律知识和金融知识储备。

该系列讲座主要内容包括保护个人信息的方法、校园贷和"现金贷"的风险、识别洗钱陷阱的方法、洗钱和融资犯罪的危害、应对暴力催收的手段五个方面。该系列讲座将理论分析与案例讲解结合起来，全方位介绍和分析大学生在日常生活中可能遇到的借贷风险和洗钱陷阱。除此之外，该系列讲座还探讨了大学生维护自身权益的方法以及识别和防范金融风险的手段。

资料来源：根据公开信息整理。

数字金融消费者权益保护相关协会定期向数字金融消费者发布风险提示，提醒数字金融消费者规避风险较高的数字金融供给方、数字金融产品以及数字金融活动。通过风险提示，数字金融消费者权益保护相关协会令数字金融消费者在选择产品时能够规避部分风险。数字金融消费者权益保护相关协会往往比数字金融消费者具备更多专业知识,可以通过风险提示的方式缓解数字金融交易双方的信息不对称问题。例如,2022年4月,中国互联网金融协会、中国证券业协会和中国银行业协会共同发布的《关于防范 NFT 相关金融风险的倡议》提示了我国 NFT① 可能存在开展炒作、洗钱等非法金融活动的风险隐患。

数字金融消费者权益保护相关协会通过畅通举报路径来实现社会监督作用。畅通举报路径可以有效保护数字金融消费者的依法求偿权,降低数字金融消费者的维权难度。**数字金融消费者权益保护相关协会还会推进数字金融基础设施建设**,如数字征信系统。其推进基础设施建设不仅能够有效保护数字金融消费者的个人信息权、财产安全权,还能打破数字金融消费者"信息孤岛"的桎梏,缓解数字金融交易双方的信息不对称问题。

数字金融消费者权益保护相关协会通过出台相关文件来保护数字金融消费者,出台的文件包括标准、规定、倡议和指导意见。其中,标准和规定具有一定的强制性,而倡议和指导意见则无强制性。表 9-3 中列举了数字金融消费者权益保护相关协会出台的部分文件。

表 9-3 数字金融消费者权益保护相关协会出台的部分文件

时间	文件名	单位	主要内容
2016 年 10 月	《中国互联网金融协会信息披露自律管理规范》《互联网金融信息披露个体网络借贷》	中国互联网金融协会	1. 定义了 96 项披露指标,包括 65 项以上的强制性披露指标以及 31 项以上的鼓励性披露指标; 2. 规范了企业所需披露的信息,主要包括平台运营信息、从业机构信息与项目信息三个方面
2016 年 7 月	《中国互联网金融协会会员自律公约》	中国互联网金融协会	1. 规范"保本""无风险"等金融词汇的使用; 2. 要求对投资理财类产品的收益、安全性不得进行虚假或者误导性报道; 3. 不得对投资回报预期进行承诺
2020 年 4 月	《关于参与境外虚拟货币交易平台投机炒作的风险提示》	中国互联网金融协会	1. 提示数字金融消费者许多虚拟货币的交易平台注册地是境外; 2. 提示机构和个人都应遵守国家法律规定,不参与虚拟货币交易
2023 年 4 月	《网上银行服务 用户体验评价指南》等五项团体标准	中国互联网金融协会	发布五项团体标准;有助于推动金融数字化转型;助力健全具有竞争力、高度适应性和普惠性的现代金融体系

资料来源:根据公开资料整理。

---

① NFT(Non-Fungible Token,非同质化代币),这类货币有两大显著特征。一是不可替代性,每一个 NFT 拥有独特且唯一的标识,两两不可互换;二是不可分割性,其最小单位是 1 且不可分割。

（三）政府相关部门

我国数字金融消费者权益保护的政府相关部门有中央金融委员会办公室、中国人民银行金融消费权益保护局、国家金融监督管理总局、各级政府金融服务（工作）办公室以及其他各类政府部门。政府相关部门保护数字金融消费者权益最主要的方法是出台规范性文件。除此之外，政府相关部门还通过数字金融消费者教育、构建数字金融监管体系等方法保护数字金融消费者的基本权益。表9-4中列举了政府相关部门出台的部分规范性文件。

表9-4 政府相关部门出台的部分规范性文件

时间	文件名	单位	主要内容
2013年6月	《支付机构客户备付金存管办法》	中国人民银行	任何支付机构不得擅自挪用、占用客户的备付金，不得以客户备付金为他人提供担保
2017年12月	《条码支付业务规范（试行）》	中国人民银行	非银行支付机构向客户提供基于条码技术的付款服务时，必须取得网络支付业务许可
2021年1月	《防范和处置非法集资条例》	国务院	规范集资行为，对非法集资行为的预防监测、行政处理、法律责任进行规定
2021年9月	《征信业务管理办法》	中国人民银行	规范征信业务及其相关活动，保护消费者作为信息主体的合法权益
2022年7月	《关于加强商业银行互联网贷款业务管理提升金融服务质效的通知》	原银保监会	银行应当强化数据信息管理，应当严格执行我国的《中华人民共和国民法典》《中华人民共和国个人信息保护法》等法律法规，遵守信息获取流程规定，加强资金管理，防止资金滥用和挪用的发生

资料来源：根据公开资料整理。

中央金融委员会办公室是中央金融委员会的办事机构，列入党中央机构序列。2023年3月，中共中央 国务院印发了《党和国家机构改革方案》，组建中央金融委员会，设立中央金融委员会办公室，将国务院金融稳定发展委员会办公室职责划入中央金融委员会办公室。

中国人民银行金融消费权益保护局是中国人民银行原内设机构，负责综合研究各类重大问题，健全金融消费者权益保护基本制度，牵头构建金融监管体系和非诉讼解决机制，统筹全国的金融消费者教育工作。2023年9月，中国人民银行不再保留金融消费权益保护局。

国家金融监督管理总局是国务院直属机构。2023年，国家金融监督管理总局在原银保监会的基础上进行组建，主要通过监管的方式保护金融消费者的基本权益。国家金融监督管理总局负责构建我国除证券业外其他金融业的监管体系，加强我国的风险管理和防范处置机制，统筹金融消费者权益保护工作和依法查处违法违规行为。

各省级政府金融服务（工作）办公室（简称"金融办"）主要负责开展区域性的金融消费者权益保护工作。金融办主要负责制定相关标准、规划、办法以及指导意见，组织地方数字金融消费者保护生态的建设，同时对企业的金融活动进行监管。

教育部、公安部等**其他各类政府部门**也会开展数字金融消费者权益保护活动。例如，教育部往往会联合其他数字金融消费者权益保护机构对学生开展数字金融消费者教育；公安部往往会采取一系列措施对数字金融消费者的个人信息安全提供保护。

二、数字金融消费者权益保护的主要目标

数字金融消费者权益保护的主要目标是保护数字金融消费者的基本权益。随着数字金融的发展，与传统金融消费者相比，数字金融消费者的知情权、公平交易权、财产安全权、个人信息权和依法求偿权会面临一些新的挑战。因此，知情权、公平交易权、财产安全权、个人信息权和依法求偿权是数字金融消费者权益保护工作的主要对象。

（一）知情权和公平交易权

在进行数字金融交易时，由于数字平台的虚拟性、数字金融消费者素养的差异性和数字金融产品的多样性，数字金融消费者的知情权和公平交易权容易受到侵害。这两种基本权益在数字金融交易过程中受到侵犯的本质原因都是数字金融交易双方存在信息不对称。数字金融交易是依托数字交易平台实现的。所有的金融活动、信息甄别、资源匹配等活动都是在数字交易平台上进行的，经营空间和交易过程具备一定的虚拟性，数字金融消费者的知情权和公平交易权易受到威胁。同时，数字技术使得一大批金融素养与数字素养较低的数字金融消费者可以接触到更多质量各异的数字金融产品，复杂的数字金融产品信息令消费者难以辨别真假，这些数字金融消费者的知情权和公平交易权容易受到侵害。但同时，数字技术的发展也可以缓解数字金融消费者与数字金融机构间的信息不对称问题，可以保护公平交易权，进而缩小数字鸿沟。

（二）财产安全权

数字金融交易可能存在支付系统漏洞、资金保管风险和非法集资等问题，导致数字金融消费者的财产安全权遭受侵害。

数字金融交易的支付系统容易产生安全风险。数字金融交易多采用线上支付系统，犯罪分子可以采用安装非法软件、非法侵入支付系统以及植入病毒等多种方式，在数字金融消费者进行购买、支付、清算的任何一个节点对数字金融消费者进行欺诈，还可以窃取数字金融消费者的相关信息。

数字金融交易可能会产生资金保管风险。 数字金融消费者用于交易的资金往往存储在第三方金融机构的账户中,这些机构可能会挪用这些资金进行高风险投资,从而获取非法利润。一旦遭受损失,由第三方金融机构的资金保管问题演变的金融灾难就会对数字金融消费者造成不可估量的经济损失。

数字金融交易有时会伴随非法集资现象。 由于数字金融交易具有虚拟性和专业性的特点,数字金融供给方往往可以打着"金融创新"的噱头吸引数字金融消费者购买产品,从而产生非法集资现象。例如炒作"元宇宙投资"等概念近年来成为不法分子非法集资屡试不爽的手段。

拓展阅读

"元宇宙"非法集资陷阱

2022年2月,原银保监会发布《关于防范以"元宇宙"名义进行非法集资的风险提示》的报告,提醒数字金融消费者警惕以"元宇宙投资项目""元宇宙链游"等名目非法集资的诈骗活动。

来自浙江的李先生曾在互联网上刷到一则理财视频广告,该广告称投资"元宇宙概念股"每月收益率可达50%以上。在好奇心的驱使下,他添加了广告客服的联系方式,随后被拉入投资群。投资群中包含1位"经验丰富"的投资"大师"、5名投资顾问以及36名"股友"。"大师"自称从业10年,理财经验丰富,同时"股友"也踊跃跟投,不时晒出"大师"带单做单的赚钱截图,这让李先生十分兴奋。慢慢地,他开始认真学习"大师"的理财直播,也在投资软件上开了户。他购买了大师指定的"元宇宙概念股",短短三天就挣了4 000元。于是,李先生继续加大投入,不料股票接下来一跌再跌,从赚4 000元、8 000元,到亏损20 000元、360 000元……

这只是以"元宇宙"为名义的非法集资案件的冰山一角。据原银保监会发布的风险提示,以"元宇宙"为名义进行的非法集资案件套路如下:

1. 编造虚假的元宇宙投资项目。犯罪分子通过包装诸如元宇宙游戏、虚拟现实等看似与元宇宙相关的项目,虚假宣传所谓的高额收益,借机进行非法集资、诈骗等违法行为。

2. 以"元宇宙区块链游戏"等名义进行诈骗。不法分子通过捆绑"元宇宙"概念,以"投资周期短、收益高""边玩游戏边赚钱"为口号,诱骗参与者囤积大量游戏道具和游戏货币。此类游戏的开发公司往往存在卷钱跑路的风险。

3. 炒作"虚拟地产"概念圈钱。犯罪分子以元宇宙为噱头炒作"虚拟地产"概念、营造"虚拟地产"过热的假象和价格上涨的预期,从而诱骗金融投资者投入资金囤积并无实际价值的"虚拟地产"。

4. 从事炒作"虚拟币"项目营利。犯罪分子通过诱导公众购买虚拟币,同时操纵虚拟币价格以及设置提现门槛等手段非法获取高额利润。

资料来源:中商网.马上消费科普小课堂 | 共享数字金融 警惕"元宇宙"非法集资陷阱[EB/OL]. (2022-03-21)[2023-8-28]. https://finance.ifeng.com/c/8EYiGMzEaSg.

(三)个人信息权

数字金融消费者在数字金融交易中,存在信息授权机制不完善和黑客攻击横行的问题,导致其个人信息权容易遭受侵害。

信息授权机制不完善使我国数字金融消费者的个人信息权受到威胁。在数字金融交易中,数字金融消费者经常需要向数字金融供给方提供个人信息。例如数字金融消费者在进行交易时往往需要同意"我已阅读上述合同条款",这实际上代表数字金融消费者同意对数字金融供给方进行信息授权,允许对方读取自己的姓名、身份证号等个人信息。由于我国信息授权机制不完善,数字金融供给方是否会将这些个人信息转让给第三方、信息收集尺度是否恰当等问题的答案,数字金融消费者无从得知,故而可能产生个人信息泄露风险。

黑客攻击横行也使我国数字金融消费者的个人信息权受到威胁。互联网领域存在较多的黑客攻击,而数字金融消费者信息存在巨大价值,加大了黑客攻击数字金融交易系统的可能性。此外,大量数字金融消费者在多个网站中仅使用一套账户和密码,一旦某一家数字金融供给方的网站遭到黑客的攻击,该网站用户的账户和密码就可能被不法分子获取,导致更大范围的个人信息泄露。

拓展阅读

微信支付漏洞事件

2018年,一位名叫罗斯·杰寇德(Rose Jackcode)的用户在国外的安全社区发表了一封寄给微信的公开信。公开信中的内容表示,罗斯在微信支付官方的

SDK（软件工具开发包）之中发现了一个安全漏洞，黑客可以构建恶意 payload（载荷），通过安全漏洞入侵商家的服务器，从而获取服务器中的任何信息，达到"0元买买买"的目的。同时，黑客还可以窃取微信用户的全部信息。

很多媒体强调该漏洞的风险在于攻击者可以 0 元购买商品。然而，除了"0元买买买"，黑客可以做的事情还有很多。从理论上说，黑客还可能获得应用服务器上的数据、代码、配置文件、目录结构等。

对于此次风波，腾讯公司虽然第一时间修复了 SDK 漏洞，但也让大众注意到了数字支付的安全性问题。如何保障数字金融相关软件的安全性，从而保护数字金融消费者的财产安全和信息安全，成为数字金融供给方不可回避的问题。

资料来源：编程迷思. 谈谈微信支付曝出的漏洞 [EB/OL]. (2018-07-05)[2023-8-28]. https://www.cnblogs.com/kismetv/p/9266224.html；雷锋网. 微信支付被曝漏洞 0 元也能买买买 [EB/OL]. (2018-07-04)[2023-08-28]. https://news.china.com/news100/11038989/20180704/32630324.html.

（四）依法求偿权

数字金融消费者在权利受到侵害时，存在取证困难、诉讼成本高和诉讼管辖地难以确认等问题，导致其依法求偿权受到侵害。该问题产生的原因有三：一是取证困难。与传统的金融产品或者服务相比，数字金融产品或者服务具有更大的不确定性和无形性。当发生数字金融消费者权益遭受侵害的案件时，警方取证也会更加困难。二是民事诉讼成本过高。在数字金融维权案件中，民事诉讼较为常见，但是数字金融消费者资金实力较为薄弱，很难通过诉讼战胜资金更为雄厚的数字金融供给方。三是诉讼管辖地难以确认。与传统金融服务相比，数字金融供给方的身份和地址更难得到确认，往往很难找到责任方，无法确认管辖地。

三、数字金融消费者救济机制

数字金融消费者救济机制是指数字金融消费者当其合法权益受到侵犯并造成损害时，获得恢复和补救的一类制度，往往指法律制度。在其他数字金融消费者权益保护手段失效后，数字金融消费者救济机制成为数字金融消费者保护自身权益的最终手段。数字金融消费者权益救济机制主要保护数字金融消费者的依法求偿权，主要发生在金融交易的后期。在数字金融活动中，数字金融消费者往往会遭受权益损失，需要通过救济机制保障其相关权益。在数字金融交易中，消费者权益被侵害的情形更加隐蔽、涉及群体更加多样、维权途径更加有限，因此更需要通过有效的救济机制给予更多保护。我国数字金融消费者权益救济机制共有四个层级,分别为数字金融供给方内部投诉处理机制、行业内部投诉和调解处理机制、监管部门投诉和调解处理机制、仲裁和诉讼处理机制。

(一)数字金融供给方内部投诉处理机制

数字金融供给方内部投诉处理机制是数字金融消费者权益救济的关键。由于数字金融交易具有数额小、客户多、群体丰富的特点,大多数侵权案件需要由数字金融供给方处理,从而减少救济环节,降低救济成本。数字金融供给方自身往往会成立专门的部门负责处理投诉案件,并且建立投诉信息数据库,妥善解决相关问题。部分数字金融供给方还会利用数字技术完善自身的投诉处理机制,从而提高投诉处理效率。

(二)数字金融行业内部投诉和调解机制

数字金融行业内部投诉和调解机制主要用于应对数字金融消费者无法自己处理的投诉案件。如果数字金融消费者无法通过向数字金融供给方投诉解决问题,就需要寻求第三方力量来协同解决。此时数字金融消费者权益保护相关协会或者专门的金融调解中心往往会发挥作用。它们会收集数字金融消费者的投诉材料,并要求数字金融供给方妥善解决相关案件。如果数字金融消费者对处理结果不满意,相关协会就会采取组织约谈、当面调解以及在线调解等方式,最终促成双方达成调解协议。如今,很多相关协会和专业的金融调解中心开始倾向于用数字化手段代替人工处理纠纷案件。例如,江西省鹰潭市月湖区金融纠纷调解中心与杭州排列科技有限公司达成合作,将人工智能技术与人工流程相结合,不断打造高效的运营模式,大大降低了积压的案件数量。中心开发的一键语音外呼、预测试外呼、批量短信触达、电子签章、批量卷宗文书电子送达等核心功能大幅提升了调解效率,数据加密、语音短信的安全审查等保证了业务的合法合规性。值得注意的是,数字金融消费者权益保护相关协会出具的调解书并不具备强制执行效力,但数字金融消费者可以根据相关法规①请求法院进行司法确认,使得上述调解书具备强制执行效力。

(三)金融监管部门投诉和调解处理机制

金融监管部门投诉和调解处理机制是数字金融消费者权益救济机制的重要一环。中国人民银行和国家金融监督管理总局等主要金融监管机构都建立了金融消费者保护部门,出台了一系列相关规定。如果数字金融消费者对相关协会的调解结果仍不满意,则可以请求上述监管机构对应部门或者下设单位的帮助。通过约谈、调查、调解等方

---

① 相关法规包括《最高人民法院关于建立健全诉讼与非诉讼相衔接的矛盾纠纷解决机制的若干意见》以及《最高人民法院关于人民调解协议司法确认程序的若干规定》等。

式,上述监管机构会推动数字金融供给方解决相关问题,并主持调解工作。如果数字金融供给方未自动履行调解协议,监管机构还可以依据相关的法律法规对相关数字金融供给方进行处理。例如,2022年5月,原山西银保监局点名邮政储蓄银行山西省分行、晋商银行、农业银行山西分行、晋商消费金融以及华农财险山西分公司等几家机构,要求它们就投诉处理不规范、消保工作不扎实、投诉处理告知内容不符合规定、不同程度存在未告知核实情况等行为进行整改。

(四)仲裁和诉讼处理机制

仲裁和诉讼处理机制是数字金融消费者权益救济机制的最后一个层级。仲裁方面,我国设立了上海金融仲裁院等机构。然而,我国仲裁门槛较高,往往无法处理小额数字金融交易纠纷事件。诉讼方面,依据我国相关规定,可以由数字金融消费者或法律规定的机关和组织代表数字金融消费者提出诉讼,这使得数字金融消费者可以更加便捷、经济地进行维权。

随着数字金融纠纷案件数量的快速增长,不少仲裁机构开始调整自身的调解制度。重庆市渝中区法院科学配置法院审判资源、组建数字金融纠纷专审团队,成功实现"专案精审"。团队成立以来,案件平均审理时长缩短至23天。对争议和标的额度不大且法律关系清晰的数字金融纠纷案件,渝中区法院优先使用小额诉讼程序,使得审判效率得到有效提升。截至2023年4月,渝中区法院已经使用小额诉讼程序审理案件2 822件。①

第三节 数字金融消费者权益保护的国内外发展

外国数字金融消费者权益保护活动开展得较早,有较为丰富的理论基础和实践经验,为我国进一步开展数字金融消费者权益保护工作提供了丰富经验。同时,我国在数字金融消费者权益保护方面有较为丰富的实践经验。本节将先梳理美国和英国两个国家数字金融消费者权益保护的相关经验,然后介绍我国数字金融消费者权益保护的发展历程及存在的问题。

一、外国数字金融消费者权益保护的发展

美国和英国作为数字金融消费者权益保护领域的先行者,有很多发展经验值得学

---

① 刘洋. 重庆渝中: 高效化解数字金融纠纷 [N/OL]. 人民法院报, 2023-04-17(6)[2023-9-4]. http://society.people.com.cn/n1/2023/0417/c1008-32665976.html.

习。下面我们将以美国和英国为例介绍外国数字金融消费者权益保护方面的发展。

(一)美国数字金融消费者权益保护的发展

美国是世界上数字金融发展最快的国家之一,这得益于美国优秀的数字金融消费者保护体系,主要体现在法律法规体系、政府监管体系与行业自律体系。其中,法律法规体系和政府监管体系非常值得我们借鉴。

1. 法律法规体系

美国数字金融消费者权益保护的法律法规建设有两个层面,分别是联邦层面和州层面。美国并不认为数字金融业是一个新兴产业,只是将数字金融作为金融业的一个分支。因此,美国现有的数字金融消费者权益保护法律条款都是以金融消费者权益保护法律条款为基础而实现的。在联邦层面,在金融消费者权益保护领域的法案主要有六部,如表9-5所示。在州层面,美国各州也出台了许多与金融消费者基本权益保护相关的法律法规。例如美国《加利福尼亚州消费者隐私法案》(California Consumer Privacy Act,CCPA)规范了州内与个人信息相关的一系列标准,对金融消费者的个人信息权给予了极大的保护。该法案赋予金融消费者删除个人信息、要求金融机构公开收集和共享信息的方式以及要求金融机构不得出售个人信息的权利。此外,该法案要求金融机构对所有金融消费者一视同仁,保障了金融消费者的公平交易权。内华达州和明尼苏达州同样也发布了类似的隐私保护法案,对金融机构存储和共享金融消费者个人信息的过程做出了一系列规定。

表9-5 美国联邦层面在金融消费者权益保护领域的主要法案及内容

时间	法案	内容
1975年	《平等信贷机会法案》(Equal Credit Opportunity Act,ECOA)	禁止债权人因为借贷人的种族、肤色、信仰、婚姻等个人信息采取歧视行为
1978年	《公平债务催收法案》(The Fair Debt Collection Practices Act,FDCPA)	限制第三方债务催收人代表另一个人或实体催收债务的行为,禁止暴力收债等违法行为
1999年	《金融服务现代化法案》(Financial Service Modernization Act,FSMA)	认为第三方支付机构为非银行机构,要求对第三方支付机构的监管活动都以保护金融消费者权益为先
2009年	《信用卡履责、责任和公开法案》(The Credit Card Accountability, Responsibility and Disclosure Act,CCARDA)	修正了《诚实借贷法案》(Truth-in-Lending Act,TLA),通过禁止信用卡滥用行为,加强对金融消费者的保护
2010年	《多德-弗兰克华尔街改革和消费者保护法案》	成立消费者金融保护局(CFPB),将监管职权从证券交易委员会、美联储等机构中收回,保护金融消费者权益

（续表）

时间	法案	内容
2012年	《初创企业扶助法案》（Jumpstart Our Business Startups Act，JOBSA）	从市场准入的角度对消费者权益进行保护

资料来源：根据公开资料整理。

2. 政府监管体系

美国采取**双层监管**的体系，其中，"双层"分别指联邦层面和州层面。在联邦层面，美国金融监管机构有美联储、联邦存款保险公司、货币监理署、美国证券交易委员会等机构。在州层面，有些州设有专门的金融消费者权益保护机构，有些州则将相关的金融监管归入其他监管部门，如州一级的证券监管机构、保险监管机构以及银行监管机构等。2011年，美国设立了专门的金融消费者保护机构——消费者金融保护局。此后所有针对金融消费者的保护性措施都是由消费者金融保护局来执行。消费者金融保护局设立的目的在于保护金融消费者免受不公平金融行为的伤害、促进金融交易公平，它拥有金融消费者保护法律的制定权以及对违规违法的金融行为的执行权。

3. 行业自律体系

美国通过构建完善的行业自律体系来保护金融消费者的基本权益。美国的行业自律协会通过**防控技术风险**、**业务风险**等手段，成为金融机构和金融消费者之间的桥梁，在金融消费者权益保护中起到协作沟通的作用。行业自律协会作为半官方的组织，能够对政策文件做出更加清晰易懂的解读，从而使得金融消费者掌握更多的信息，缓解金融消费者和金融机构之间的信息不对称性问题。

（二）英国数字金融消费者权益保护的发展

英国的数字金融消费者权益保护的发展依托金融消费者权益保护的发展。在2008年金融危机后，英国进行了金融消费者保护改革，在多个领域进行了创新性的变革，包括调整了金融监管的诸多框架，将金融消费者权益保护作为其金融监管的主要目标和基本责任。现阶段，英国金融消费者权益保护的发展成果包括双峰监管模式、监管沙盒模式以及金融纠纷解决机制。

1. 双峰监管模式

双峰监管模式（Twin Peaks Model）强调应该设立两种并重的金融监管机构，分别致力于实现**审慎监管**和**行为监管**两大目标——双峰监管的"双峰"。审慎监管目标指通过流动性比率、资本充足率、杠杆率等指标和多种监测监管方式持续进行风险分析，从而提升国家金融体系的稳健性。行为监管目标指国家对金融机构的经营和交易活动实施监管，从而保护消费者的合法权益。审慎监管主要监管银行、存款、保险、信贷和大型投资机构；行为监管则主要监管其他中小型投资机构、保险经纪及基金。表 9-6 将审慎监管和行为监管进行对比，比较两者在分析工具、参与人员、关注对象和保护目标四个方面的区别。2008 年金融危机后，金融消费中"**消费者本位**"思维逐渐替代"**经营者本位**"思维，这是双峰监管模式提出的背景。在双峰监管模式中，审慎监管逐渐得到金融监管当局的重视，行为监管也逐渐被强化。英国认为国家应该成立两种类型的金融监管机构：一是金融稳定机构，负责防范金融风险并维持金融体系的稳定；二是金融消费者保护机构，主要负责保护金融消费者的基本权益。

表 9-6 审慎监管和行为监管对比

类别	审慎监管	行为监管
分析工具	流动性比率、资本充足率、杠杆率等监管指标	发布行为准则和产品准则，采取调查取证、法律分析、纠纷数据库分析和暗访等手段
参与人员	风险专家、财务专家、金融专家	主要是律师
关注对象	金融交易的供给方	金融交易的需求方
保护目标	维持金融体系稳健	保护金融消费者权益

资料来源：根据公开资料整理。

英国根据双峰监管模式设立了一系列金融监管机构。英国在 1997 年设立的金融服务管理局（Financial Service Authority，FSA）一度成为英国金融消费者权益保护的主要机构。该机构主要负责保护金融消费者的权益和提高公众的金融认知。2012 年英国通过《金融服务法案》（Financial Services Act，FSA），正式撤销金融服务管理局，令金融政策委员会以及审慎监管局代替其职能。随后，英国设立金融行为监管局，对整个金融行业服务行为进行监管，主要负责行为监管。英国的双峰监管模式形成了如今金融政策委员会、审慎监管局和金融行为监管局三方共治的格局。财政部和议会可以直接任命金融行为监管局的官员，同时管辖金融政策委员会。审慎监管局对金融行为监管局出台的政策在一定范围内具有否决权，并与金融政策委员会一起受到英格兰银行的监督和管辖。双峰监管模式有效地提高了英国的金融风险管理能力，促使英国的金融机构依法合规地推广金融产品。英国的金融监管体系参见图 9-2。

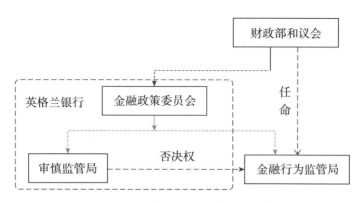

图 9-2 英国现行的金融监管体系

资料来源：根据公开资料整理。

除参与双峰监管的金融机构外，英国还有其他一些金融消费者保护机构，这些机构都是根据《金融服务和市场法案》（Financial Service and Market Act）设立的。

金融申诉专员服务（Financial Ombudsman Service，FOS）（机构）是金融纠纷处理机构，主要职责是处理金融消费者与金融机构之间的纠纷。其服务的对象包括自然人、慈善团体、信托公司和小微企业。

金融服务赔偿计划（Financial Services Compensation Scheme，FSCS）（机构）是能够行使公共职能的私人部门，主要职能为对无法获得商业赔偿的金融消费者进行赔偿。其主要服务对象包括已经倒闭的金融机构的客户。

投诉专员办公室（Office of the Complaints Commissioner，OCC）主要负责处理金融消费者或者金融机构对英国本国金融监管机构的投诉，并且监管金融监管机构的行为。其主要监管对象包括金融政策委员会、审慎监管局和金融行为监管局，但不监管金融申诉专员服务（机构）和金融服务赔偿计划（机构）。

2. 监管沙盒模式

监管沙盒模式指金融监管机构在建立一定安全框架后，允许金融机构在真实的市场环境中测试其创新性产品或者商业模式的新型监管模式。其中监管沙盒是指允许金融机构测试其产品和商业模式的空间。在监管沙盒内的金融创新产品和商业模式被验证对金融消费者没有侵权可能的情况下，金融机构可以将该产品推广至全国。

设计监管沙盒的根本目的是保护金融消费者的基本权益。英国金融行为监管局在其报告《监管沙盒》（Regulatory Sandbox）中首次提出监管沙盒模式。在监管沙盒之中，金融监管机构既是金融机构的监管者，也是金融机构的合作者，两者共同探讨更加安全的技术，从而保障金融消费者的利益。英国金融监管部门通过监管沙盒内的金融消费者和金融监管机构的反馈,可以很快地鉴别出金融创新产品中的缺陷,及时做出调整和补充。监管沙盒模式通过降低价格、提高质量、增强便利性等方式,对金融消费者的知情权、公平交易权、个人信息权、财产安全权、依法求偿权及自主选择权都起到一定的保护作用。截至 2022 年 11 月,英国监管沙盒项目在 8 个批次中一共批准了 179 项申请,参与监管沙盒测试的企业一共有 166 家,审批通过率为 32.60%。部分英国监管沙盒成功案例如表 9-7 所示。

表 9-7 英国监管沙盒项目后续发展较为顺利的部分案例

批次	盒内时间	公司名称	业务简介	后续动态跟踪
第一批	2016Q4—2017Q1	Billon	基于 DLT 技术的电子货币平台,支持通过手机 App 转账和管理资金	2020 年 3 月欧洲区块链明星项目 DLT 的母公司 Billon 集团完成 A 轮融资,向现有和新投资者发行价值 600 多万美元的股权
第一批	2016Q4—2017Q1	BitX	以数字货币和区块链技术为支持的跨境转账服务	2017 年,新加坡比特币初创公司 BitX 在伦敦开设办事处,成功进军欧洲金融科技市场。与此同时,公司正式更名为 Luno
第二批	2017Q2—2017Q3	Nivaura	利用集中式系统或区块链基础设施,实现金融资产的发行和管理自动化	2019 年 2 月,区块链创业公司 Nivaura 获得 2 000 万美元融资,由伦敦证券交易所领投

资料来源:根据公开资料整理。

3. 金融纠纷解决机制

英国采取金融纠纷解决机制来减少司法资源的过负荷运转、提高社会处置金融风险和纠纷的能力、增强资本市场活力。英国正在不断完善其金融纠纷解决机制,以保护金融消费者的基本权益。英国有不少针对金融纠纷解决方式的法律法规,部分法案参考表 9-8。

表 9-8 英国金融纠纷解决机制的部分法案

时间	法案	内容
1974 年	《消费者信贷法案》(Consumer Credit Act, CCA)	金融机构若在三方信贷协议中因经营不善而违约或存在陈述失实现象,则需要向金融消费者提供一定数额的赔偿
1977 年	《不公平合同条款法案》(Unfair Contract Terms Act, UCTR)	PayPal 等第三方金融机构利用其强势地位而设立的对金融消费者不公平条款和免责事由条款不具备法律效力
1999 年	《不公平消费者合同条款规范》(The Unfair Terms in Consumer Contracts Regulations, UTCCR)	

（续表）

时间	法案	内容
2000 年	《金融服务和市场法案》（FSMA）	金融机构必须具备完善的纠纷受理及解决机制，如果金融机构由于经营不善而破产，金融消费者可以寻求仲裁。如果金融机构由于经营不善而破产，金融服务赔偿计划公司会给予有限的赔偿

资料来源：根据公开资料整理。

二、国内数字金融消费者权益保护的发展历程及存在的问题

近年来，我国数字金融消费者权益保护的政府相关部门在相关协会、数字金融供给方等社会各界的参与下，开展了大量保护数字金融消费者权益的工作。现阶段，我国数字金融消费者权益保护的监管制度建设、法律建设和配套设施建设都颇有成效，但也存在一些问题。

（一）数字金融监管机构的发展历程

与英国类似，我国的数字金融消费者权益保护的发展依托金融消费者权益保护的发展。我国已经在**分业监管**的金融监管体系之上，建立了行之有效的"**内双峰监管模式**"，整体结构如图 9-3 所示，其中"内"表明金融消费者权益保护部门主要作为附属机构成为金融监管机构内部的一个部门。2011 年，中国原保监会成立了保险消费者权益保护局，这是我国第一个专门负责保护金融消费者权益的机构。2011 年年底，证监会投资者保护局成立。2012 年，中国人民银行金融消费权益保护局成立。同年 11 月，原银监会消费者保护局成立。2017 年，国务院金融稳定发展委员会正式成立，负责加强金融监管协调、补齐金融监管短板。2018 年，原银监会和原保监会合并，原保监会保险消费者权益保护局和原银监会消费者保护局也随之合并成为原中国银保监会消费者权益保护局。至此，中国人民银行金融市场司作为"内"的一部分，承担宏观审慎监管工作。原银保监会和证监会内部的金融消费者权益保护机构作为"内"的另一部分，承担微观审慎监管工作，我国的"内双峰监管模式"逐步成型。2023 年 3 月，中共中央 国务院印发了《党和国家机构改革方案》，在原银保监会基础上组建国家金融监督管理总局，并且不再保留银保监会。可以预见，国家金融监督管理总局将成为未来我国金融消费者保护的重要力量。中国金融监管机构发展历程可参见图 9-4。

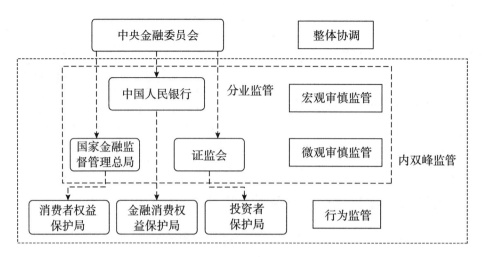

图 9-3　中国金融内双峰监管模式（2023 年 1 月）

资料来源：根据公开资料绘制。

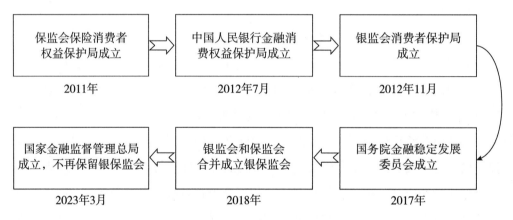

图 9-4　中国金融监管机构发展历程

资料来源：根据公开资料绘制。

（二）数字金融消费者权益保护存在的问题

我国数字金融消费者权益保护相关法律法规设计的基本原则是**数字金融消费者本位原则**，即以保障数字金融消费者的基本权益为法律法规设计的中心。虽然我国在数字金融消费者权益保护方面的工作有所进展，但在法律法规设计、市场配合程度以及数字金融消费者的数字金融素养层面仍存在较多不足。

我国数字金融消费者权益保护的相关法律法规设计仍然存在缺少高层级法律、部分法律亟须更新以及缺少专项法律的问题。**第一，我国缺少高层级的数字金融消费者权益保护法律**。现今我国仅依靠《中华人民共和国消费者权益保护法》作为数字金融消费者权益保护的纲领性法律。然而，生活消费与金融消费存在较大差距，《中华人民共和国消费者权益保护法》并不能很好地解决数字金融消费者在交易过程中面临的问题。如何快速地补齐制度短板，成为数字金融消费者权益保护的重要课题；**第二，我国数字金融消费者权益保护部分相关法律亟须更新**。我国《中华人民共和国消费者权益保护法》自2013年颁布以来总共有三次修订，但仍未将数字金融消费者纳入所定义的"消费者"范畴。因此，数字金融消费者从法理上无法借助《中华人民共和国消费者权益保护法》维护自身的基本权益，这也是数字金融消费者的基本权益容易遭受侵害的重要原因；**第三，我国缺少数字金融消费者权益保护领域的专项法律**。我国现有的数字金融消费者权益保护针对性法律文件大多比较宏观和笼统。有的只是导向性的规定，没有具体的规则和处罚条例作为执行保障。因此，我国应该尽快制定出全方位专门性的细分法律规范，使数字金融消费者权益保护在各个领域都有法可依。

我国数字金融消费者权益保护工作的市场配合程度不高，主要原因有二。**一是许多数字金融供给方的合规意识不足，保护工作层面有明显短板**。在部分监管机构监管不到位的情况下，一些数字金融供给方对自己从事的数字金融业务的认识不足，全面风险管理机制尚未建立，对影响消费者合法权益的数据选择性忽视。**二是数字金融供给方普遍缺乏良性互通的多方对话与沟通机制**。数字金融供给方不仅缺少和数字金融消费者的沟通渠道，甚至缺少和金融监管机构的密切交流，使得一些政策的配合程度较低。

我国数字金融消费者的数字金融素养相对偏低。截至2023年3月，我国金融消费者的金融素养指数为64.4（满分为100）[1]，还有较大的进步空间。我国很多数字金融消费者对数字金融产品和服务的复杂性与风险认识不足，原因有二。**一是我国数字金融消费者规模较大且构成复杂**。截至2022年，中国的网民已经达到10.67亿人。[2] 同时，得益于数字技术的创新应用，数字金融供给方能够为不同年龄、职业、区域、收入水平的消费者提供多元化的数字金融服务。但是，这也导致金融教育的覆盖成本大大提高、精准施教的难度显著增加。**二是我国数字金融的发展对数字金融消费者提出更高的金融素养要求**。我国数字金融供给方将越来越多的长尾客户纳入服务半径，很多数字金融产品和服务的金融专业性与业务复杂性不降反升，对数字金融消费者的金融素养也提出较高的要求。很多数字金融供给方依托大数据和人工智能等数字技术进行业务管理，这要求数字金融消费者增强金融数据敏感性和隐私保护意识。

---

[1] 2022中国居民金融素养报告[R]. 上海：上海交通大学上海高级金融学院, 2023.
[2] 新时代的中国网络法治建设白皮书[R]. 国务院新闻办公室, 2023.

第四节　数字金融消费者权益保护的基本原则和发展趋势

数字技术的应用已经深刻地改变了数字金融发展方式，相关部门应该更加注重数字普惠金融和消费者权益保护。本节将基于《G20数字普惠金融高级原则》和《金融科技发展规划（2022—2025年）》，总结数字金融消费者权益保护的基本原则和发展趋势。

一、数字金融消费者权益保护的基本原则

我国在G20峰会中公布的《G20数字普惠金融高级原则》中有六项提及数字金融消费者权益保护的基本原则，包括**完善法律与监管框架**、**确保监管主体能够充分发挥作用**等，据此总结和概括的数字金融消费者权益保护的基本原则如表9-9所示。

表9-9　数字金融消费者权益保护的基本原则

原则	解释
完善法律与监管框架	1. 数字金融消费者权益保护机构应当密切关注数字金融使传统金融行业以及零售金融行业发生的变化，关注相关法律的适用性及合理性； 2. 数字金融消费者权益保护机构应该高度关注现有监管体系对创新和竞争的影响，确保监管措施的适当性及灵活性
确保监管主体能够充分发挥作用	1. 数字金融消费者权益保护机构应该对数字金融市场有充分的了解，确保现行的金融监管工具及方法能够适应数字金融的要求； 2. 数字金融消费者权益保护机构应该积极探索监管沙箱等创新机制对市场参与者的指导作用，确保数字金融消费者的权益能够得到充分保护
公平公正地对待数字金融消费者	1. 数字金融相关政策的制定者应该充分了解阻碍数字金融消费者无法公平公正地获得不同金融产品和服务的原因； 2. 数字金融供给方的相关算法应该确保不同的数字金融消费者能够被公平公正、合理一致地对待
加强信息透明度和个人信息权的保护	1. 数字金融供给方应该建立数字金融消费者个人信息的保护机制； 2. 数字金融供给方应当向数字金融消费者阐明个人信息的收集范围、保存方式、处理方式及使用目的； 3. 数字金融消费者有查看个人信息、纠正或者删除错误信息以及删除部分信息的权利； 4. 数字金融供给方还要建立一定的纠错机制，以应对可能发生的信息泄露事件

（续表）

原则	解释
强化数字金融供给方的责任意识	1. 数字金融供给方应该以增加数字金融消费者的基本权益为目标，相关机构应该强化数字金融供给方在提供数字金融产品时的责任意识； 2. 数字金融供给方应该切实为数字金融消费者提供合适的建议和帮助，保护数字金融消费者的隐私； 3. 数字金融供给方还应该保持算法的稳健性，抵挡来自内外界的恶意攻击，防止数字金融消费者个人信息泄露事件的发生
丰富咨询和投诉及补偿渠道	1. 数字金融消费者权益保护机构应该将传统的咨询和投诉渠道与数字化的咨询和投诉渠道相结合，充分考虑咨询和投诉渠道的适用性、简约性和精准性； 2. 数字金融供给方还应该为数字金融消费者提供合适的补偿措施，确保数字金融消费者的依法求偿权不被侵犯

二、数字金融消费者权益保护的发展趋势

《金融科技发展规划（2022—2025年）》多次提到数字金融消费者权益保护的发展趋势，也对打击"伪金融创新"和发展金融监管科技的应用做出要求。结合该文件和零壹智库发布的《金融消费者权益保护的监管现状与发展趋势》，总结和概括数字金融消费者权益保护的四个发展趋势具体如下：

第一，强化后悔权保护。后悔权又称合同撤销权，指数字金融消费者在购买数字金融商品后，可以在法律规定的期限内将所购商品退回给经销者，并且无须说明理由，也不需要承担费用的权利。后悔权的实行可以给数字金融消费者提供一个"数字金融消费冷静期"，使数字金融消费者能够做出相对理性的判断，减少冲动消费造成的损失。不仅如此，后悔权能够让数字金融消费者充分体验到数字金融产品的优缺点，可以成为保障数字金融消费者知情权的救济措施。后悔权实施需要较高的社会诚信度作为前提，如果有数字金融消费者长期进行"恶意退货"操作，就会产生较高的合同成本、运营成本和人工成本。现阶段，我国有关后悔权的相关法规大多内容散乱，可操作性不强，很难达到保护数字金融消费者权益的目的。由于数字金融产品本身的价格在短期内具有波动性，如何设置后悔权的有效期，也是一个值得数字金融消费者权益保护机构关注的问题。

第二，打击伪金融创新。数字金融活动极易产生伪金融创新现象，即金融机构打着"数字金融""金融创新"等幌子模糊业务边界、层层包装产品的一种现象。[1] 犯罪

---

[1] 中国人民银行《金融科技发展规划（2022—2025年）》全文 [EB/OL]. (2022-01-18)[2023-08-28]. https://www.163.com/dy/article/GU0OB3SM0531M8UK.html.

分子往往会利用"元宇宙"或虚拟货币的概念进行非法集资等。例如曾有人打着"元宇宙金融"的旗号，诱骗参与者购买虚拟货币。还有人渲染"元宇宙房产"价格上涨的预期，人为营造抢购假象，给数字金融消费者带来较大的财产损失。数字金融供给方有时还会利用数字金融的普惠性，挖掘很多违法的场景进行所谓的数字金融创新，损害长尾人群的基本权益。我国未来会不断提高对伪金融创新的识别能力，加大对伪金融创新的打击力度，加强对伪金融创新的监管监督，从而阻止伪金融创新对社会的危害。

拓展阅读

某银行"彩礼贷"，是否应提倡？

某银行曾在线上推出"彩礼贷"，最高可贷 30 万元，宣传的年利率为 4.9%。依照当地风俗，彩礼大多为 7 万—8 万元，最多不超过 20 万元。这种高达 30 万元的"彩礼贷"无疑加大了当地彩礼的攀比之风，助推了天价彩礼的不当行为，不仅与国家政治方针和健康风俗建设背道而驰，更是试探国家法律的底线。不仅如此，有网友反映，扫开宣传海报上的二维码可以发现，其年化利率与宣传的 4.9% 严重不符，最低年化利率实际为 6.3%，涉嫌虚假宣传。因此，该银行"彩礼贷"的行为是利用数字金融手段所做的"伪金融创新"，不应该被提倡。如何利用金融创新工具引导社会向善，还需要进一步探索。

资料来源：中国银行保险报. 九江银行致歉！"彩礼贷"调查结果公布 [EB/OL]. (2021-03-19)[2023-08-28]. http://finance.ce.cn/bank12/scroll/202103/19/t20210319_36395200.shtml?ivk_sa=1023197a.

第三，深度探索数字金融监管科技运用。数字金融监管科技可以帮助数字金融监管机构更加有效地监管数字金融供给方的金融活动，防止数字金融供给方做出损害数字金融消费者权益的行为。数字金融监管科技运用的基本原则是**锚定科技向善、坚持科技赋能**。目前，我国很多数字金融供给方采取混业经营模式，例如蚂蚁集团就从事银行、支付、保险等所有金融业务，但我国现行监管技术难以面面俱到地对这些数字金融供给方进行监管。在数字金融时代，我们应坚持发展数字金融科技，辅以监管政策的持续跟进，保证我国数字金融监管体系切实有效、适应时代需要。我们还应积极探索适合我国国情的数字金融监管科技，深化这些科技在数字支付、数字保险、数字理财等领域的应用，将数字合规工具嵌入业务数据报送、风险事件报告、交易行为监测等场景，保护数字金融消费者的权益。

第四，加大数字金融消费者教育力度。加强数字金融消费者教育要从**思想层面**和**知识层面**开展。在思想层面，数字金融消费者权益保护相关机构要帮助数字金融消费者树立正确的数字金融投资观念，将数字金融消费者"利用数字金融赚大钱"的思想转变为"利用数字金融保值"的思想，培养数字金融消费者的财富管理能力。在知识层面，数字金融消费者权益保护机构要积极探索数字知识和金融知识触达民众的多元化形式，从而让数字金融消费者在日常生活中能够更好地接收相关知识，尽量消除"数字鸿沟"和"金融鸿沟"。

素养目标

通过学习数字金融消费者权益保护的基本概念、国外经验和国内实践，引导学生了解我国保护数字金融消费者基本权益的必要性，帮助学生树立对数字金融消费者权益保护的正确认识，提高学生的职业道德素养和专业技能。

思考与练习

1. 数字金融消费者权益保护是什么？如何准确地界定数字金融消费者？
2. 数字金融消费者权益保护的基本原则是什么？
3. "双峰监管模式"和"内双峰监管模式"有什么区别？
4. 我国金融监管模式是怎样的？
5. 你能预测数字金融消费者权益保护有哪些发展趋势吗？
6. 党的二十大报告指出："坚持以人民为中心的发展思想"。具体到金融领域，以"人民为中心"的要求之一，就是要切实保护金融消费者的基本权益。找出目前我国数字金融消费者权益保护发展的现实问题，从数字金融供给者出发，提出1至2条能够切实保护我国数字金融消费者基本权益的建议。

参考文献二维码

本书资源

读者资源

本书附有精选课程视频、习题及答案、拓展阅读目录等数字资源，获取方法：

第一步，关注"博雅学与练"微信公众号；

第二步，扫描右侧二维码标签，获取上述资源。

一书一码，相关资源仅供一人使用。

读者在使用过程中如遇到技术问题，可发邮件至 em@pup.cn。

教辅资源

本书配有教辅资源，获取方法：

第一步，扫描右侧二维码，或直接微信搜索公众号"北京大学经管书苑"，进行关注；

第二步，点击菜单栏"在线申请"—"教辅申请"；

第三步，准确、完整填写表格上的信息后，点击提交。